PASSAGEIROS DA NOITE

Dados Internacionais de Catalogação na Publicação (CIP)
(Câmara Brasileira do Livro, SP, Brasil)

Arroyo, Miguel G.
    Passageiros da noite : do trabalho para a EJA : itinerários pelo direito a uma vida justa / Miguel G. Arroyo. – Petrópolis, RJ : Vozes, 2017.

    Bibliografia.

    8ª reimpressão, 2025.

    ISBN 978-85-326-5509-7

    1. Democratização do ensino 2. Educação de adultos 3. Educação de jovens 4. Trabalho e classes trabalhadoras – Educação 5. Trabalhadores – Educação I. Título.

17-04981   CDD-370.193

Índices para catálogo sistemático:
1. Trabalho e educação 370.193

Miguel G. Arroyo

PASSAGEIROS DA NOITE

DO TRABALHO PARA A EJA

Itinerários pelo direito a uma vida justa

"Os movimentos de rebelião, sobretudo de jovens [...] manifestam em sua profundidade a preocupação em torno do homem e dos homens como seres no mundo e com o mundo. Em torno do que e de como estão sendo [...], propõem a transformação da realidade mesma [...], buscando a afirmação dos humanos como sujeitos de decisão [...], o problema de sua humanização [...] assume hoje caráter de preocupação ineludível [...]".

Paulo Freire. *Pedagogia do oprimido.*

EDITORA VOZES

Petrópolis

© 2017, Editora Vozes Ltda.
Rua Frei Luís, 100
25689-900 Petrópolis, RJ
www.vozes.com.br
Brasil

Todos os direitos reservados. Nenhuma parte desta obra poderá ser reproduzida ou transmitida por qualquer forma e/ou quaisquer meios (eletrônico ou mecânico, incluindo fotocópia e gravação) ou arquivada em qualquer sistema ou banco de dados sem permissão escrita da editora.

CONSELHO EDITORIAL

Diretor
Volney J. Berkenbrock

Editores
Aline dos Santos Carneiro
Edrian Josué Pasini
Marilac Loraine Oleniki
Welder Lancieri Marchini

Conselheiros
Elói Dionísio Piva
Francisco Morás
Teobaldo Heidemann
Thiago Alexandre Hayakawa

Secretário executivo
Leonardo A.R.T. dos Santos

PRODUÇÃO EDITORIAL

Anna Catharina Miranda
Eric Parrot
Jailson Scota
Marcelo Telles
Mirela de Oliveira
Natália França
Priscilla A.F. Alves
Rafael de Oliveira
Samuel Rezende
Verônica M. Guedes

Editoração: Eliana Moura Carvalho Mattos
Diagramação: Sheilandre Desenv. Gráfico
Revisão gráfica: Nilton Braz da Rocha
Capa: Claudio Arroyo
Ilustração de capa: © Nick Cowie

ISBN 978-85-326-5509-7

Este livro foi composto e impresso pela Editora Vozes Ltda.

Sumário

Identidades educadoras reinventadas – Apresentação, 7

Passageiros – Em que passagens humanas?, 19

1　Passageiros da noite – De onde, para onde?, 21

2　Que significados humanos revelam em seus itinerários?, 32

Do trabalho para a EJA – De que trabalhos?, 41

3　Passageiros do trabalho para a EJA, 43

4　Do trabalho para a EJA – Mas de que trabalhos?, 52

5　Trazer o trabalho para a agenda pedagógica, 64

Do trabalho e das lutas do campo, 75

6　Do trabalho e das lutas do campo para a EJA – Que radicalidades afirmam?, 77

Direito a uma vida justa, 91

7　Itinerários por direito a uma vida humana justa, 93

Sujeitos coletivos de direitos, 103

8　Jovens e adultos sujeitos de direitos, 105

9　Sujeitos coletivos de direitos, 114

Sujeitos do direito ao conhecimento, 123

10　Jovens e adultos produtores de conhecimentos, 125

11　O direito a conhecer os processos de produção dos conhecimentos, 133

12　Direito a um novo saber social que altere sua vida cotidiana, 142

Sujeitos do direito à cultura; direito à diversidade, 155

13　Sujeitos produtores de culturas, valores, identidades, 157

14　Direito à cultura como direito à formação humana, 166

15　O direito à diversidade resistente, 179

Sujeitos do direito à memória; humanas memórias, 191

16　O direito à memória proibida, 193

17　Humanas memórias, 206

Aprender com os estudos da juventude, 221

18 Como os estudos da juventude veem os jovens, 223

19 Juventude coragem, juventude medo?, 234

20 O direito a um conhecimento de libertação, 242

21 As revelações das culturas, valores, identidades juvenis, 251

Totalidades humanas corpóreas, 261

22 Trago no meu corpo as marcas do meu tempo, 263

23 Por outras pedagogias dos corpos, 274

Referências, 285

Índice, 289

Identidades educadoras reinventadas
Apresentação

A história destes textos-análise tem sujeitos-atores em tensos processos para reinventar suas identidades. Sujeitos-jovens-adultos trabalhadores interrogando-se pelos significados de seus itinerários desde crianças-adolescentes da sobrevivência, do trabalho para as escolas, para a EJA[1], à procura do seu direito a uma vida justa. Humana. Também sujeitos professores, trabalhadores na educação, em lutas por direitos, a exigir, reinventar artes, pedagogias, conhecimentos, currículos de sua formação inicial e continuada.

O olhar destes textos-análise prioriza esses sujeitos, que levam para a docência, para as escolas e à EJA as injustiças com que a sociedade os castiga. Mas levam também as resistências por libertação. Como jovens-adultos trabalhadores, levam as esperanças de que os percursos escolares retomados garantam-lhes o seu direito a uma vida justa, menos injusta. Humana. Como mestres-educadores, reinventam suas identidades profissionais e, em práticas coletivas, reinventam temas de estudo, de formação para entenderem seu ofício de mestres capazes de garantir o direito dos educandos a entenderem-se injustiçados, mas resistentes. Por justiça. Cada texto-análise é uma tentativa de aproximar-nos desses sujeitos, de seus itinerários educativos, sociais. Humanos.

Passageiros, em que itinerários humanos?

Comecemos por explicitar uma interrogação que perpassa estes textos-análise: Com que olhar nos miram e exigem ser olhados os jovens e adultos passageiros do trabalho para a EJA? Como entender seus percursos? Vê-los como itinerários pelo direito a uma vida justa. Humana. Dão continuidade a itinerários que vêm de longe, da infância-adolescência para as escolas públicas, por direito à justiça, igualdade. Que radicalidades político-pedagógicas encontrar nesse voltar a refazer itinerários escolares, humanos? Pelo direito

---

[1]. O termo EJA, usado nestes temas-estudo-formação, refere-se à diversidade de tempos-espaços de formação das pessoas jovens e adultas que acontece nas escolas, nas comunidades, nas igrejas, nos movimentos sociais, no Mova – Movimento de Alfabetização de Jovens e Adultos. Diversidade que faz parte de nossa história e que ultrapassa reduzir a EJA às estruturas escolarizadas.

mais radical: afirmarem-se, serem reconhecidos HUMANOS? Vincular as lutas por escola a lutas pelo direito a uma vida justa, por justiça, radicaliza o direito à educação. Radicaliza o pensamento pedagógico, a docência e sua formação.

Afirmando-se em itinerários humanos, os jovens-adultos, os adolescentes-crianças repõem os significados mais radicais da pedagogia, da docência, do ofício de mestres: entender esses itinerários e aprender as artes de acompanhar percursos de humanização. Desconstruir os processos de desumanização de que são vítimas. A pedagogia e a docência não nascem como o ofício, a ciência, a arte de entender, acompanhar, defender o direito à formação humana? Paulo Freire, que tem marcado a radicalidade pedagógica da educação dos jovens e adultos, dos adolescentes e das crianças populares, aponta-nos partir de como se pensam e se afirmam sujeitos de outras pedagogias. Pedagogias dos oprimidos. Coloca-nos como ponto de partida aproximar-nos de como os educandos pensam-se, sabem-se, inquietam-se por saber mais de si, de seu lugar no mundo, nas relações sociais.

Será esse "saber mais de si" que buscam no conhecimento escolar? Na volta à escola, à EJA. "Ao se instalarem na quase, senão trágica descoberta de seu pouco saber de si, se fazem problema a eles mesmos. Indagam. Respondem e suas respostas os levam a novas perguntas" (FREIRE, 1987, p. 29). Indagações postas aos profissionais da EJA e das escolas: Que descobertas de si levam os educandos? Que indagações, que respostas os levam a novas perguntas nos itinerários do trabalho para a EJA, para as escolas, à procura de saberem-se e de serem reconhecidos humanos? Interrogações que os coletivos docentes se colocam e que estes textos incorporam.

O problema de sua humanização radicaliza a pedagogia e a docência

Paulo Freire (1987) reconhece que os oprimidos trazem a pedagogia, a docência, para seu campo histórico de significado mais radical: para o problema da humanização-desumanização que os oprimidos repõem no debate político, social, cultural e na prática educativa e docente. "O problema de sua humanização, apesar de sempre ter sido o seu problema central, assume hoje caráter de preocupação iniludível" (p. 29). Quais grupos sociais colocavam, já naquelas décadas de 1950-1960, o problema de sua humanização como iniludível? Em nota, Paulo Freire (1987) lembra: "Os movimentos de rebelião, sobretudo de jovens que revelam peculiaridades dos espaços onde se dão, manifestam em sua profundidade esta preocupação em torno do homem e dos homens como seres no mundo e com o mundo. Em torno do *que* e de *como* estão sendo [...] propõem a transformação da realidade mesma [...] buscando a afirmação dos homens como sujeitos de decisão [...]" (p. 29).

Reconhecer os jovens-adultos como sujeitos de "rebelião" confere a seus itinerários por educação radicalidades político-pedagógicas que redefinem a função da EJA, das escolas públicas e do trabalho dos seus profissionais. Confere especificidades na formação de profissionais capacitados a entender essa "rebelião" que esses sujeitos levam à EJA, às escolas: formação para entender, acompanhar o problema de sua humanização-desumanização.

Essa radicalidade político-pedagógica, reconhecida nos anos de 1950 e de 1960 e que marcou outra EJA, não se tornou ainda mais radical em tempos de nova segregação social-racial e de extermínio de adolescentes-jovens pobres, negros, oprimidos nas periferias e nas penitenciárias? Não se tornou mais radical, em tempos de suas resistências ao desemprego, aos trabalhos e espaços precarizados desumanizantes? Um quarto da força de trabalho, jovens em sua maioria, está no desemprego ou em situações devastadoras e inumanas de trabalho e de pobreza extrema. De itinerários à procura de emprego para a EJA. Os itinerários desses trabalhos para a EJA e os itinerários da sobrevivência para as escolas não conferem maiores radicalidades à docência, ao pensamento, à prática e à formação profissional? Interrogações persistentes que vêm dos educandos/as que tensionam a docência e exigem respostas nos cursos de formação inicial e continuada. Interrogações persistentes nos temas de estudo-formação de cada um destes textos.

Por que dos jovens-adultos e dos adolescentes-crianças oprimidos vêm interrogações com tanta radicalidade política ao pensamento pedagógico e à docência? Porque seus grupos sociais, étnicos, raciais são a síntese da história de segregações que acompanha nosso padrão de poder-segregação. Anibal Quijano (2010) lembra-nos que a radicalidade de sua segregação como raças inferiores legitima-se no mito ôntico de sua inferioridade como humanos segregados em um estado de natureza. Não humanos. Em nossa história, o pensamento social, político, cultural e pedagógico debate-se com não reconhecer esses grupos étnicos, sociais, raciais como humanos, humanizáveis, educáveis (ARROYO, 2015f). Paulo Freire captou essa história que marca a tensão pedagógica e docente. Os professores/as e os educandos/as jovens e adultos, as crianças e adolescentes, ainda tão oprimidos, roubados em sua humanidade, lutando por reconhecimento-não reconhecimento como humanos. Os cursos de formação inicial e continuada exigem o entender dessas tensões históricas.

Com que artes recuperar sua humanidade roubada?

O conjunto destes textos-análise se propõe trazer para dias de estudo, de formação, essas indagações vividas pelos coletivos docentes-educadores: Quem são os jovens-adultos, adolescentes? De onde chegam e para onde voltam? O que esperam dos seus educadores/as?

Há interrogações ainda mais radicais que vêm para a educação de jovens-adultos e de crianças-adolescentes em itinerários pelo direito a uma vida justa. Humana. Paulo Freire (1987) lembra-nos de que a rebelião dos oprimidos por saberem-se no mundo, por humanização, implica reconhecer a desumanização como realidade histórica. "É também, e talvez, sobretudo, a partir dessa dolorosa constatação que os homens se perguntam sobre a outra viabilidade – a de sua humanização. Ambas, na raiz de sua inconclusão, os inscrevem num permanente movimento de busca. Humanização e desumanização, dentro da história [...]" (p. 30).

É esse olhar sobre os jovens-adultos em itinerários do trabalho para a EJA e esse olhar sobre as crianças-adolescentes da sobrevivência desumana para as escolas que estes textos encontram em tantos coletivos de profissionais e em currículos de sua formação inicial e continuada. Reconhecer, trabalhar esses processos de humanização-desumanização que os jovens-adultos-adolescentes-crianças levam à EJA e às escolas passou a ser a função de significado político-pedagógico na formação de seus profissionais. Cresce a consciência profissional, política, ética de que os alunos chegam às escolas em longos itinerários por justiça. "Vocação negada na injustiça, na exploração, na opressão, na violência dos opressores, mas afirmada no anseio de liberdade, de justiça, de luta dos oprimidos, pela recuperação de sua humanidade roubada" (FREIRE, 1987, p. 30).

Por décadas essas vêm sendo as interrogações que chegam dos oprimidos às escolas públicas populares e especificamente à educação dos trabalhadores jovens e adultos. Por décadas o pensamento pedagógico e docente debate-se entre ignorar ou reconhecer como referente de significados quem são os educandos/as, de onde vêm, para onde voltam no seu ser no mundo, no seu lugar social, étnico, racial, de gênero, lugar no padrão de poder, de trabalho, de expropriação da renda, da terra, do teto... Faz décadas que, ao pensamento pedagógico, à docência, à formação docente-educadora vêm dos oprimidos, dos injustiçados, essas radicais indagações sobre formarem-se para ser profissionais capazes de entender os processos de desumanização dos educandos e de suas lutas por vida, justiça, liberdade. Humanidade. Por esperar da escola seu direito a saber-se. Por tempos-espaços de escola, EJA, por uma vida justa, digna. Humana. Dos profissionais educadores/as vêm iniciativas por outros currículos. Outras diretrizes e políticas. Outro ofício de mestre. Outra formação que recupere as artes do ofício que os outros educandos e educadores exigem não serem esquecidas. Retomadas.

Reconhecer identidades educadoras reinventadas

Estes textos propõem continuar nossos diálogos do ofício. No livro *Ofício de mestre* (2000), propusemo-nos tirar do baú dos esquecidos da história do magistério artes que não deveriam ter sido esquecidas. Artes do ofício. Saberes e sensibilidades profissionais aprendidas, cultivadas. Guardadas no cotidiano, nas gavetas das salas de aula de tantos/as mestres de agora e de outrora. Estaríamos em tempos de outros educadores e de outros mestres? Como recuperar tantas inovações que continuam acontecendo nas escolas e nas redes de educação? Que saberes e fazeres mais perenes e mais inovadores do ofício recuperar nas escolas e na EJA? É a indagação central destes textos-análises-temas de estudo-formação.

Naquela época reconhecíamos que a melhor maneira de falar das inovações era dialogar com os sujeitos, os mestres das escolas. Nestes textos, falemos de nós e troquemos tantas histórias que temos a contar. Tirando-as do baú dos guardados. Ainda precisamos repor os mestres ao lugar que lhes cabe. Dizer à mídia, aos formuladores de políticas, aos gestores do público que parem de segregar os docentes-educadores, que parem de falar mal. Mostrar que têm qualificação, que têm ética profissional, que não brincam de ensinar, que lutam pelos direitos do trabalho. Mostrar que aprenderam a batalhar por seus direitos como mulheres, negras, indígenas, quilombolas, do campo. Nessas lutas por direitos se formam. Afirmam-se com outras identidades profissionais. Humanas. O conjunto destes textos acredita que, nas escolas, na EJA, outras identidades educadoras estão sendo reinventadas.

No livro *Imagens quebradas* (2004), destacávamos que nossas autoimagens são inseparáveis das imagens que fazemos dos educandos. "Os alunos não são mais os mesmos", ouvimos repetidamente de seus mestres. Por que nos incomoda tanto que não sejam os mesmos? Sempre que os educandos – crianças, adolescentes, jovens-adultos – mudaram, a pedagogia e a docência foram tensionadas. Naquela época, perguntávamos: Quando as imagens dos educandos se quebrarem, o que acontecerá com nossas imagens docentes? Os significados de nosso ofício mudam. Somos obrigados a reinventar nossas identidades profissionais de docentes da educação das crianças, dos adolescentes, dos jovens e dos adultos, que são outros.

A diversidade destes textos coloca essa indagação central: Quem são os adolescentes, jovens, adultos que, como passageiros da noite, chegam do trabalho para a EJA? Quem são as crianças e os adolescentes que chegam às escolas públicas, vindos do trabalho, da sobrevivência, da pobreza extrema (quase 20 milhões no Programa Bolsa Família)? Aprofundar-nos nessas interrogações sobre quem são os educandos, de onde vêm, para onde voltam, de que percursos humanos-desumanos, sociais, raciais, de gênero e de trabalho... Será o caminho mais pedagógico para aprofundar-nos sobre quem somos. Para reinventar identidades educadoras, capazes de entender com que educandos convivemos, que educandos formamos. Para reinventar que currículos capacitarão os mestres para entenderem-se entendendo os educandos – crianças, adolescentes, jovens-adultos. Cada uma das temáticas destes textos propõe se aprofundar nas questões que os docentes-educadores/as se colocam: Quem são os educandos/as com que trabalhamos nas escolas e, especificamente, na EJA? Como entender suas vivências tão extremas e como trabalhá-las nos conhecimentos? Com que artes de educar-formar? A que formação, a que saberes têm direito como mestres-educadores e educandos? Como garantir seu direito a entender os processos vividos de construir identidades educadoras reinventadas?

O direito aos saberes de seu sobreviver

Nas escolas, na EJA, avança-se à procura de respostas práticas a essas indagações. A criatividade profissional acompanha a reinvenção das identidades docentes-educadoras. Buscamos essa criatividade trazendo temáticas-geradoras de estudo e de formação que já estão sendo trabalhadas nas escolas, na EJA, em cursos de pedagogia, na formação inicial e, sobretudo, continuada. Na pluralidade de encontros, seminários e conferências que acontecem nas redes municipais e estaduais, ou nos promovidos pelo sindicalismo docente, passou a ser uma prática abrir espaços para socializar experiências entre docentes-educadores/as. Há vida nas escolas. Seus profissionais são sujeitos de autorias de reinvenção da docência. Seu contato tão próximo com o outro – crianças, adolescentes, jovens e adultos populares – que vai chegando de processos tão injustos de desumanização não lhes permite ficar distantes das experiências sociais extremas que os educandos e os próprios educadores carregam. Não há como ignorar as experiências sociais extremas e as interrogações desestruturantes que levam nos conhecimentos de que são profissionais. Sentem-se obrigados a mergulhar nessas experiências e em suas indagações, assumindo-as como temas geradores de estudo e de formação.

No livro *Currículo, território em disputa* (2011) já destacávamos que os sujeitos dessa disputa por outros conhecimentos e por outra formação são os mestres-educadores e os educandos. São outros, com outras vivências extremas e outras indagações, exigindo lugares centrais nos currículos, no seu direito ao conhecimento. A outros conhecimentos e a outras pedagogias. Outros mestres e outros aprendizes não exigem outros conhecimentos nos currículos de formação – pedagogia, licenciatura – e nos currículos da educação básica e da EJA? Mestres e educandos, afirmando-se outros, com outras experiências sociais tão extremas, com indagações desestruturantes sobre as relações de trabalho, de onde chegam desde crianças-adolescentes e, sobretudo, como jovens-adultos, não estão a exigir que essas vivências ocupem lugares centrais nos conhecimentos dos currículos? Não "se fazem problema deles mesmos. Indagam. Respondem e suas respostas os levam a novas perguntas?" (FREIRE, 1987, p. 29). O currículo e os conhecimentos da educação fundamental e média vêm sendo território dessas disputas com maior radicalidade; lutas pelos conhecimentos da educação de pessoas jovens, adultas, passageiras do trabalho em itinerários pelo direito a uma vida justa. Menos injusta. Humana.

A diversidade de textos trazida neste livro busca analisar temas geradores de estudo e de formação que colaborem para a garantia do direito dos docentes-educadores e dos educandos a saberem-se. A entenderem-se como jovens-adultos trabalhadores e como profissionais trabalhadores na educação. Entender as relações sociais, de gênero, de raça e de trabalho, de onde chegam e para onde voltam. Entender, sobretudo, seus saberes, valores e identidades, feitos de resistências por emancipação.

Qual o critério para escolher, para privilegiar essas indagações e esses temas de estudo e de formação? Aproximar-nos dos processos de reinventar outras identidades docentes e outras identidades de educandos. Partir de uns e de outros como referentes. Reconhecer que são sujeitos de construção de outros saberes, de outras indagações inerentes aos processos de se afirmar com outras identidades de trabalhadores/as. Identidades de raça, etnia, gênero, classe. A diversidade de textos se propõe captar a riqueza e a radicalidade política das experiências e interrogações que chegam às escolas, à EJA, exigindo serem trabalhadas como dimensões do direito ao conhecimento dos próprios sujeitos que as vivenciam: os mestres e educandos. Vivências, indagações ocultadas a exigir tempos-espaços em currículos que garantam seu direito aos conhecimentos. A outros conhecimentos.

O direito a entender-se no outro lado da história

Há uma pergunta que inquieta os docentes-educadores das escolas, sobretudo da EJA: Por que voltam os educandos a fazer-refazer percursos escolares? Pela garantia de seu direito ao conhecimento. Mas que conhecimentos? Uma pergunta obrigatória nas diretrizes e currículos de formação. Uma pergunta nem sempre presente. Outras crianças, outros adolescentes, jovens e adultos das periferias, dos campos, trabalhadores, pobres, negros, indígenas e quilombolas que vão chegando às escolas públicas e à EJA não lutam apenas pelos conhecimentos escolares a que têm direito. Disputam o direito a conhecimentos ausentes, sobre seu sobreviver, seu resistir. Saberes de *outra história* social, racial e de classe que vivenciam e que têm direito a saber para entender-se. Disputam o direito a que os saberes dessa outra história de segregação e de emancipação sejam incorporados como seu direito ao conhecimento.

Os próprios profissionais das escolas públicas e as crianças, os adolescentes, os jovens e os adultos populares percebem que o outro lado da história social, econômica, política, cultural está ausente nas verdades dos currículos. Uma história da qual são vítimas históricas, exigindo conhecê--la. Aprenderam a resistir e levam às escolas saberes de resistências a essa história: a pobreza, a opressão, o trabalho de onde chegam e para onde voltam. Saberes de resistências ao seu viver provisório sem prazo, a viver em espaços marginais nas cidades, sendo expulsos de suas terras. Resistência à destruição da agricultura camponesa, ao desemprego, à fome. Resistências ao extermínio de milhares de crianças e de jovens, em sua maioria negros, nos presídios ou nas periferias das cidades...

Uma pergunta que exige resposta nos currículos: Seu sobreviver e seu resistir por se libertar dessa cruel realidade aparecem como conhecimento, como verdade nos currículos, na Base Nacional Comum, apesar de serem históricas verdades comuns, nacionais? Como educandos e como profissionais, aprendem que não há lugar nas verdades dos currículos para o direito a saberem-se, ao saber desse outro lado da história social em que são marginalizados. Outra história constituinte da História Nacional, mas silenciada. A criatividade das autorias docentes inventa tempos-espaços, temas geradores nos quais as verdades dessa outra história real encontrem lugar. Onde os outros garantam o direito a esses saberes, a essas verdades de seu injusto sobreviver.

Docentes-educadores/as inventam tempos, temas, textos sobre esse sobreviver das crianças e dos adolescentes, dos jovens e dos adultos para garantir esse direito a saberem-se. O seu direito a entender as verdades de seu viver não lhes dispensa do direito a entender as verdades do dito conhecimento socialmente produzido e sistematizado nos currículos. Ao contrário, cada um dos temas geradores de estudo pretende ampliar seu direito ao conhecimento. Abrir as verdades dos currículos a outros conhecimentos, a outras verdades. Trazer essas outras verdades como temas geradores de estudo e de formação amplia seu direito ao conhecimento como educadores e educandos. Traz nova dinâmica para os currículos. Repõe um diálogo de saberes no território dos currículos.

Os docentes-educadores vão deixando de ser meros espectadores dessas vivências cruéis dos educandos, assumindo seu dever profissional de trazê-las ao território dos currículos, buscando, em conjunto, com os próprios educandos/as, entender seus significados. Entender-se. Descobrir os significados escondidos, ocultos, ignorados em tantas "verdades" oficiais, hegemônicas, segregadoras. As verdades dessa outra história vivida pelos educandos obrigam a desvendar os segredos obscuros de nossa história, da história dos ditos conhecimentos socialmente produzidos, sistematizados. Um desvendar que mostra que nem sempre as verdades sistematizadas revelam aos mestres e aos educandos toda a verdade.

Nos encontros de docentes-educadores, nas trocas de experiências e práticas, fica explícito que estes resistem o ser meros observadores passivos, neutros, do real e das verdades dos currículos sobre o real. Resistem a ser observadores passivos da vida, do viver injusto sobreviver dos educandos e deles mesmos, e buscam espaços, tempos, temas geradores de outras verdades. Das tristes verdades de novos tristes trópicos. Verdades outras que invadem o recinto cercado das grades curriculares e pressionam por abrir os saberes-verdades disciplinados, gradeados.

Nas escolas públicas, na EJA, onde essas verdades outras chegam, os mestres-educandos sentem-se obrigados a reconhecer que as vivências sub-humanas existem e exigem respostas, verdades teóricas e pedagógicas sobre esse viver sub-humano a que são condenados. Exigem entender os significados formadores-humanizadores das resistências por libertação que chegam às escolas, à EJA. Como captar essa realidade? Como entender *seus* significados? Como interpretar suas verdades? Perguntas presentes em cada um dos temas que os passageiros da noite e seus mestres têm direito a aprofundar para saber-se.

Que direito a saber-se privilegiar?

O sumário deste livro revela os saberes-vivências-indagações que são privilegiados nas escolas e na EJA como temas geradores de estudo e de formação dos mestres e educandos. O foco são temas-vivências mais próximos das trajetórias e dos percursos dos trabalhadores adolescentes, jovens e adultos em itinerários do trabalho para a EJA. Temos consciência de que essas vivências, esses itinerários do trabalho vêm de longe. Percursos humanos desde crianças, adolescentes do trabalho, das lutas por sobreviver para as escolas nas periferias, nos campos, nos territórios quilombolas, indígenas... Essa proximidade e persistência de itinerários sociais e humanos para as escolas, para a EJA, aproximam os diversos tempos humanos dos educandos e, também, a formação dos seus educadores.

O foco são os jovens-adultos – e até adolescentes – passageiros do trabalho para a EJA. Não esquecemos em cada texto que esses itinerários humanos vêm de longe, do trabalho-infância para as escolas, nas periferias e nos campos. Vivências e itinerários até desumanos de tão persistentes. Direitos a entenderem-se tão próximos. Direitos dos mestres a outra formação, outras artes educadoras para garantir a esses educandos seu direito a entender seus percursos.

Vivências sociais e interrogações tão próximas, tão persistentes nos percursos sociais, raciais e de trabalho de um precário sobreviver exigem uma nova formação pedagógica. Exigem trazer com destaque cada tema gerador de estudo na formação de todos os educadores e educadoras de todos os tempos humanos-inumanos dos educandos que lutam pelo direito a saberem-se em itinerários para as escolas públicas e para a EJA.

Agrupamos os temas em torno dos seguintes campos de indagações, de estudo e de formação:

• Passageiros em que itinerários humanos? Itinerários à escola, à EJA, na esperança de mudar de lugar social, racial.

• Itinerários do trabalho, por direitos do trabalho, mas de que trabalhos? Como trabalhar os processos desumanizantes de seu viver provisório?

• Das lutas do trabalho nos campos por terra, por outro projeto de campo e de sociedade para a EJA, para as escolas. Que radicalidades afirmam?

• Sujeitos em itinerários pelo direito a uma vida justa. Humana. Direito a saberes do justo e digno viver por que lutam.

• Trabalhadores, sujeitos coletivos de direitos.

• Educadores e educandos sujeitos de direito ao conhecimento, mas a que conhecimento? Reconhecê-los produtores de conhecimento. O direito a saberes de intervenção na vida cotidiana.

• Sujeitos do direito à educação que incorpore o direito à cultura, à diversidade cultural. O direito a entender suas culturas na história de segregações culturais.

• Como garantir o direito à memória e às lutas de seus coletivos pelo direito às suas humanas memórias proibidas, mas não esquecidas jamais?

• O que aprender com os estudos da juventude para entender os jovens-adolescentes, suas culturas, valores, saberes, identidades?

• Corpos precarizados chegando do trabalho, da sobrevivência às escolas, à EJA. Haverá lugar nos conhecimentos dos currículos para entender os educandos-educadores como totalidades humanas corpóreas? Como trabalhar corpos segregados? Com que outras pedagogias dos corpos?

Para cada um desses campos, trazemos letras de músicas que colocam essas mesmas indagações. As escolas e até a EJA abrem-se para incorporar a força pedagógica das artes. Reconhecem que as artes são formas de pensamento sobre o real, a sociedade, o humano-inumano. Incorporar as artes no direito ao conhecimento enriquece o direito ao conhecimento. As artes, em sua diversidade, têm sido sensíveis a dimensões do humano-inumano que os jovens e adultos vivenciam desde crianças e adolescentes e levam para a EJA e para as escolas. Além das letras e músicas, coletivos de educadores e educandos trazem outras artes – a literatura, a pintura, o cinema, a fotografia, o artesanato, o patrimônio cultural – como pedagogias reveladoras do viver, do sobreviver, do resistir e do libertar-se dos jovens e adultos, das crianças e adolescentes, de seus coletivos e dos coletivos de docentes-educadores/as. Devemos perceber que, como mestres e como jovens-adolescentes-adultos, são sujeitos de produção cultural. Outros sujeitos a exigir outras pedagogias das artes que os ajudem a entenderem-se. Com que se afirmem humanos. Têm direito a saber como as diversidades das artes os pensam e como se pensam nas linguagens artísticas de que são produtores. Com que revelam o humano e se revelam humanos[2].

Fica uma pergunta pendente: Como coletivos de educadores/as e educandos/as trabalham essas interrogações, temas geradores não apenas na formação docente, mas na formação dos próprios jovens e adultos nos currículos da EJA, das crianças e dos adolescentes nas escolas? Que práticas propõem traduzir esses temas de formação dos mestres em temas geradores de estudo, de formação dos próprios educandos? Há uma exigência por pesquisar, valorizar e socializar essas práticas que já acontecem na EJA e nas escolas. Uma instigação a pensarmos em *outro livro*?

---

2. Nas escolas e na EJA trabalha-se com a diversidade das artes, a respeito de como elas pensam e interrogam as resistências por dignidade humana, por justiça. Em cada uma das temáticas sugerimos músicas, letras, filmes e literatura que podem auxiliar as análises dos temas de estudo e de formação. É recomendável a obra de Franklin Martins: *Quem foi que inventou o Brasil* – A música popular conta a história da República. Rio de Janeiro: Nova Fronteira, 2015. Nessa obra podem ser encontradas muitas das letras das músicas aqui sugeridas.

Passageiros – Em que passagens humanas?

Letras/músicas a serem trabalhadas

Credo
Autores: Milton Nascimento e Fernando Brant

Caminhando pela noite de nossa cidade
Acendendo a esperança e apagando a escuridão
Vamos, caminhando pelas ruas de nossa cidade
Viver derramando a juventude pelos corações
Tenha fé no nosso povo que ele resiste
Tenha fé no nosso povo que ele insiste
E acordar novo, forte, alegre, cheio de paixão

Vamos, caminhando de mãos dadas com a alma nova
Viver semeando a liberdade em cada coração
Tenha fé no nosso povo que ele acorda
Tenha fé no nosso povo que ele assusta

Caminhando e vivendo com a alma aberta
Aquecidos pelo sol que vem depois do temporal
Vamos, companheiros pelas ruas de nossa cidade
Cantar semeando um sonho que vai ter de ser real
Caminhemos pela noite com a esperança
Caminhemos pela noite com a juventude.

Viola enluarada
Autores: Marcos Valle e Paulo Sérgio Valle

A mão que toca um violão
Ser for preciso faz a guerra
Mata o mundo, fere a terra

A voz que canta uma canção
Se for preciso canta um hino,
Louva a morte

Viola em noite enluarada
No sertão é como espada
Esperança de vingança

[...]

Quem tem de noite a companheira
Sabe que a paz é passageira
Pra defendê-la se levanta
E grita: Eu vou!

Mão, violão, canção e espada
E viola enluarada
Pelo campo e cidade
Porta-bandeira, capoeira
Desfilando vão cantando
Liberdade.

[...]

Vida de viajante
Autores: Hervé Cordovil e Luiz Gonzaga

Minha vida é andar
Por esse país
Pra ver se um dia
Descanso feliz
Guardando as recordações
Das terras por onde passei
Andando pelos sertões
E dos amigos que lá deixei

Chuva e sol
Poeira e carvão
Longe de casa
Sigo o roteiro
Mais uma estação
E a alegria no coração

Mar e terra
Inverno e verão
Mostre o sorriso
Mostre a alegria
[...]
E a saudade no coração

Outras letras/músicas a serem trabalhadas
• *O canto da cidade* – Daniela Mercury e Tote Gira
• *Nada será como antes* – Milton Nascimento
• *Mulheres em marcha* – Oficina de artes MST

Filmes a serem trabalhados
• *Os esquecidos* – Luis Buñuel, 1950 (pode ser analisado o texto de Carlos Feixa, no livro *A juventude vai ao cinema*. In: TEIXEIRA, Inês et al. (org.). Belo Horizonte: Autêntica, 2009).
• *Capitães da areia* – Cecília Amado, 2011.

Literatura
• *Capitães da areia* – Jorge Amado

1
Passageiros da noite
De onde, para onde?

Comecemos por uma pergunta: Por que *passageiros da noite*? Por que não trazer logo no título "Educandos da EJA" com destaque? A intenção é trazer nosso olhar para eles/elas, educandos e educadores. Trazê-los como sujeitos de escolhas não tão livres, mas escolhas. Trazê-los em itinerários--viagens-passagens do trabalho para a EJA. Passageiros. Colocar-nos quem são, que passagens – não só escolares, mas passagens-itinerários humanos de onde, por onde, em que tempos. À noite? Em longos percursos de ônibus. Pela cidade. Pelos campos.

Essa experiência de *Passageiros da noite, do trabalho para a EJA – itinerários pelo direito a uma vida justa* dá todo o significado radical, político e pedagógico à educação desses educandos e à docência. Para entender seus significados será necessário começar por vê-los como passageiros, continuando passagens iniciadas bem cedo, na infância. Mas de onde, para onde? Por que e para que ou na espera de quê? Caminham pelo direito à educação. Coletivos de docentes-educadores também estão em itinerários para mais trabalho. Todos partem de um olhar sobre si mesmos, sobre esses itinerários, e aprofundam esses seus significados. Uma experiência de mestres e de alunos carregada de significados a merecer um tema de estudo nos cursos de formação. Que dimensões aprofundar nesses estudos?

Buscar os significados de suas passagens

Há uma imagem chocante nas nossas cidades: final de tarde, filas de adolescentes, jovens e adultos à espera de ônibus para deslocarem-se do trabalho para os centros de EJA. Imagem ainda mais forte entrada a noite: filas desses mesmos adultos, jovens, adolescentes esperando os ônibus desses centros para os bairros, favelas, vilas. Deslocamentos noturnos do trabalho à EJA, e desta para a moradia distante. Que sentidos humanos, humanizantes-desumanizantes vivenciam nesses deslocamentos que poderão durar alguns semestres e anos até completarem o percurso dos requisitos exigidos para conclusão dos ensinos Fundamental e Médio? Poderíamos vê-los como "passageiros da noite?" Será assim que eles e elas se pensam?[3] Dada a dureza desses trajetos vividos por anos pelos educandos/as e pelos docentes-educadores/as, somos obrigados a reconhecer esses trajetos como uma experiência social geradora de estudos nos currículos de formação inicial e continuada dos docentes-educadores/as e nos currículos da formação dos educandos.

Regina Dalcastagnè (2015) oferece-nos um texto, *A cidade como escrita possível*, no qual traz um estudo-análise do romance de Rubens Figueiredo, *Passageiro do fim do dia*. Análises que poderão ser aproveitadas para nos aprofundar nos significados dos itinerários do trabalho para a EJA e de volta para casa. Uma experiência formadora inicial de cada dia. Uma repetida experiência configurante da sua educação. Desde a infância, percursos diurnos do trabalho para a escola, ou da escola para o trabalho[4].

Devemos começar por focar os personagens desses deslocamentos ou por vê-los como percursos dos personagens pobres, trabalhadores empobrecidos das cidades ou dos campos, mulheres, negros/as. Quem são os que com eles esperam nas filas? A que grupos sociais, raciais, sexuais pertencem? Aqueles/as que esperam nas filas – os passageiros do fim do dia e do início da noite – não são aqueles/as que se deslocam nos carros para o trabalho, para as faculdades ou para as casas – homens, mulheres brancos/as das classes médias, altas. São outros sujeitos e outros deslocamentos. Vêm de outros trabalhos, e não se deslocam para completar percursos escolares e humanos truncados. As pessoas adultas, jovens ou adolescentes nas filas à espera de ônibus vêm também do trabalho, mas de outros trabalhos e de jornadas longas, cansativas. As diferenças de percursos humanos, de trabalhos e de transporte revelam percursos sociais, raciais, de classes diferentes. Identidades sociais, raciais diferentes. São os mesmos passageiros do amanhecer. Bem cedo se deslocaram dos bairros e das vilas para o trabalho nos "bairros-bens" como domésticas ou pedreiros, serventes, limpadores/as de

---

3. *Passageiro do fim do dia* é o título da obra-romance de Rubens Figueiredo. São Paulo: Companhia das Letras, 2010. Leila Lehnen faz uma análise sugestiva desse romance no texto "Cartografias móveis, mapeando as margens da literatura brasileira contemporânea". In: DALCASTAGNÈ, R. & AZEVEDO, L. (orgs.). *Espaços possíveis na literatura brasileira contemporânea*, 2015. Recomendo a leitura.

4. Analisamos esses percursos no livro *Trabalho-infância: exercícios tensos de ser criança* – Haverá espaço na agenda pedagógica? Petrópolis: Vozes, 2015.

ruas, de escritórios, ou como serventes nas escolas, nos espaços públicos. Passageiros/as do amanhecer do início do dia para, no fim de tarde, no início da noite, irem para a EJA. Uma modalidade de educação para os diferentes em percursos sociais e humanos. Como aprofundar os significados dessas passagens nos cursos de formação e com os passageiros?

Buscar os significados formadores

Suas passagens-itinerários para centros de educação trazem significados especiais para os adolescentes, os jovens, os adultos, seus docentes-educadores/as e para a EJA. De que processos, percursos humanos-in-humanos chegam? Seria essa a primeira pergunta que os seus educadores/as se colocam? Volta a questão nuclear geradora de dias de estudo: Que significados formadores, de-formadores esses personagens carregam? Que visões levam de si mesmos, da cidade e dos campos? Como veem, experimentam, interpretam a cidade e se interpretam nela? Como veem o campo e se interpretam nele? Ouvir sua voz, ver seus olhares nos ônibus e nos deslocamentos será um caminho para apreender o campo real, a cidade real no seu atravessar dos campos e da cidade. Regina Dalcastagnè (2015) lembra-nos que "olhando de dentro de um ônibus a cidade que esses personagens nos apresentam não perde espessura nem profundidade [...] Traz para o centro da cena outros lugares ou, pelo menos, lugares que nos são apresentados com novas nuanças" (p. 86-87).

O que essa literatura sobre os passageiros da noite nos alerta é que a cidade é revelada por outras presenças; que reconhecer a cidade, o campo ou os espaços revelados-vividos pelos próprios adolescentes, jovens e trabalhadores em deslocamento pode e deve ser um material riquíssimo para estudar a cidade, o campo, o espaço aprendido por seus próprios deslocamentos, por seus olhares-vivências. Um olhar riquíssimo para conhecer esses adolescentes, jovens, adultos e seus tensos percursos de humanização. Suas histórias como trabalhadores e como alunos/as entrelaçam-se com seus deslocamentos. Matéria-prima carregada de significados, de olhares, interpretações. Perguntas que esperam ser entendidas nos currículos de sua formação e da formação docente.

Essas experiências como passageiros da cidade e dos campos, seus olhares e interrogações não mereceriam dias de estudo com os próprios adolescentes, jovens-adultos? Olhares, perguntas a enriquecer os currículos e os estudos do espaço a partir de suas vivências, itinerários. Esses passageiros trazem interrogações pedagógicas: toda passagem carrega sentimentos de insatisfação com o lugar social, racial, com o viver. Também toda passagem é motivada por um sentimento de esperança, de incerteza. A EJA condensa esses fortes sentimentos de incerteza e de esperança. Com que artes pedagógicas trabalhar sentimentos humanos tão fortes, tão nos limites? Sentimentos que não são novos, que os acompanham desde o primeiro itinerário para a escola: esperança de uma vida melhor. Nos novos itinerários como jovens-adultos, o sentimento de esperança se mistura com o sentimento de incerteza e de luta por uma vida melhor em outro projeto de sociedade, de cidade e de campo. Nos coletivos populares, nos trabalhadores, as lutas por escola, da infância à vida adulta, misturam-se com lutas por projetos sociais, políticos. Têm direito a entender os significados de seus itinerários.

Itinerários coletivos na esperança de mudar de lugar social?

Nessas esperas dos ônibus, nessa condição de passageiros de fim de tarde, voltando do trabalho, esses jovens e adultos confundem-se com outros trabalhadores e com outras trabalhadoras como eles, pobres, negros/as, moradores das periferias, dos campos. Quem são? A que grupos sociais, raciais pertencem? Como ser educador/a sem conhecê-los? Um dado merecerá ser destacado: a fila, o ônibus e os deslocamentos como vivências tão próximas dos educandos, e até dos educadores, com os grupos sociais, raciais, sexuais a que pertencem. Na condição de passageiros do fim do dia, ou do início do dia e da noite, aproximam-se identidades de classe, raça, gênero, trabalho, escolarização truncada. Deslocar-se nesses espaços e nesses horários pela cidade, pelos campos, indo, voltando ao trabalho e à EJA é uma luta por deslocar-se como classe, gênero, raça. Como coletivos. A EJA é espaço-tempo desses coletivos, assim como o são os movimentos sociais, o trabalho, a fila, a estação, o ônibus. Espaços vividos pelos coletivos que os vivem. Espaços sociais dos coletivos sociais, raciais, sexuais, de coexistência de identidades, de condições e resistências de classe, gênero, raça. A identidade da educação de pessoas jovens e adultas vem dessa coexistência, encontro, confluência dessas identidades coletivas.

Teimar em ver esse tempo escolar como suplência-reparação dos percursos escolares truncados teve em nossa história – e continua tendo, até nas Diretrizes Curriculares – uma função política perversa: ocultar a EJA como espaço social e político de coletivos de classe, raça, etnia, periferia, campo. Ocultar as classes fez e faz parte da luta de classes em que as políticas públicas e até as Diretrizes Curriculares enredam-se. Se algum traço esteve persistente no nosso sistema escolar – da educação da infância à universidade – foi o de ter reproduzido as hierarquias de classe, gênero, raça, etnia, as hierarquias de homens-mulheres, negros-brancos, pobres-ricos, capital-trabalho. A EJA foi e é um dos níveis-espaços escolares onde essas hierarquias foram e são mais nítidas. Os personagens do fim do dia ou do início da noite que esperam nas filas de ônibus, indo ou voltando do trabalho, deixam expostas essas hierarquias tão marcantes de nosso sistema escolar e da perfeição com que este reproduz as hierarquias sociais, raciais, sexuais, espaciais. Que centralidade deverá ter o aprofundar e o entender dessas hierarquias nos currículos de formação dos educadores e dos educandos? Quem tem direito a entender essas hierarquias de classe, raça, espaço são aqueles que mais as padecem.

Uma pergunta exigirá estudos diante dessa realidade: Que identidades espaciais, sociais, raciais e de gênero chegam, e que papel tem o sistema escolar como um todo, e a EJA especificamente, na sua reprodução? Com que subjetividades chegam e como são reforçadas? Quais possibilidades de a experiência como alunos/as superar subjetividades negativas e reconstruir subjetividades positivas? Sua condição de passageiros da noite remete-os a passageiros do fim da cidade, do fim da linha, do fim dos campos, passageiros dos últimos degraus nas hierarquias de classe, raça, gênero, trabalho, renda, moradia. Escolarização. De volta à escola, têm direito a entender-se não apenas como passageiros do fim do dia, mas como persistentes passageiros do fim da cidade, dos campos, da organização do trabalho, da concentração da terra, da renda. Por que eles, elas, seus coletivos nesses fins-con-fins, nessas margens? Ao voltar à EJA, encontrarão respostas? Tais passageiros esperam ao menos que os conhecimentos e seus mestres lhes garantam seu direito a entender-se.

Por que jogados no final da cidade, dos campos, das hierarquias de classe, raça, gênero, lugar? Por que no final das hierarquias escolares? Os passageiros têm direito a entender como essas hierarquias de classe, raça, gênero, lugar e de escolarização se cruzam e reforçam. As diretrizes curriculares reconhecem ou ocultam essas hierarquias que se reforçam e de que são vítimas? Os currículos de formação dos profissionais ajudam a entender essas hierarquias, seus reforços e entrecruzamentos? Os profissionais da educação desses jovens-adultos têm direito e dever de entender essas hierarquias para garantir o direito dos educandos/as a entenderem-se.

Passageiros para a última viagem escolar?

Passageiros para mais uma viagem escolar. A última? Esse é o lugar da EJA nas hierarquias escolares: a última porta de emergência no hierárquico percurso escolar a transportar esperanças do último ônibus. Da última viagem escolar? Nunca foi fácil nessa última viagem reverter as hierarquias escolares, muito menos as hierarquias sociais, raciais, sexuais de que os adolescentes, jovens e adultos são vítimas históricas. Uma história também de tantas tentativas de abrir outras possibilidades de desconstruir hierarquias. De fazer outros itinerários sociais, raciais, humanos. Ao menos tentativas de mestres-alunos/as por currículos que não ocultem, mas revelem essas hierarquias e garantam, aos próprios adolescentes, jovens-adultos, o direito a saberem-se, vitimados e resistentes a essas hierarquias no sistema escolar e na sociedade. Sem dúvida, devem se perguntar por que eles, elas estão condenados a mais uma viagem escolar? Será a última? Nos currículos, encontrarão respostas a suas justas indagações?

Como avançar nessa direção? Nesses itinerários de esperança? Acompanhar esses passageiros noturnos do fim do dia em suas passagens não apenas nas filas, nos ônibus, mas em suas trajetórias como passageiros de amanhecer nas filas, nos ônibus, nas trajetórias para o trabalho. Que trabalhos? Diferentes, pois são mulheres, negros, negras, idosos, crianças, adolescentes. Vindo de diferentes trabalhos nas cidades, nos campos – os mais precarizados, porque o sistema escolar os reprovou e condenou a sem-diploma de conclusão do Ensino Fundamental ou do Médio. Desses trabalhos vêm enfrentando filas, ônibus, trajetórias de ida à EJA. Se ao menos esse tempo acompanha-los nessas trajetórias, ajudando-os a entendê-las e a entender-se, merecerá tantos esforços de tantos itinerários noturnos. Merecerá tentar mais uma viagem escolar, humana.

Essa é a esperança primeira a que têm direito: que o novo tempo de estudo os reconheça vindo de espaços tão tensos, de passagens pela cidade ou pelos campos tão longas e desprotegidas. Que reconheça que esses percursos lhes são familiares desde a infância. Desde criancinhas, com a mãe e o pai, vindo ao centro da cidade, ou como crianças-adolescentes vindo de ônibus, ou até de carona atrás dos ônibus, ou vindo a cuidar de carros, a limpar carros, a fazer piruetas nos semáforos, à espera de uns trocados. Ou conhecedores da cidade, de suas ruas, ruelas e becos, como meninos-adolescentes de rua ou como infâncias-trabalho (ARROYO, 2015a). Ou conhecedores desses itinerários desde crianças, no transporte das comunidades do campo para as escolas nucleadas. Itinerários desde crianças na produção camponesa, no trabalho familiar.

Ao menos na EJA serão reconhecidos conhecedores, familiarizados como passageiros de múltiplos deslocamentos? Familiarizados com a cidade? Com os campos? Aprendendo a liberdade nos limites estreitos do seu sobreviver na cidade, tão aberta para alguns e tão fechada para eles e elas, filhos/as de trabalhadores empobrecidos, negros? Nessa estreiteza de percursos, o percurso escolar lhes prometia, desde a pré-escola, a possibilidade de chegar a outros percursos sociais, raciais e espaciais. De trabalho. Mudar de lugar espacial mudando de lugar social pelo domínio das letras, do diploma. Percursos, aspirações, promessas vãs, como um sonho bom que não se cumpriu e que teimam em reconstruir na EJA? A função primeira de um currículo de formação dos docentes-educadores será que entendam a radicalidade desses percursos humanos, para ajudar esses adolescentes, jovens-adultos a entenderem-se protagonistas desses percursos sociais, escolares. Que encontrem sentido em tentar mais uma viagem escolar, social.

A EJA, promessa de outras passagens? De outros percursos humanos?

Quando nosso olhar é para os educandos, reconhecendo-os como passageiros do trabalho, somos obrigados a nos perguntar, como educadores/as, o que esperam: Outras passagens? Outros percursos sociais, raciais? Esperam o diploma escolar que lhes abra essas outras passagens a que têm direito? Questões que esses passageiros nos colocam. Os currículos de formação em pedagogia e licenciatura nos ajudarão a entendê-las?

Os percursos da cidade ou dos campos como passageiros da noite, do fim do dia, talvez os levem a reinventar suas esperanças de outros itinerários, de outros percursos humanos. Os seus mestres e gestores tentam reconhecer essa carga humana de vivências retomadas com que chegam. Volta a pergunta: Os novos itinerários ajudarão a entenderem-se? A entenderem essa sociedade, essas relações sociais, esses padrões de trabalho, de apropriação da terra que, desde criancinhas, teimam em condená-los a viver e a reviver os mesmos percursos de segregação-reação? Os cursos de formação de profissionais desses jovens-adultos e adolescentes os ajudarão a entender, acompanhar esses percursos humanos-desumanos de teimosas tentativas de reinventar-se? Questões que perturbam tantos coletivos de docentes-educadores e educandos e que vêm inventando respostas. Que pressionam por outros cursos de formação como profissionais.

O fato de repor os mesmos percursos parece nos dizer que o passado, seu passado, é teimosamente persistente. Que vão chegando à vida adulta e os percursos de passageiros da cidade e dos campos que carregam desde crianças não mudam. Perseguem. Que a sociedade, o progresso, a Modernidade, o Move não os move, não lhes toca, não muda seus percursos de sobreviver na cidade e nos campos. A persistência de sua condição de passageiros à procura de um digno-menos-indigno-viver não lhes permite experimentar qualquer nostalgia nem esperança de que essa condição de passageiros do início do dia ou do fim da noite seja superada. Esperanças golpeadas em tempos de democracia golpeada. Tempos de estreitar ainda mais os direitos dos trabalhadores: reforma da CLT e da Previdência não trazem promessas de outras passagens, de percursos de outros trabalhos nem de outros percursos humanos e escolares.

Nesses estreitos horizontes dos adolescentes, jovens e adultos trabalhadores empobrecidos, definem-se os contornos de suas lutas por educação. A experiência escolar, social da EJA e da docência nunca foi carregada de luminosidades de futuro nem sequer de desconstrução de passados tão pesados. Esse é o clima que persegue as identidades dos docentes, de educadores da EJA, quando esta continua ainda apegada à velha função de suprir-reparar percursos truncados escolares. As tentativas desses passageiros de fazer dessa volta à escola uma experiência que redefina percursos sociais e humanos tão brutalmente entrelaçados às estruturas, aos padrões de poder e de trabalho, de propriedade-apropriação da terra, da renda, tão sexistas, classistas, racistas, têm sido e continuam sendo uma constante aventura de coletivos docentes-educadores/as, também passageiros da noite. Aventuras heroicas, mas limitadas. Na contramão desses padrões de classe, sociais, políticos e até escolares. As identidades docentes-educadoras dos profissionais estão submetidas a essas tensões dos limites de prometer outras passagens.

Tensas identidades docentes-educadoras de tantos profissionais que se debatem entre ser fiéis ou aos percursos dos jovens-adultos ou às diretrizes vindas do alto. Tensões de identidades a merecer centralidade nos cursos de formação inicial e continuada, dos quais se exige opções radicais por formar docentes-educadores/as fiéis aos percursos próprios de trabalhadores na educação, e fiéis aos percursos humanos-in-humanos dos educandos.

Passageiros de velhos itinerários coletivos que persistem no presente

Os adolescentes, jovens e adultos não fazem percursos individuais. Nem percursos de agora. Sabem-se passageiros de longos itinerários coletivos que vêm de longe. Voltando como passageiros da noite nas filas, nos ônibus, reinventando, a cada fim de tarde e a cada início e fim de noite, velhos percursos feitos até na infância. Como trabalhar nos currículos essas tensões entre o futuro prometido, se refizerem o percurso escolar, e esse passado-presente de classe, raça, trabalho e sobrevivência que levam à EJA? Tensões específicas desse tempo de formação que se apresentam com maior premência do que na Educação Infantil e na fundamental. O passado pesa com pesado peso sobre suas trajetórias de vida. Não carregam um passado rosado. Nem individual. Dos cursos de formação, os docentes-educadores esperam a capacitação para entender os significados políticos, pedagógicos, formadores e deformadores desses percursos. Não apenas escolares, mas humanos, como membros de coletivos.

As lembranças de infância na cidade e nos campos, percorrendo esses mesmos espaços, continuam presentes. Atuais. Não passaram. Não pertencem a um passado superado. A cidade é a mesma que viveram na infância-adolescência: dura, segregadora, agressiva. As lutas por teto, por terra e pela agricultura camponesa são ainda mais tensas. As tentativas de sobrevivência e de trabalho das crianças-adolescentes de hoje continuam tão próximas e até mais cruéis do que nos seus tempos-percursos de infância por sobreviver na cidade e nos campos. Talvez seus irmãos, parentes e até filhos crianças repitam os mesmos trajetos espaciais e humanos que eles percorreram, com os mesmos corpos-precarizados, nos mesmos biscates-trabalho-sobrevivência. Nas mesmas lutas por terra, por teto. Como velhos passageiros, pensarão que sua história de passageiros na infância-adolescência, na cidade ou no campo, por trabalho, terra e sobrevivência continua reposta nas crianças que veem nas ruas, nos sinais de trânsito, ou limpando e cuidando de carros, transportando droga para levar uns trocados para a mãe doente, o pai desempregado. Também como passageiros, os coletivos de educadores-docentes se perguntam: Qual o peso, nas identidades dos educandos/as, dessa sensação de um passado que não passa para sua classe, seu gênero, sua raça, seu lugar? Sua cidade? Sua terra? Como entender e trabalhar essa sensação de que nem estudando o futuro se aproximará?

Sendo essas vivências tão fortes, por que esses itinerários de volta à escola? Uma pergunta nuclear a ser aprofundada nos coletivos de educadores e educandos. Um dado que merece atenção e que significa a escola, o percurso escolar retomado diante dessa experiência de um passado que não passa e de um futuro que não chega? Chegará com o diploma da EJA? Será possível teimar em esperar o futuro pelo diploma escolar? As altas percentagens de evadidos da escola e da EJA não estão mostrando que têm consciência de que esse peso do passado sobre sua condição de passageiros teimosos não mudará, e nem com o diploma algum dia o passado será passado e não mais persistente presente?

Com esse estado de crença-descrença debatem-se os educandos, os educadores. Descrenças que têm raízes fora, na persistência de estruturas, nas relações de classe, gênero, raça, nas relações de produção na cidade e nos campos que não apontam superação do passado, mas que se reafirmam. Descrenças que o golpe reafirma. Esses outros que chegam às escolas públicas e persistem na EJA nos obrigam a retomar relações que já foram mais reconhecidas entre sociedade – relações de classe, raça, gênero, lugar e educação. Relações estreitas, não superadas entre opressão e educação, entre estruturas sociais e escolares, entre a negação dos direitos humanos mais básicos e a possibilidade do direito à educação.

Estamos em tempos de esquecer essas relações ou de reconhecê-las, de aprofundá-las nos cursos de formação? Quando essas relações são esquecidas, abrem-se as portas para a volta ou a reafirmação de velhas e conservadoras promessas de superar o passado e anunciar o futuro pelo acesso à escola, pela definição de uma Base Nacional Comum, pela elevação do Ideb (Índice de Desenvolvimento da Educação Básica), se todas as crianças, adolescentes, jovens e adultos forem alfabetizados na idade certa ou incerta, na EJA.

A utopia social pela escolarização está de volta, porque as utopias de mudança social se estreitam para os trabalhadores. O PNE (Plano Nacional de Educação) é mais uma síntese dessa utopia pedagógica em tempos nos quais a pobreza aumenta e o desemprego e a precarização dos direitos do trabalho ocupam a agenda política (ARROYO, 2015b)[5]. Desses passageiros

---

5. Analiso que promessas faz o PNE para os coletivos diferentes produzidos como desiguais no texto "Para uma releitura do PNE a partir da diversidade: questões pendentes". In: SILVA, P.V.B. et al.

teimosos da noite do trabalho, em itinerários de esperança de uma vida mais justa, vêm indagações desestruturantes para as políticas educativas, para os próprios adolescentes, jovens, adultos. Indagações desestruturantes para sua educação e, sobretudo, para os seus profissionais e para os currículos de sua formação. Indagações específicas para os currículos de formação desses jovens-adultos passageiros da noite.

Um tema gerador: aprofundar em coletivo as indagações que vêm dessa experiência, dessa imagem tão chocante: final de tarde, filas de adolescentes, jovens, adultos à espera do ônibus para deslocarem-se do trabalho para a educação. Entrada a noite, filas de volta. Esses deslocamentos, para onde os levarão? Os docentes-educadores/as também passageiros da noite que respostas inventarão?

(orgs.). *Educação e diversidade*: justiça social, inclusão e direitos humanos. Curitiba: Editora e Livraria Appris, 2015.

2
Que significados humanos revelam em seus itinerários?

A pergunta que nos acompanha é: Como ver os adolescentes, jovens e adultos na EJA? Começamos por vê-los como se mostram: *passageiros* em itinerários, de ônibus ou a pé, pelas cidades, pelos campos. Os seus docentes-educadores buscam os significados formadores dessas passagens. Avancemos para os significados pedagógicos que seus educadores trabalham. Tentam retomar a Educação de Jovens e Adultos como EDUCAÇÃO, como tempo de acompanhar seus processos formadores, humanizadores e até deformadores. Que processos esses adolescentes, jovens e adultos põem em jogo ao proporem a si essa ida à EJA, no fazer esses itinerários? No atrever-se a serem passageiros por tantas noites e tantos anos? Destaquemos alguns dos significados humanos e dos apelos que chegam ao pensamento pedagógico e à prática da docência para garantir aos educandos seu direito à formação humana. Para que a EJA seja tempo de educação e os currículos garantam seu direito a saberem-se.

Passageiros periféricos

Comecemos pelas vivências das passagens de ônibus ou a pé em longos itinerários. As identidades da EJA começam no ponto de ônibus, onde começam as identidades de estudantes como jovens-adultos. Lá se encontram com outros-outras colegas, amigos, com outros trabalhadores voltando do trabalho. Nem todos indo para a EJA. As filas dos ônibus das periferias são lugar de encontro dos trabalhadores/as das periferias. No esperar, no pegar o ônibus, começa sua identidade de estudantes. Começaram cedo seus itinerários de ônibus de casa para o trabalho. Revelam-se batalhadores por trabalho, por um menos indigno sobreviver.

Optar por esses itinerários durante noites e anos já é uma opção carregada de significados humanos que indagam nossa docência, nossa ação pedagógica. Que significados descobrir e trabalhar? Os ônibus de ida ao trabalho, do trabalho para a EJA e desta para a vila são ônibus das periferias transportando os "periféricos". Os moradores mantidos às margens das cidades, dos campos, às margens da sociedade, da renda, do trabalho, do espaço. Que símbolos carregam por serem *passageiros-periféricos* no transporte das periferias? Que identidades foram construindo, que valores, que saberes nessa condição de periféricos?

Aprofundando-nos nessa questão nos aproximaremos do conhecimento de quem são os educandos/as na educação de jovens e adultos. Nos aproximaremos dos significados sociais e políticos desse tempo de educação e da docência. *Educação dos periféricos*. Não é essa a função das escolas públicas? Educar, acolher a infância periférica das cidades e dos campos? Os percursos de ônibus das periferias revelam quem são esses educandos e seus educadores. Revelam a EJA, opção dos periféricos. Oferta periférica – saída de emergência no sistema escolar. Identidades carregadas de indagações a exigir tempos de aprofundamento como temas geradores de estudo-formação. Que dimensões revela essa condição de periféricos?

Revela que os percursos de ônibus ou a pé são uma cartografia do espaço urbano, dos campos. Uma cartografia de seu viver. Das possibilidades e limites do seu viver, de sua humanização. A mesma cartografia dos campos e das periferias urbanas que descreve os milhões de crianças e adolescentes no seu ir-voltar às escolas públicas. Cartografias da construção de suas identidades, culturas, valores, saberes. Uma cartografia do próprio viver dos docentes-educadores/as também em itinerários para as escolas das periferias ou dos campos. Percursos a pé ou nos ônibus, cartografias do espaço, mas também do viver dos trabalhadores mantidos nas periferias da sociedade. Do viver até de seus mestres. Cartografias do espaço da EJA no sistema escolar. Essas cartografias espaciais e humanas têm sido objeto das diversas áreas dos estudos do espaço, dos estudos urbanos, dos campos. Têm sido objeto das diversas artes, do cinema, da literatura (*Capitães de areia*, de Jorge Amado; *Morte e vida severina*, de João Cabral de Melo Neto). Não deveriam ter lugar esses estudos e essas artes nos conteúdos dos currículos de formação dos profissionais das escolas e da educação de pessoas jovens e adultas?

Essas cartografias do espaço e do viver dos periféricos revelam ainda questões a trabalhar nos currículos de formação dos docentes-educadores: revelam cartografias para entender a história da EJA não só nos espaços periféricos, mas na periferia do próprio sistema educacional, na periferia das políticas públicas. Revelam a condição periférica dos docentes que optam pela EJA. O último turno? A última opção? Para completar salários?

Torna-se uma prática abrir espaços-tempos para que alunos e mestres exponham suas experiências de passageiros nos ônibus ou no transporte escolar nos campos. Mostrem como veem essa cartografia dos espaços que percorrem. Sobretudo, que experiências vivenciam. Transitar nos ônibus condensa a insegurança do atraso, de acidentes, de trânsito lento, carregado... São imagens familiares que os noticiários reafirmam sobre o transporte público suburbano e sobre o transporte escolar nas escolas do campo. Os ônibus condensam os conflitos, as tensões, as precariedades do viver de seus trabalhadores. São suas vítimas: os periféricos da sociedade. Ao chegarem às escolas e à EJA vítimas desses atrasos, dessas inseguranças, serão reconhecidos vítimas ou culpados? Encontrarão o portão fechado? Encontrarão espaços-tempos e interesse dos docentes e dos gestores para ouvir esses tensos percursos? Entender o que esses itinerários revelam sobre sua condição de trabalhadores das periferias e dos campos? Entender e trabalhar que valores, culturas e resistências revelam nesses teimosos itinerários dos periféricos por trabalho, por terra, por teto, por educação?

Na educação desses adolescentes e jovens-adultos avança-se para entender que saberes, valores, identidades constroem vivendo e sabendo-se *periféricos* na sociedade, na cidade, nos campos, nos espaços de moradia, de trabalho e até de educação. Essas vivências periféricas humanizam-desumanizam? Com que pedagogias trabalhá-las, como recuperar a humanidade? Que significados conferem em suas lutas por uma vida justa esperada nas escolas e na EJA? Esse tempo será de Educação se forem reconhecidas, trabalhadas essas vivências humanizadoras-desumanizadoras de seu viver como periféricos.

Vítimas do *apartheid* social-espacial

Volta a pergunta obrigatória nos cursos de formação dos mestres e dos educandos; pergunta que seus docentes-educadores/as se colocam: O que esses itinerários pelas periferias revelam sobre as possibilidades e limites de formação, humanização e sociabilidade de sua condição de vida como periféricos? Boaventura de Sousa Santos (2006) fala-nos de uma forma de fascismo ou de *apartheid* social por meio de uma cartografia urbana dividida em zonas selvagens e zonas civilizadas, que está transformando em um critério geral de sociabilidade. Esse fascismo social opera como um regime civilizacional (p. 333). Quem são as vítimas desse *apartheid*? São os trabalhadores empobrecidos, negros, mulheres, jovens, até adolescentes e crianças. Até as escolas públicas e seus profissionais. Viver condenados, resistir a esse *apartheid* social-espacial, a essas sociabilidades, a esse regime civilizacional, que identidades, valores, culturas, saberes constroem? Como reconhecê-los e trabalhá-los ao chegarem às escolas? Nesse *apartheid* social-espacial, que oportunidades de formação, humanização são possíveis? Resistem e lutam por libertar-se? Nessas resistências se formam e humanizam? Os longos itinerários a pé para as escolas ou de ônibus para os trabalhos revelam essas resistências e essas esperanças de libertação. Os seus educadores tentam trabalhá-las. Com que artes?

Os currículos de formação de educadores das vítimas desse *apartheid* social-espacial dão centralidade a entender como funciona esse regime "civilizatório" desumanizante que vitima em zonas selvagens os educandos com que trabalharão? Ao menos não os condenam como iletrados, incultos, sem valores de trabalho, de estudo, de perseverança com que a sociedade e as avaliações escolares condenam. O tempo de formação exigirá aprofundar os processos de produção dessas zonas "selvagens": a exploração imobiliária, o descaso do Estado, das políticas públicas. O descaso com as escolas públicas, como com a EJA nas periferias, não é um sinal do descaso do Estado com as periferias, com os trabalhadores empobrecidos? A lenta reforma agrária, os milhares de escolas do campo fechadas e a política de transporte para as escolas nucleadas não revelam o descaso do Estado?

Há currículos de formação de mestres e educandos que incorporam a riqueza de estudos sobre esse *apartheid* segregador. Deve-se incorporar tal riqueza nas áreas dos currículos e ainda aprofundar o entendimento de que valores, saberes, culturas e identidades são possíveis nas vivências desse *apartheid* social-espacial. A educação escolar só acontece se articulada às possibilidades e limites da formação e da humanização socioespacial dos educandos. E dos mestres.

Nos cursos de formação não haverá como ignorar a estreita conexão entre segregação de classe: social, racial, espacial e escolar. Boaventura nos lembra que esse *apartheid* social-espacial divide a cartografia urbana em zonas selvagens e zonas civilizadas. Consequentemente, divide os coletivos sociais e raciais em civilizados e selvagens. Essa imagem de violentos, desordeiros, sem valores, sem cultura e incivilizados é a imagem que as elites civilizadas e a mídia (e até o pensamento pedagógico) transmitem dos periféricos, de seus lugares e até das escolas e do transporte público. Nada fácil ao pensamento pedagógico, à visão e ao trato das escolas públicas e da EJA não se deixarem contagiar com essas representações e tratos tão segregadores.

A tendência das políticas de educação pública e de EJA será entender essas tensões. Incorporar nos saberes escolares questões tão incômodas que não cabem nos recortes disciplinados dos currículos. Caberão ao menos nos recortes das disciplinas do tempo e do espaço? Caberão nos currículos de formação de profissionais que terão de educar vítimas da segregação escolar-social-racial-espacial? Essas interrogações vêm ocupando espaços nos tempos de sua formação continuada e no preparar de suas aulas, anunciando outra ética docente. As escolas públicas e a EJA podem ser experiências educadoras radicais diante da radicalidade formadora que levam os educandos. Podem ser um laboratório para retomar a função educadora, formadora da própria pedagogia. Função perdida no reducionismo da escolarização a processos de aprendizagens avaliáveis.

Exercícios de autorreconhecimento

Avancemos para outra indagação que vem dos passageiros da noite e dos significados humanos que revelam: Esses exercícios, esses itinerários nos ônibus, das periferias para o trabalho, do trabalho para a EJA, pela cidade e pelos campos, que imagens de si põem de manifesto e reafirmam? Devemos promover um diálogo com mestres, adolescentes, jovens e adultos sobre como se veem, como se pensam nesses percursos. Como se pensam na condição de periféricos.

Nesses contrastes entre os lugares de seu viver e os lugares de trabalho, nos centros, nos bairros, nas zonas "civilizadas", vindo de e voltando às zonas "selvagens", ou tratados à margem das políticas urbanas, da urbanização e das políticas agrárias, que autoimagens constroem e levam? Ao fazer esses percursos de tais contrastes espaciais e humanos, terminam fazendo seus percursos sociais, raciais. De trabalhadores/as. Sabem-se estranhos nesses "bairros-bens", dos bancos, do comércio, dos escritórios, das avenidas, do asfalto. Sabem-se periféricos nascidos nas periferias pobres, lugares para os pobres. Construindo casas, mas sem casas para morar (Chico Buarque. *Pedro pedreiro*).

A consciência do seu lugar social-espacial é forte em suas identidades de trabalhadores. Chegam às escolas públicas e à EJA desses percursos não só espaciais, mas humanos-desumanos. Melhor, chegam com as possibilidades e limites que as relações de trabalho e os espaços do viver lhes permitem para construir suas autoimagens positivas. Seus educadores se esforçam por entender esses tensos processos de construção de suas identidades. Entender a estreita relação entre os espaços do viver e a produção de valores, identidades sociais, raciais, de gênero. De classe.

Não apenas as autoimagens pessoais e coletivas estão coladas ao espaço, ao lugar de trabalho, ao nosso viver desde crianças, mas também as imagens tão negativas e inferiorizantes que a sociedade projeta sobre os trabalhadores das periferias e dos campos estão referidas às imagens negativas que a sociedade tem desses lugares como selvagens, sem lei, sem valores. Cresce a consciência entre os educadores/as de que não há como construir um projeto de educação nem atuar como seus/suas docentes-educadores/as sem ter uma compreensão aprofundada, pedagógica dessas estreitas relações entre as vivências de classe, do trabalho, do espaço e a construção de autoidentidades. Uma das funções de toda docência é trabalhar essas autoimagens pessoais e coletivas de classe, raça. Valorizar as resistências e os esforços por construir imagens positivas em outro projeto de cidade, de campo. De sociedade. Em outro projeto de escola e de EJA, que assuma as radicalidades humanas que os educandos conferem a seus itinerários pela educação, pelo direito a uma vida justa.

Exercícios de construção de identidades coletivas

Lembrávamos que nas filas dos ônibus os passageiros já se encontram com outros e outras colegas não apenas passageiros para a EJA, mas colegas de trabalho, de cotidianos itinerários dos campos, das vilas, das periferias para o trabalho. Encontros, itinerários de trabalhadores, de coletivos não só espaciais, mas sociais, raciais, de gênero. Encontros de itinerários de iguais a eles, a elas. Que travessias humanas, culturais, identitárias comuns? Que coincidências coletivas nos itinerários pela cidade até a periferia e pelos campos? Coincidências de trabalhos provisórios ou de desemprego, de viver de biscates, de sem direito a ter direito, de sem teto, de sem terra. Coincidências de trabalhadores nos campos em lutas pela terra. As identidades coletivas de classe, raça e gênero impõem-se nesses itinerários do trabalho para a educação.

Esses exercícios-itinerários de construção de reconhecimentos de pertencer a coletivos segregados, vitimados, marginalizados, mas resistentes, é uma construção que vem da infância, da adolescência, nas vivências da família pobre, trabalhadora, negra, camponesa. Das vivências dos espaços periféricos, pobres, distantes. Vivências da infância em corpos, espaços precarizados (ARROYO, 2012a)[6]. Vivências que a juventude, a vida adulta condensa. Não há como fugir dessa construção de identidades coletivas tão condensada nos currículos de formação de docentes-educadores/as nem nos currículos para trabalhar com os próprios educandos. A EJA se caracterizou sempre por ser o lócus onde se condensa a tensa construção histórica de identidades coletivas, segregadas, oprimidas de trabalhadores. Mas também resistentes, afirmativas. Talvez nos ônibus, nos itinerários de cada fim de tarde ou nas salas de aula se encontrem com colegas de lutas por transporte, por teto, por ocupação de espaços, por trabalho, por saúde... Talvez se encontrem com companheiros/as de movimentos sociais sem terra, sem teto, movimento negro, de mulheres, de orientação sexual. Companheiros de movimentos juvenis. Um dos dados mais dinâmicos na nossa sociedade tem sido a afirmação de novas identidades coletivas, de lutas por justiça, por direitos coletivos de classe, de gênero, de raça, de orientação sexual... A teimosa luta pela educação não faz parte dessa reinvenção, reafirmação de identidades novas coletivas?

Coletivos de educadores-educandos abrem espaços na rigidez curricular para debater e aprofundar esses tensos processos de destruição-construção de identidades coletivas. Se a EJA condensa esses processos de construção que vêm da infância, como ignorá-los nos currículos de formação e de educação desses coletivos identitários? A história injusta de construção, de imposição de identidades coletivas negativas dos trabalhadores, das mulheres, de indígenas, negros, camponeses, quilombolas e periféricos tem de ser central nos currículos de formação. Central no direito desses coletivos que chegam: conhecer esses processos que os vitimaram. Sobretudo, será central garantir a eles o direito a conhecer as lutas coletivas por construir outras identidades coletivas positivas, afirmativas de que são sujeitos políticos. Se em alguma "modalidade" e tempo humano de formação é mais premente conhecer essa história de construção de identidades coletivas, isso se dá na

---

6. Trabalhamos essas vivências de espaços-corpos precarizados no livro *Corpo-infância: exercícios tensos de ser criança* – Por outras pedagogias dos corpos. Petrópolis: Vozes, 2012.

EJA, onde chegam vítimas resistentes, sujeitos de outras identidades coletivas positivas, afirmativas. Os profissionais têm direito a uma formação sólida para a tarefa de garantir a esses coletivos identitários o direito a saberem-se. A entenderem a radicalidade das questões e das exigências políticas que os outros coletivos identitários levam às escolas públicas. Especificamente à EJA.

Os outros, os periféricos sujeitos da cidade e dos campos

Este é um dos significados mais radicais humanos que os educandos revelam. Os passageiros da noite, afirmando-se sujeitos de novas identidades coletivas, positivas, produtoras de outros espaços nas cidades e nos campos em suas lutas por teto, transporte, saúde, terra, territórios, escola, transformam o mapa tradicional e hegemônico das metrópoles e dos campos. Desconstroem a visão hegemônica de que são as elites, os planejadores do espaço urbano, os donos do latifúndio que constroem os espaços e seus significados. Na medida em que os outros coletivos reagem ao serem pensados, tratados como periféricos, à margem, afirmando-se sujeitos de lutas por espaços, por teto, por terra, confirmam-se construtores de outro espaço urbano, de outro projeto de campo. Desconstroem a divisão hegemônica entre zonas civilizadas e zonas selvagens, entre coletivos civilizados e coletivos selvagens. Ocupam os espaços do agronegócio, os espaços urbanos com suas manifestações. Ocupam até as escolas.

Nessas lutas, movimentos coletivos mostram não a cara selvagem, mas as caras de outro projeto humano, político, de cidade, de campo, de escola, de sociedade. Reagem a serem pensados e alocados *de fora*, às margens do poder, da justiça, dos direitos, e *agem de dentro*. Resistem de dentro da cidade, do campo, das escolas. Revelam-se não aprendizes de uma história da qual não foram sujeitos, mas de uma história de que são sujeitos coletivos, identitários. Haverá lugar para essa outra história nos currículos de formação dos mestres e educandos? Haverá lugar nas áreas do conhecimento para essas tensões por espaço, moradia, transporte, terra, territórios, reforma agrária, urbana? Por escolas? Se essas tensões não tiveram lugar nos currículos do Ensino Fundamental, que ao menos encontrem lugar nos currículos, nas áreas do conhecimento de seu novo tempo de educação. Que haja lugar para reconhecê-los sujeitos da cidade, dos campos. Sujeitos que, humanizando a cidade, os campos e as escolas, humanizam-se. Nesse agir de dentro revelam-se não mais selvagens, incivilizados, iletrados, inconscientes, mas conscientes dos processos que tornaram sub-humanos seus espaços. Conscientes, sobretudo, das resistências por tornar esses espaços humanos, dignos. Lutando por políticas urbanas e do campo, lutam contra o *apartheid* espacial-social-racial. Contra a divisão de zonas selvagens e civilizadas. Ao afirmarem-se conscientes, civilizados, sujeitos políticos e de políticas, desconstroem a divisão entre coletivos selvagens e civilizados. Entre subcidadãos e cidadãos. Entre sub-humanos e humanos. Reagem à divisão de classes.

Adolescentes, jovens, adultos e até crianças, passageiros do trabalho para as escolas, na medida em que desconstroem essas polaridades tão persistentes na nossa cultura social, política e pedagógica, exigem repensar radicalmente a função das políticas e diretrizes. Exigem outros currículos de formação. Outra função do ofício de mestres. Exigem a reinvenção do direito a sua educação e a reinvenção das identidades docentes. Quando adultos, jovens, adolescentes populares são outros, a EJA e a docência são obrigadas a serem outras. O pensamento pedagógico é obrigado a ser pedagógico. Educador. Ao desconstruir o *apartheid* espacial, social, que os classificou com as inferiorizações a partir das quais são pensados os espaços que habitam como não civilizados, desconstroem também o *apartheid* pedagógico, político e cultural que os pensa como iletrados, incultos, destinados a refazer percursos escolares civilizatórios. Exigem outros olhares, outros tratos. Exigem ser reconhecidos passageiros pelo direito a um justo reconhecimento social, político e pedagógico, retomando essas vivências como periféricos, como vítimas do *apartheid* social, racial, espacial e, sobretudo, retomando as autoimagens-identidades, valores e saberes que constroem ao tentar um digno, justo, humano viver. Esse será o caminho para que a escola e a EJA sejam uma experiência marcante de educação. De formação humana.

Do trabalho para a EJA
De que trabalhos?

Letras/músicas a serem trabalhadas

Pedro pedreiro
Chico Buarque

Pedro pedreiro penseiro esperando o trem
[...]
Pedro pedreiro fica assim pensando
Assim pensando o tempo passa e a gente vai ficando pra trás
Esperando, esperando, esperando
Esperando o sol, esperando o trem
Esperando aumento desde o ano passado para o mês que vem
[...]
Pedro pedreiro espera o carnaval
E a sorte grande do bilhete pela federal todo mês
Esperando, esperando, esperando, esperando o sol
Esperando o trem, esperando aumento para o mês que vem
Esperando a festa, esperando a sorte
E a mulher de Pedro, esperando um filho pra esperar também
[...]
Pedro pedreiro tá esperando a morte
Ou esperando o dia de voltar pro Norte
Pedro não sabe, mas talvez no fundo
Espere alguma coisa mais linda que o mundo
Maior do que o mar, mas pra que sonhar se dá
O desespero de esperar demais
Pedro pedreiro quer voltar atrás
Quer ser pedreiro pobre e nada mais, sem ficar
Esperando, esperando, esperando
[...]
Pedro pedreiro pedreiro esperando o trem
Que já vem, Que já vem, Que já vem, Que já vem...

Outras músicas/letras a serem trabalhadas
• *O pedreiro Waldemar* – Wilson Batista e Roberto Martins
• *Salário mínimo* – Beth Carvalho (intérprete)

Filmes a serem trabalhados
• *Eles não usam black-tie*, filme de 1981, com roteiro e direção de Leon Hirszman e baseado na peça *Eles não usam black-tie*, de Gianfrancesco Guarnieri.
• *Peões* – Eduardo Coutinho, 2004.

Linha de montagem
Autores: Novelli e Chico Buarque

Linha de montagem
A cor a coragem
Cora coração
Abecê abecedário
Ópera operário
Pé no pé no chão
Na mão, o ferro e ferragem
O elo, a montagem do motor
E a gente dessa engrenagente
Dessa engrenagente
Dessa engrenagente
Dessa engrenagente sai maior
As cabeças levantadas
Máquinas paradas
Dia de pescar
Pois quem toca o trem pra frente
Também de repente
Pode o trem parar
Gente que conhece a prensa
A brasa da fornalha
O guincho do esmeril
Gente que carrega a tralha
Ai, essa tralha imensa
Chamada Brasil

Virada
Beth Carvalho
Composição: Noca da Portela

O que adianta eu trabalhar demais
se o que eu ganho é pouco
se cada dia eu vou mais pra trás
nessa vida levando soco,
e quem tem muito tá querendo mais
e quem não tem tá no sufoco,
vamos lá rapaziada,
tá na hora da virada
vamos dar o troco.

Vamos botar lenha nesse fogo,
vamos virar esse jogo
que é jogo de carta marcada
o nosso time não está no degredo
vamos à luta sem medo
que é hora do tudo ou nada.

Lata d'água
Autores: Luís Antônio e Jota Jr.

Lata d'água na cabeça
Lá vai Maria, lá vai Maria
Sobe o morro e não se cansa
Pela mão leva a criança
Lá vai Maria

Lata d'água na cabeça
Lá vai Maria, lá vai Maria
Sobe o morro e não se cansa
Pela mão leva a criança
Lá vai Maria

Maria lava roupa lá no alto
Lutando pelo pão de cada dia
Sonhando com a vida do asfalto
Que acaba onde o morro principia

3
Passageiros do trabalho para a EJA

Destacamos que a tarefa prévia para a repolitização da EJA será, em dias de estudo, desconstruir representações desfocadas que pesam sobre os jovens-adultos e sobre sua educação. Mas por onde avançar além dessas representações que enfatizam as carências de leitura, de cultura, de pensamento a serem supridas na volta à escola? Destacamos a necessidade de reconhecer como ponto de referência os próprios jovens-adultos como membros de coletivos sociais, raciais, de gênero, classe... Reconhecê-los sujeitos de direitos. O primeiro direito por que lutam: o direito ao trabalho.

Essas análises optam por vê-los como passageiros do trabalho. Optam pelo referente mais forte: *serem trabalhadores* – a EJA como um tempo de educação de trabalhadores. Há propostas que priorizam retomar as análises sobre o trabalho, sobre o reconhecer os jovens-adultos como trabalhadores, como referentes para outro projeto de direitos a sua educação e de formação de docentes-educadores. Que pontos privilegiar como temas de estudo nos currículos de formação de educadores e educandos? Que conhecimentos lhes garantirão saberem-se trabalhadores em lutas pelos direitos do trabalho?

Reinventando a EJA: reconhecer os jovens-adultos como trabalhadores

O estudo pode começar por um dado: faz três décadas que os docentes-educadores/as incorporaram em suas identidades o fato de serem trabalhadores, de lutarem pelos direitos do trabalho. Essa identidade os aproximará de milhões de crianças e adolescentes que vêm do trabalho para a escola, e também dos jovens-adultos que chegam do trabalho para a EJA. No texto *Reinventando a EJA: Projeto de Educação de Trabalhadores – PET* (ARROYO, 2009), destaco sua condição de trabalhadores, o fato de terem o trabalho como referente ético-político-pedagógico.

> Ver os jovens-adultos como trabalhadores exige não vê-los apenas como estudantes em percursos escolares truncados a serem supridos.

Nem sequer vê-los como estudantes que trabalham. Ser trabalhador não é um acidente a mais na sua condição de estudantes. Como ser pobres e lutar pela sobrevivência em trabalhos formais ou informais não é um acidente dos jovens-adultos estudantes na EJA (p. 16).

É sua condição e identidade social. Política.

No texto *A infância repõe o trabalho na agenda pedagógica* (ARROYO, 2015d), lembrávamos que o trabalho chega às escolas nos corpos-trabalho de milhares de crianças-adolescentes marcados desde cedo por processos de desumanização-humanização, socializados nas vivências da família trabalhadora e nas próprias vivências de trabalhadores infantis e adolescentes. Suas experiências, desde a infância, têm o trabalho, o sem-trabalho, o ganhar a vida, o sobreviver como uma constante. Como uma condição de classe, de raça. Ganhar a vida, fugir da morte. Bem cedo, na infância, aprendem-se membros da classe trabalhadora empobrecida. Explorada desde a infância (ARROYO, 2015a)[7]. Sendo essa condição de trabalhadores tão determinante em suas vidas desde crianças e até nas tentativas de voltar a estudar, por que não é mais destacada? Nos currículos de formação avança-se para que os docentes-educadores se aprofundem na sua condição de trabalhadores (ARROYO, 2011). Coletivos de docentes-educadores tentam que, nos currículos de educação básica, como crianças-adolescentes e, sobretudo, nos currículos da EJA, como jovens, adultos trabalhadores entendam as relações de trabalho, os padrões sexistas, classistas e racistas que os vitimam e condenam a um injusto viver. Possivelmente, os currículos dos ensinos Fundamental e Médio não os ajudaram a entenderem-se como trabalhadores, apesar de milhares irem do trabalho para a escola. O trabalho tem estado ausente na agenda pedagógica, apesar de ser uma experiência tão determinante no seu sobreviver desde a infância. Apesar de ser o trabalho o princípio educativo de formação humana.

Outro ponto a aprofundar: Por que tanta dificuldade de ver os educandos e os próprios educadores como trabalhadores? No pensamento escolar é mais frequente vê-los como carentes e prometer que, se dominarem a leitura, sairão da pobreza. Alunos pobres na escola pública e na EJA como seu lugar. É menos exigente para um projeto radical de sua educação vê-los

---

7. Uma forma de trabalhar suas identidades de trabalhadores será retomar com eles e elas seus itinerários do trabalho para a escola desde crianças-adolescentes. Vários autores/as buscamos os significados desses itinerários no livro *Trabalho-infância...* Op. cit.

como carentes a suprir suas carências de habilidades escolares do que reconhecê-los trabalhadores e articular um projeto de educação com a radicalidade de suas experiências de trabalho. Quando o ponto de partida é reconhecê-los como trabalhadores, a proposta de garantir seu direito à educação é obrigada a ter como referência os trabalhos de que sobrevivem, se trabalham em trabalhos precarizados, se têm dificuldade de articular tempos de trabalho-sobrevivência e tempos de escola. Se são os injustiçados da ordem social, econômica e até escolar como trabalhadores. Questões que passam a ser obrigatórias nos currículos de formação dos seus educadores.

Que consequências para um projeto político-pedagógico de educação de jovens-adultos e até de crianças e de adolescentes traz reconhecê-los como trabalhadores? Uma consequência será organizar os tempos, as turmas, os horários, tendo como referente as possibilidades e limitações que lhes impõe sua condição de trabalhadores, submetidos ao não controle de seu trabalho e de seus tempos. Outra consequência será assumir suas experiências sociais e coletivas de trabalho como estruturantes da proposta curricular, dos conhecimentos, dos valores, da cultura a serem trabalhados. Partir do direito das crianças e dos adolescentes, dos jovens-adultos trabalhadores a saberem-se trabalhadores: essa deveria ser a síntese do currículo. Que saberes sobre a condição de trabalhadores destacar? Se o trabalho é estruturante de seu viver-sobreviver, de sua identidade social, de classe, não deverá o trabalho ser estruturante do currículo, da proposta pedagógica? Os currículos e os conteúdos de cada área ficariam mais próximos dos jovens-adultos trabalhadores e até dos adolescentes e crianças se incorporassem a riqueza de estudos sobre o trabalho para o entendimento de si. Mereceriam atenção especial os estudos sobre a consciência dos direitos do trabalho tão tensa ao longo da história para reforçar sua consciência de sujeitos de direitos do trabalho. Por que as resistências a reconhecer os trabalhadores, até na educação, como sujeitos dos direitos do trabalho? Uma questão que merece aprofundamento.

Um dos traços de nossa cultura política e pedagógica tem sido pensar e alocar os outros, pobres, negros, camponeses, trabalhadores, como inferiores, subcidadãos, logo, sem direito a ter direitos, objetos apenas de favores das elites e do Estado. Como reação a essas visões e tratos inferiorizantes, os coletivos sociais e o movimento operário afirmam-se sujeitos de direitos, dos direitos do trabalho. Um dos núcleos centrais do currículo deverá ser reconhecer os jovens-adultos como sujeitos de direitos do trabalho. Reconhecer as lutas históricas do movimento operário e dos trabalhadores sem terra pelo trabalho como afirmação de direitos ou como um dos processos de afirmação e aprendizado de serem sujeitos de direitos. As mesmas lutas do movimento docente pelos direitos do trabalho. Os estudos sobre o trabalho são abundantes na sociologia, assim como tem sido central a história do movimento operário nos estudos da história. Assim como vêm sendo abundantes os estudos dos trabalhadores sem terra por direito ao trabalho e à terra. Como incorporar esses estudos para entenderem e reforçarem suas identidades de trabalhadores?

Trabalhar seus itinerários de trabalho como formadores

Um ponto que toca na EJA como tempo de educação: no pensamento pedagógico há estudos que partem do reconhecimento do trabalho como a relação social fundamental e fundante do modo humano de existência. Fundante dos processos de formar-nos-humanos. Sendo o trabalho tão determinante de seu viver, sobreviver e de suas identidades coletivas, de suas leituras de si e do mundo, e sendo o trabalho o princípio educativo formador de seus valores e saberes, impõe-se uma pergunta a seus profissionais: Que centralidade dar a suas experiências de trabalho como educadoras? Há projetos que reconhecem a condição de trabalhadores/as desde a matrícula. A pergunta não será em que série você parou de estudar, que ano cursou, mas onde você trabalha. As turmas não serão agrupadas pela série, pelo ano de conclusão, mas por proximidades de trabalhos. Turmas de adolescentes, jovens e adultos com experiências sociais próximas de trabalhos. As proximidades de trabalhos constituem as turmas, o que permite que os trabalhos vividos sejam o estruturante das indagações, saberes, valores, identidades, leituras de si e do mundo a serem trabalhados nos temas geradores, nas experiências formadoras, nos currículos e áreas do conhecimento: linguagens, ciências humanas, ciências da natureza, matemáticas. Conhecimentos centrais a que têm direito como trabalhadores/as.

Voltando do trabalho para a EJA à procura de entender-se, de saber-se, os saberes do currículo e de cada área do conhecimento se enriquecerão se privilegiarem sua condição de trabalhadores/as, suas vivências do trabalho, seus saberes sobre o trabalho e os processos de formação nas vivências do trabalho. Parar de estudar não significou parar de se formar, de se humanizar. Não significou parar de pensar, de ler o mundo, de tentar entender-se nas relações sociais, políticas. O trabalho é a vivência mais forte nesses processos de sua formação. Essas pessoas têm direito a esses reconhecimentos quando voltam à escola. Uma característica de sua condição de trabalhadores é que suas experiências de trabalho vêm de longe, misturam-se com seus itinerários de crianças e adolescentes. Itinerários do trabalho à escola e da escola ao trabalho de mais de 10 milhões de crianças-adolescentes. A exploração das crianças e dos adolescentes no trabalho doméstico continua a crescer, impulsionado pelas condições de sobrevivência das famílias pobres (SILVA, 2015). Seus corpos de meninas, suas vidas, identidades marcadas pelo trabalho desde a infância. Nessas experiências aprenderam sua condição de trabalhadoras. Formaram as identidades e os valores de trabalhadoras que as acompanharão por toda a vida e que levam à EJA.

Outro ponto a destacar: reconhecer que suas identidades e valores de trabalhadores vêm da família, da classe. As identidades aprendidas como membros de família de trabalhadores e aprendidas desde a infância-adolescência, sobrevivendo do trabalho, exigem ser trabalhadas nos processos de sua educação. O estudo, a compreensão desses delicados processos de formação, de construção das identidades de trabalhadores/as que levam às escolas e à EJA exige ser central nos currículos de formação dos seus educadores. Dessas vivências vêm os processos mais marcantes de sua formação.

Um caminho para esse estudo e compreensão poderá ser partir dos processos de construção das próprias identidades de trabalhadores/as que vêm sendo construídas pelos próprios docentes, trabalhadores na educação. O trabalho tem sido o princípio formador de suas identidades, valores profissionais. Outro caminho fecundo para entender a centralidade do trabalho na construção das identidades de trabalhadores, dos mestres e dos educandos será trazer com destaque para os currículos de formação e da educação dos jovens-adultos a diversidade de estudos existente sobre o trabalho como princípio formador.

As lutas pelo direito à escola, à EJA inseparáveis das lutas pelo trabalho

Reconhecer os adolescentes, os jovens e os adultos como trabalhadores traz outra questão para o tema de estudo como tema de formação. Vê-los vindo do trabalho para a EJA nos obriga a compreender como se dá essa articulação entre as lutas pelo direito ao trabalho e à educação, à escola.

Uma questão central nos currículos de formação de mestres-educadores e educandos. As lutas das famílias trabalhadoras por escola e por educação para seus filhos têm sido inseparáveis de suas lutas por trabalho, por um digno viver.

Há projetos de educação de pessoas jovens e adultas que dão centralidade a temas de estudo sobre o trabalho como afirmação de direitos, inclusive do direito à educação. Trazer suas lutas pelo direito à escola e à EJA como inseparáveis das lutas por trabalho. Logo, deve-se partir de suas histórias pessoais e coletivas de lutas por trabalho e pela escola. Abrir espaços para ouvi-los e ampliá-los com a história do movimento operário e docente, do movimento das mulheres, dos negros, dos trabalhadores sem-terra e dos jovens possibilitará garantir-lhes o direito a entender esses tensos processos de luta pelos direitos do trabalho articulados a lutas pelo direito à educação. Garantir seu direito a saberem-se sujeitos de direitos tão articulados como o direito à educação e o direito ao trabalho será uma das aprendizagens na experiência de escola e EJA, tempo de aprofundar, de maneira sistemática, a radicalidade de suas lutas pelo direito à educação atrelada a suas lutas pelos direitos do trabalho. Esses conhecimentos os ajudarão a entender-se na história das tensas lutas por direitos. Uma lição que aprendem em suas lutas e que a experiência de volta ao estudo deveria reforçar e aprofundar. Trazer esses conhecimentos para os currículos enriquecerá o currículo como espaço do conhecimento e enriquecerá a docência, os profissionais do conhecimento. Enriquecerá e fará justiça aos jovens-adultos trabalhadores, portadores do direito a saberem-se sujeitos de lutas tão articuladas.

Merecerá um estudo especial a forma como as lutas pelos direitos do trabalho têm contribuído no avanço da conquista dos direitos humanos, dos direitos políticos. Da cidadania. Destacamos como o movimento operário e os diversos movimentos sociais dos coletivos sem trabalho, sem terra, sem teto têm sido os sujeitos coletivos pedagógicos que mais fizeram avançar a consciência moderna dos direitos humanos, sociais, políticos, econômicos, culturais, identitários. Programas de educação que optam por ter como referente os educandos como trabalhadores estão decidindo atrelar-se a essa fecunda história de afirmação positiva dos setores populares. Da mesma forma, vinculam-se ao avanço da consciência dos direitos humanos e políticos de que os trabalhadores foram e são os sujeitos mais avançados.

Como trazer com destaque essa história nas diversas áreas do currículo? Ou em temas de estudo e de formação? O aprofundar de sua afirmação positiva como trabalhadores coloca suas lutas no campo dos direitos do trabalho, no campo da diversidade dos direitos humanos mais radicais: do direito à vida, à moradia, à terra, ao espaço, à saúde, à educação, ao conhecimento e à cultura, aos saberes de trabalho. Aos direitos humanos. Pelo trabalho, aprendem-se sujeitos de direitos, e não de necessidades e de carências a serem supridas por políticas benevolentes. A compreensão de suas lutas pelo direito à educação ficará radicalizada se articulada a suas lutas pelos direitos do trabalho. Não apenas vêm do trabalho para a escola, para a EJA, mas esperam que, feito o percurso escolar, tenham o certificado que garanta o direito ao trabalho e à diversidade de direitos humanos.

Essa articulação tão estreita do direito à educação como condicionante do direito ao trabalho está merecendo aprofundamento e centralidade no pensamento pedagógico e nos currículos de formação dos profissionais da docência. O direito à educação, à escola, à EJA se radicaliza e se repolitiza quanto mais articulado aos direitos do trabalho e à totalidade dos direitos humanos. Como entender e aprofundar essa radicalidade política nos currículos de formação dos seus profissionais e dos educandos? Quando um projeto pedagógico reconhece como referencial ético-político-pedagógico os adolescentes, jovens-adultos populares como trabalhadores/as, está fazendo uma opção radical para reconfigurar sua educação. Reconhecê-los como trabalhadores será reconhecer e incorporar na proposta pedagógica essa história de afirmação e reconhecimento como sujeitos de direitos, de saberes, de cultura, de identidades, de dignidade. Ao fazer essa inversão na imagem social e pedagógica dos educandos populares – como trabalhadores/as –, todo o projeto de sua educação se inverte. Currículo, agrupamentos, trabalho de educadores e de educandos, avaliações, titulações... Tudo toma outro rumo, outros significados formadores. Outra EJA. Outra educação. Outra docência e outra formação.

O trabalho como aprendizado da cidadania

Avancemos para mais uma indagação a incorporar nos currículos de formação: Priorizar reconhecer as pessoas jovens e adultas como trabalhadores e reconhecer seu direito a aprenderem-se sujeitos dos direitos do trabalho secundariza o saberem-se cidadãos sujeitos dos direitos da cidadania? Ao pensamento pedagógico tem sido mais familiar a relação educação-cidadania e a conscientização sobre os direitos do cidadão do que a relação educação-trabalho. Pesa uma visão negativa do trabalho no pensamento pedagógico. Na condição de jovens-adultos trabalhadores e de professores/as trabalhadores na educação, tais pessoas têm direito a saber o porquê desse ocultamento do trabalho. Têm direito a conhecer que foram os movimentos operário, docente e popular que redefiniram essa visão negativa do trabalho e dos coletivos populares. Que colocaram o trabalho na agenda pedagógica e política. A pedagogia marxiana, gramsciana e do movimento operário pressionou para redefinir essa visão – o trabalho como princípio educativo, o próprio movimento operário dos trabalhadores sem terra e os movimentos populares como formadores, humanizadores, conscientizadores. O movimento docente soma com essa educação em suas lutas pelos direitos do trabalho, agindo como educador de outra identidade docente. Uma história a ser incorporada nos currículos de formação de profissionais e de pessoas jovens e adultas.

Diante dessa riquíssima história, podemos dizer que os direitos cidadãos foram aprendidos no avanço dos direitos do trabalho. A consciência de ser trabalhador foi levando ao avanço da consciência da cidadania. O movimento operário dá um salto ao colocar a defesa de seus direitos no campo do Estado, das leis, do ordenamento jurídico, das políticas do trabalho e da garantia de seus direitos, porque se apreendem como trabalhadores-cidadãos. A mesma trajetória encontramos na diversidade dos movimentos populares, do campo, sem terra, sem teto, sem universidade, sem trabalho, do movimento negro, indígena, feminista, juvenil e do movimento docente. A consciência cidadã vai se ampliando na medida em que se ampliam as lutas por esses direitos em campos colados ao trabalho, à terra, ao teto, à igualdade de gênero, de etnia, raça... As lutas dos adolescentes, jovens, adultos pelo seu direito à educação são uma expressão de sua consciência cidadã atrelada a sua consciência de trabalhadores sujeitos de direitos.

Essa relação entre lutas dos próprios jovens-adultos pelos direitos da cidadania atrelados aos direitos do trabalho vai sendo nuclear em diversas propostas pedagógicas e curriculares de educação básica e de EJA. Pretendem retomar, em dias de estudo, sua consciência de negados dos direitos da cidadania e aprofundar-se em quais direitos lhes são negados. Serviços públicos, saúde, educação, moradia, transporte, universidade, justiça? Os diversos campos do currículo são chamados a participar, mostrando, nas áreas de história, de geografia, de sociologia, a longa história de negação desses direitos da cidadania, mostrando como os jovens-adultos foram excluídos do reconhecimento da condição de cidadãos na nossa história republicana, como foram relegados à condição de subcidadãos. Porque a cidadania foi outorgada aos donos da terra, não aos trabalhadores. Mostrando que terra, trabalho, raça, cidadania sempre foram articulados em nossa história. Que no novo tempo de escola entendam esses processos políticos de relegá-los à condição de subcidadãos porque sem posses de terra, renda, moradia. Sem trabalho ou sem os direitos do trabalho. Nesses dias de estudo sobre essas estreitas relações que os jovens-adultos vivenciam desde a infância e têm direito a aprender para entender-se, dá-se importância a provocar relatos de suas resistências e de suas lutas pelos direitos do trabalho e da cidadania. Valorizar seus esforços por estudar como lutas pelos direitos da cidadania, assim como valorizar as lutas de seus grupos sociais, raciais, do campo e das periferias por espaços de cidadania: centros de saúde, transporte, escolas, segurança... Aprofundar-nos na história tensa entre negação dos direitos da cidadania e sua afirmação pelos coletivos populares.

Os educandos e seus educadores têm direito a temas de estudo para aprofundar, entender as estreitas relações entre negação e avanços nos direitos da cidadania e do trabalho. Os direitos da cidadania só avançam se avançarem os direitos do trabalho. As trajetórias do trabalho para a escola e para a EJA são um exemplo de como adolescentes e jovens-adultos têm consciência dessa estreita relação. Têm consciência de que a negação do direito à educação como direito da cidadania vem negando seu direito ao trabalho.

Será necessário investigar se estamos em tempos de afirmação ou de negação dos direitos do trabalho e da cidadania. Mostrar como essa longa história de levar os direitos do trabalho ao campo do Estado, do ordenamento jurídico está sendo destruída pela chamada modernização das leis do trabalho do governo golpista. A proposta é deixar os direitos do trabalho à mercê das desiguais relações entre capital-trabalho, reduzindo o trabalho e o trabalhador a mera mercadoria, na contramão dos esforços por elevar as lutas pelos direitos do trabalho a lutas por cidadania. Os jovens e adultos têm direito a saber-se nesses retrocessos que condicionam seus direitos como trabalhadores e cidadãos.

4
Do trabalho para a EJA
Mas de que trabalhos?

Construir uma proposta política, pedagógica exigirá não apenas reconhecer os jovens-adultos como trabalhadores/as que trazem suas memórias e trajetórias da relação tensa entre estudar-trabalhar desde crianças, mas focar de maneira específica que lugar lhes é deixado na organização do trabalho, no padrão classista, racista, sexista de trabalho. Entender como as mudanças na negação dos direitos do trabalho e da cidadania vitimam-lhes de maneira particular. As pessoas jovens-adultas que chegam a cada noite da sobrevivência para o estudo são as mesmas de 10, 20 anos atrás? Trazem as marcas das mudanças destes outros tempos? O que mais lhes afeta, desestrutura, interroga e até o que mais os desumaniza? Que motivações os levam a lutar por sua emancipação? Que novos valores dão para o direito ao trabalho, à cidadania e à educação? Que relação afirmam entre o trabalho e a educação?

Reconhecer os jovens-adultos como passageiros em itinerários do trabalho para a EJA nos obriga a interrogar, a nós e a eles, de que trabalhos chegam e a que trabalhos voltarão. Uma experiência geradora de estudos no coletivo de mestres-educadores/as e educandos/as. Que pontos aprofundar? Destacamos alguns que vêm sendo trabalhados em propostas de estudos de temas geradores nas escolas e na EJA.

Do desemprego e do trabalho informal precarizado para a EJA

Vêm do trabalho para a escola, para a EJA. A que conhecimentos têm direito para entenderem-se nas relações sociais de trabalho? Poderíamos destacar uma primeira constatação. Ao longo desses últimos anos, os jovens e os adultos populares estão mais segregados e estigmatizados. Submetidos às formas de trabalho e de sobrevivência mais precarizadas (FRIGOTTO,

2005)⁸. Não está acontecendo o que se esperava: que esses jovens fossem se integrando cada vez mais na juventude brasileira, ocupados em trabalhos dignos, justos. Ao contrário, o que está acontecendo é que as velhas dicotomias de classe, as velhas polaridades da nossa sociedade se aprofundaram. Trabalhadores e desempregados não estão se aproximando de uma configuração mais igualitária. Como entender trabalhadores segregados nessas polaridades? Mostrando nos currículos que estamos em tempos nos quais as velhas polaridades de classe se distanciam e se configuram, cada vez mais, com marcas e traços mais desiguais. Mais distantes. A redução das desigualdades tem sido menor do que a lenta redução da pobreza. A juventude popular está cada vez mais oprimida, sem horizontes, em limitadas alternativas de liberdade. O extermínio, a redução da maioridade penal, a segregação social e racial dos jovens populares aumenta, sendo legitimada por 80% de nossa sociedade (ARROYO, 2015c)⁹.

As escolas públicas e a EJA defrontam-se com essas polarizações na forma de viver o ser criança, adolescente, jovem-adulto trabalhador popular: Qual é o projeto educativo diante dessa realidade? A que conhecimentos têm direito para entender as relações sociais, de produção e do trabalho de onde vêm e para onde voltam? Precisamos de um projeto educativo, de conhecimento dos currículos para sujeitos concretos, em contextos concretos, com essas histórias concretas, com essas configurações concretas de classe, gênero, raça, nos velhos-novos tempos de segregação social, racial, sexual. Qualquer tentativa de diluí-los em categorias muito amplas como JOVENS desfigura-lhes. Os últimos anos foram tempos de deixar ainda mais recortadas essas configurações do que venha a ser jovem e adulto trabalhador, negro, popular, sobrevivente em trabalhos ainda mais instáveis e em horizontes mais fechados. Que horizontes de trabalho esperam que a volta à escola lhes abra? Questões a serem aprofundadas nas diversas áreas do conhecimento: entender com profundidade as relações sociais de trabalho de que chegam e para onde voltam.

A educação pública tende a configurar-se, cada vez mais, como um projeto de educação popular dos adolescentes, jovens e adultos jogados à margem.

---

8. No livro *Educação e crise do trabalho* (FRIGOTTO, G. (org.). Petrópolis: Vozes, 2005 (7. ed.)) podem ser encontrados textos de extrema atualidade sobre a crise do trabalho e o desemprego que vitima os jovens-adultos trabalhadores.
9. Destaco essa condição dos adolescentes e jovens populares como extermináveis, vítimas dos órgãos de repressão e da nova segregação social-racial no artigo "O direito à educação e a nova segregação social e racial – tempos insatisfatórios?" *Educação em Revista*, v. 31, p. 15-47, 2015.

Daí podemos tirar uma conclusão: a EJA continua tendo sentido enquanto política afirmativa desse coletivo cada vez mais segregado, e enquanto tempo de conhecimentos que garanta a eles o direito a entenderem-se. Não poderá ser diluída em políticas generalistas de inclusão pelo letramento nem pela correção-suplência de percursos escolares. Em tempos em que essa configuração social dos trabalhadores empobrecidos, ou sem trabalho, em lugar de se diluir está se demarcando cada vez com mais força, os projetos de direito ao conhecimento têm de se assumir como uma política afirmativa, com uma marca e direção específicas: que, como trabalhadores, entendam que são vítimas da polarização de classes, nas cidades e nos campos, segregados, de um projeto nacional de integração, de participação no trabalho, na riqueza, na terra, na moradia, na cultura e no conhecimento.

Coletivos de educadores fazem esta pergunta: De onde esses adolescentes, jovens e adultos com quem trabalham estão mais próximos? Seria das chamadas novas camadas médias? Ao contrário, estão cada vez mais distantes. Na pobreza, miséria, subemprego. Quais seriam esses traços de distanciamento que poderíamos destacar como temas de estudo ou experiências sociais geradoras de garantia de seu direito a saber-se nessa realidade social? Como trabalhá-los na diversidade de áreas do conhecimento? As áreas do conhecimento terão de incorporar outros conhecimentos para entenderem-se? O primeiro traço que esses adolescentes, jovens e adultos têm direito a entender é o desemprego. A imprensa ora destaca que houve aumento de emprego, ora que houve aumento do número de desocupados. Dados que deveriam ser objeto de análises nos cursos de formação inicial e continuada, e nos dias de estudo com os jovens-adultos que padecem desse desemprego ou subemprego. O emprego aumentou, mas aumentou, sobretudo, na área informal. O trabalho informal triplicou, enquanto o trabalho formal diminuiu. O número de desocupados negros e mulheres aumentou.

O que querem dizer esses dados? Como segregam ainda mais os jovens e adultos trabalhadores/as? Dos 12% de desempregados, 27% são jovens. Deve-se pesquisar esses dados que as velhas análises repetem: desempregados porque sem escolarização ou com percursos escolares desqualificados. O pensamento hegemônico culpa os desempregados pela falta de qualificação, de escolarização. Que ao menos nos currículos das escolas e da EJA aprendam que não são culpados. Que o desemprego é estrutural. Que são vítimas.

Os dados estão nos dizendo que os jovens e adultos certamente estão entre esses que ajudaram a triplicar o trabalho informal, e que não estão se incorporando ao trabalho formal por serem iletrados, mas porque não há oferta de trabalho formal. Ao contrário, eles têm de sobreviver do trabalho informal e até ficar desocupados. Seu horizonte, inclusive ao terminarem alguma fase da educação básica, talvez seja o trabalho informal, o subemprego, a sobrevivência provisória mais imediata. São esses/as os/as jovens--adultos que chegam à EJA? Os desnecessários, os descartáveis no padrão capitalista de trabalho? Condenados a um viver provisório sem prazo? Que conhecimentos dos currículos lhes garantirão o direito a saberem-se?

Meu tempo é hoje – Sobreviver sem prazo certo

Coletivos de educadores dos jovens-adultos trabalhadores condenados a um viver provisório sem prazo se colocam como garantir seu direito a entender em que tempo vivem. Como essas vivências do trabalho incerto marcam as incertezas de seu viver. Marcam suas experiências do seu tempo humano, os limites de projetarem-se no tempo. As vivências do trabalho incerto configuram seus percursos temporários, humanos, até geracionais e escolares. Em que tempo vivem? Com que tempo se identificam? Vivências que exigem ser trabalhadas com centralidade nas diversas áreas do conhecimento. Como? Garantir-lhes como seu tempo de pessoas jovens e adultas, e até de crianças e adolescentes, é marcado pelo sobreviver sem prazo, sem tempo certo, porque sem trabalho certo. Nós somos e nos identificamos socialmente pelo trabalho; quando o trabalho é indefinido, as identidades sociais e pessoais perdem contornos. Que consequências isso traz para a formação das identidades de ser pessoa jovem e adulta? Como essas indefinições identitárias chegam à EJA. Como trabalhá-las?

A procura da volta à escola por um diploma de conclusão da educação fundamental ou média está intimamente associada a superar esse sobreviver provisório, essa identidade provisória de trabalhadores. O diploma lhes dará direito a um trabalho não mais provisório? Direito a uma identidade social não mais provisória? A condição de condenados a trabalhos provisórios e a um sobreviver sem prazo certo confere a esses passageiros da noite – de trabalhos incertos para a EJA – radicalidades éticas, políticas, humanas. Radicalidades a esse tempo de educação e à condição de seus educadores. Como trabalhar identidades tão provisórias à procura de sua afirmação? A que conhecimentos têm direito? Que os conhecimentos dos currículos ajudem a entenderem-se nesses padrões de trabalho. Como entender as suas vivências do tempo de escola, das tentativas de articular o inarticulável? Tempos incertos de trabalho e tempos reduzidos ao presente sobrevivem sem prazo certo? Que possibilidades e limites de sentirem-se sujeitos de projetarem-se no tempo? De esperança de outros tempos?

Na realidade atual de trabalho não formal, de trabalho informal, instável, precarizado, na qual a maior parte dos adolescentes, jovens e adultos que estudam está, essa esperança se perde. Não se vive da esperança de um futuro. Tem de se viver dando um jeito no presente. "Meu tempo é hoje"[10]. O presente passa a ser mais importante do que o futuro. Para esses jovens e adultos, o futuro se distancia, se encurta, e o presente se prolonga, se amplia (SANTOS, 2006). Essas vivências do tempo-trabalho-hoje trazem consequências muito sérias para a educação, porque a educação sempre se vinculou a um projeto de futuro, e o passado-presente ficou marginalizado. Inclusive, poderá ser objeto de estudo questionar se esses mesmos jovens ainda sonham que através da educação terão outro futuro. É o que a ideologia política e escolar lhes promete. A escola, o percurso escolar, é a estrada para fazer o futuro acontecer? Em diálogos entre mestres e alunos/as pode-se entender se o problema é que eles podem também ser enganados pela escola, sendo levados a se esquecer de que a ideia do futuro se perdeu, e que o agora, o presente incerto, sem prazo, substitui o futuro. O futuro se distanciou e o presente cresceu, o que é uma constante nas vivências do tempo da juventude popular submetida a trabalhos-tempos tão incertos. Obrigados a "meu tempo é hoje".

O futuro, tal como aparece a esses jovens-adultos e adolescentes trabalhadores, se distancia e, consequentemente, o presente se amplia. Estudar para o futuro certo exige currículos e conhecimentos muito diferentes do que para sobreviver num presente esticado, sempre esticado, sem horizontes de futuro. Isso nos obriga a mudar os nossos discursos em relação à educação e até à EJA, pois esta tende a ser apresentada aos jovens-adultos como a última porta de emergência para o futuro. O discurso da educação persiste em promessas e, talvez, deveria ser sobre a garantia de um mínimo de dignidade no presente. Que currículos para intervir mais no seu presente do que

---

10. PAULINHO DA VIOLA. *Meu tempo é hoje* [Disponível em http://www.adorocinema.com/busca/?criteria=paulinho+da+viola].

prometer futuros que não chegarão? Como jovens e adultos, desde crianças estão condenados ao que poderíamos chamar de um estado de permanente precarização nas formas de viver, de trabalhar no presente provisório sem prazo certo. Viver, para eles, significa ter o que comer, ter um salário, ter uns trocados. Quando até essas bases do viver e do trabalhar são incertas, a incerteza invade seu viver no presente e no futuro. Destrói suas identidades sociais. A incerteza invade até sua volta aos estudos.

As incertezas históricas da EJA se radicalizam quando as incertezas no trabalho dos jovens-adultos se radicalizam. A EJA participa das incertezas dos jovens-adultos trabalhadores/as, dos sobreviventes que nela estudam. Uma insegurança que contamina as escolas públicas e seus profissionais, que exige outros currículos, outros conhecimentos, outra docência. Volta a pergunta: Que EJA é possível em tempo de insegurança nos direitos do trabalho e da cidadania? E nos direitos a programar seu tempo, a superar seu sobreviver provisório sem prazo? Questões a serem aprofundadas nesses temas--tempos de estudos coletivos. Temas-vivências radicais que disputam os currículos e cada área do conhecimento, que disputam as identidades docentes. Com que pedagogias, com que artes trabalhar essas vivências tão radicais?

Currículos tão flexíveis quanto seu incerto sobreviver?

Uma questão se torna obrigatória: Que organização dos tempos e percursos escolares reconhecerá seus tempos de um incerto, precário sobreviver? Uma questão posta nas escolas e na educação dos jovens e adultos trabalhadores. Há tentativas de construir em coletivo mestres-educandos os currículos possíveis de sua formação. Poderíamos pensar: Que currículos seriam necessários para essa juventude e vida adulta nesses níveis de precarização do trabalho provisório, informal? Se observarmos os currículos da educação básica, seja fundamental, seja média, e aquelas propostas que repetem o currículo da educação fundamental e média para a EJA, pode-se perceber que tudo o que se valoriza nesses currículos é voltado para o emprego seguro. É qualificar sabendo matemática, biologia, física, química, português e gramática. Esse trabalho informal precarizado, sem prazo, não aparece nos currículos como realidade e como forma de trabalho nem como horizonte. Consequentemente, os saberes sobre e para o trabalho informal, provisório, nem são cogitados como saberes devidos. Os jovens-adultos que chegam de trabalhos tão provisórios poderão sair da EJA sem conhecer de que trabalhos chegam nem por quais trabalhos lutam.

Diante dessas formas de ser trabalhador/a, a questão obrigatória a ser debatida em coletivo é: Que qualificação seria necessária para enfrentar esse tipo de vida, esses trabalhos tão provisórios? Os caminhos para esses jovens e adultos continuam pensados para chegar à universidade ou, ao menos, para qualificá-los para um bom emprego, para passar num concurso. Os conhecimentos dos currículos não foram pensados para essa situação instável, porque se supunha que era provisória e para poucos. No momento em que essa condição se tornou permanente e para milhões, a escola continua, ingenuamente, preparando para um trabalho que, para eles, não existe, e para saberes supostamente necessários para a seleção em trabalhos que também, para eles, não existem. Ou saberes apenas para passar no Enem, onde a maioria desses jovens-adultos não chegará.

Não se trata de não ter currículos. Não se trata de negar o seu direito ao conhecimento. Não se trata de negar o direito à qualificação para o trabalho, mas colocar-nos uma questão básica. Que conhecimento? Que qualificação para resistir a uma vida provisória? A que conhecimentos têm direito? Os jovens-adultos sabem que é preciso muito conhecimento para sobreviver nessa precariedade, tanto mais do que para sobreviver na segurança do trabalho. Não obstante, ainda não inventamos currículos, conhecimentos, capacidades e saberes para esse trabalho informal, para sobreviver nesse presente instável. Nessa vida provisória sem prazo. Não seria essa uma tarefa desses dias de estudo em diálogos coletivos? Não será uma tarefa dos cursos de Pedagogia e de Licenciatura onde se formam seus profissionais? Tentar encontrar conhecimentos, saberes, capacidades que qualifiquem para uma situação que se torna permanente e permanentemente injusta e insegura, mas que nem por isso dispensa, mas exige saberes, conhecimentos e qualificação muito mais radicais do que para passar no Enem.

Todos os currículos de educação básica passaram a ser territórios de disputa (ARROYO, 2011). Os currículos da EJA exigem disputas mais acirradas. Que currículos reinventar? Não os velhos e gradeados currículos escolares que os reprovaram, mas currículos tão flexíveis quanto seu sobreviver. Flexíveis e abertos à pluralidade de vivências e indagações que levam. Ao menos currículos que deem centralidade aos conhecimentos sobre esses mundos do trabalho informal, da sobrevivência. Análises sobre o momento histórico que leva a essa instabilidade de um dos direitos mais humanos, o trabalho. Análises sobre a história do trabalho e de sua precarização. Conhecimentos que esclareçam suas indagações, que lhes ajudem a entender-se como indivíduos e, sobretudo, como coletivos em percursos humanos tão precarizados. A função de todo conhecimento é melhor entender-nos no mundo e na sociedade. Para esses jovens-adultos, a função do currículo será que se entendam marginalizados do trabalho, explorados, vitimados pelas relações capitalistas de trabalho, para se fortalecer em suas lutas por libertação.

Currículos que os capacitem para o que esses jovens-adultos lutam, para ter mais opções nessas formas de trabalho e para se emanciparem da instabilidade e da exploração a que a sociedade os condena. Conhecimentos e capacidades que os fortaleçam como coletivos, que os tornem menos segregados nas relações de poder, que os fortaleçam em suas lutas por emancipação. O movimento operário buscou fortalecer os trabalhadores com domínios do trabalho, com saberes, consciência, poder. Como fortalecer aqueles coletivos submetidos a formas de trabalhos tão precarizados e instáveis? Que papel poderá ter a vivência de lutar por novos tempos de educação na EJA? Por novos currículos? Que conhecimentos sobre as relações sociais de produção e de trabalho os fortalecerão em suas lutas por libertação?

Direito a conhecimentos tão radicais quanto a radicalidade do seu sobreviver

Desde Paulo Freire aprendemos que, sobretudo na educação de jovens e adultos, temos de partir dos saberes dos educandos e de suas vivências. Dos saberes da opressão, mas também da libertação. A pergunta que teríamos de fazer seria: Mas que saberes se aprendem vivendo formas de viver, trabalhar tão instáveis? Que saberes aprendem esses jovens ambulantes? Vão com eles para a EJA? Reconhecemos que o trabalho precarizado, instável, pela sobrevivência seja também educativo? Que nas vivências tão radicais de sobreviver se aprende como funciona essa sociedade que os condena a esse sobreviver instável? Saberes radicais feitos de vivências tão radicais. Se reconhecermos que essas formas de trabalho são formadoras, como devemos trabalhá-las pedagogicamente?

Aqui cabe esta pergunta que não é fácil de responder, mas que teremos de colocar com toda força: Que saberes aprendem uma criança, um adolescente, um jovem e um adulto que passam anos e anos nesses processos de sobrevivência tão instáveis? O que eles se perguntam sobre a vida, sobre a natureza, sobre a sociedade, sobre o trabalho, sobre a família, sobre a sua condição como negro/a, homem, como mulher? Que interrogações se fazem e como deixar que aflorem essas indagações para organizá-las e trabalhá-las nos currículos? Em temas de estudo, geradores? Os conhecimentos e valores dos currículos deveriam ser tão radicais quanto a radicalidade do sobreviver que os jovens-adultos carregam em seus aprendizados. Para um sobreviver provisório é necessário ter mais valores e enfrentar mais indagações do que para sobreviver na segurança. Muitas mais, só que são outras. Quais? Não teríamos de levantar quais são, pensá-las e dialogar com os adolescentes, jovens e adultos sobre isso? Abrir espaços para que eles coloquem as suas indagações sobre a vida, sobre a sua condição, sobre seu futuro, sobre a cidade, a sociedade, o trabalho, a terra, o lugar em que foram jogados como se fossem restos, entulho de construção de seres humanos? Essa, talvez, seria uma das questões mais sérias na área do currículo: que o trato teórico, ético, político dessas indagações e valores seja o núcleo fundante. Que o trabalho a que são submetidos seja o núcleo fundante do seu direito à formação como trabalhadores/as. Fortalecer seu direito a saber-se para libertar-se.

O currículo fala pouco sobre o trabalho. É curioso que os currículos sempre partem do pressuposto de que preparam para o trabalho. Está na Constituição e na LDB (Lei de Diretrizes e Bases). A imagem de educando que o currículo tem é de empregável, então o capacitemos para a empregabilidade, formemos um currículo por competências para uma suposta sociedade do trabalho. De empregáveis escolarizados, competentes e competitivos. A pergunta teria de ser: Que saberes sobre o trabalho teriam de ser reconhecidos e aprofundados? O movimento operário mundial não renunciou a formar um trabalhador/a competente, a trabalhar com competência no trabalho. Mas o que ele mais destacou é o que a burguesia nunca quis nem os currículos querem: que ele entendesse, como trabalhador/a com um saber crítico, os mundos do trabalho. Os saberes sobre os mundos do trabalho são mais do que as competências para enfrentar um concurso ou um emprego. A educação politécnica caberia na EJA? Os adolescentes, jovens e adultos vêm de uma longa e tensa trajetória de trabalhos, desde a infância, quando aprenderam uma pluralidade de técnicas, de saberes, de valores do trabalho. Carregam uma formação humana "politécnica" que exige ser reconhecida na educação escolar e na EJA.

Se o ponto de partida é reconhecer os jovens-adultos como trabalhadores, a proposta de sua formação será reconhecer essa formação humana, politécnica que levam. A proposta é que aprendamos com o próprio movimento operário a centralidade de conhecer os mundos do trabalho nas relações sociais de trabalho, de produção. Ser competente para entendê-los e para enfrentá-los, e não simplesmente para ser produtivo. As formas concretas de inserção dos jovens-adultos populares no trabalho vêm sendo o ponto de partida para novas escolhas. Não um currículo de aprendizado de habilidades mínimas para mantê-los na sobrevivência, mas para entenderem-se condenados à sobrevivência, para serem mais livres no presente, ter mais opções de superá-la, de libertar-se sem promessas ingênuas de futuro. Por abrirem outras opções, avançam coletivos de profissionais. Nas tentativas de construir em coletivo outros currículos, passa a ser central valorizar os saberes de suas resistências a essa condição de trabalho. Resistências que são também dos mestres, trabalhadores/as da educação. Deve-se fortalecer suas resistências e suas lutas emancipatórias, aprofundando-se nos seus significados políticos. A sua retomada do direito à educação negado não é um forte indicador de suas resistências e de suas lutas pela emancipação? Reconhecer esses significados políticos dos esforços desses adolescentes, jovens-adultos por educação e pelo trabalho é um caminho para uma radicalização política da EJA, da docência e das práticas de formação.

Como articular o tempo de trabalho informal e o tempo de EJA?

A caracterização do desemprego e das formas de trabalho instáveis a que são submetidos esses jovens e adultos, além de interrogar os currículos, interroga, também, a organização da própria EJA e da escola, e a organização dos seus tempos, sobretudo. Uma coisa é o tempo de um trabalhador que sabe a hora que entra e a hora que sai nas oito horas de trabalho, e outra coisa é o tempo de um sobrevivente em situações informais de trabalho. Ele não tem tempo, ou melhor, ele não controla seu tempo, ou ele tem de criar o seu tempo a partir dos tempos de sobrevivência. Consequentemente, não é um tempo que ele cria como bem quer. Esse tempo tem de ser criado em função do ganho de cada dia. O tempo dele é tão instável quanto a sua forma de trabalhar. Diante dessa caracterização dos tempos de trabalho pela instabilidade, que tempos de EJA e da escola se atreverão a ser estáveis? Há propostas, ainda raras, da organização dos tempos construídos em diálogo entre os tempos escolares e os tempos de trabalho. Difícil às escolas quebrar a rigidez de seus tempos. Muito mais difícil à EJA.

Diante dessa tensão entre a instabilidade dos tempos do viver, de trabalhos informais e a rigidez dos tempos de escola, não teríamos que redefinir os tempos de escola e torná-los o mais flexível possível? Os tempos de cada dia e de cada noite teriam de ser repensados, assim como os tempos do tempo da garantia de seu direito à educação. Há propostas que têm como critério primeiro partir da vida humana e dos tempos vividos no trabalho, superar, partir de séries, segmentos, níveis, anos, superar, predefinir tempos segmentados onde encaixar tempos humanos incontroláveis. Impasses vividos com especial tensão na organização dos tempos da EJA. A questão passa a ser como estruturar os tempos do aprendizado, da socialização, do domínio de conhecimentos de jovens-adultos condenados a tempos tão instáveis de trabalhar para sobreviver. Há formas rígidas de aprender o conhecimento para quem não tem outra coisa que fazer na vida, e há formas que têm de ser repensadas e reinventadas para quem não tem controle do seu tempo. Lembremos que muitos/as dos educandos/as chegam com percursos truncados devido à dificuldade que já tiveram de articular tempos de sobrevivência e tempos de escola desde a infância-adolescência.

É muito mais complicado um bom projeto de educação de garantia do conhecimento para quem não tem o domínio dos seus tempos do que para quem tem. Como articular tempos de escola e de vida de um menino da rua? E o adolescente que luta pela sobrevivência? A maior parte dos jovens e adultos é vítima da rigidez dos tempos escolares desde o pré-escolar, e ainda teimamos que eles se adaptem à mesma rigidez ao voltarem à escola, vivendo como jovens-adultos ainda tempos mais instáveis. Será que não há percepção de que não é possível obrigar jovens e adultos que não dominam os seus tempos, que têm de esticá-los, sempre, para poder sobreviver a modelos rígidos de organização dos tempos escolares? Reconhecer os jovens-adultos sobreviventes como sujeitos do direito à educação e submetê-los a essa rigidez de tempos escolares é negar-lhes de fato seu direito à educação. Não é ético.

Há propostas de municípios, de escolas, de coletivos profissionais que colocam com toda centralidade o buscar de formas menos rígidas de articular tempos de escola e de EJA e tempos de trabalhos dos adolescentes, jovens-adultos. Lembremos que a rigidez dos tempos e horários tem tudo a ver com a rigidez da segmentação dos conhecimentos em cada disciplina, em cada série, nível. A metáfora das grades curriculares representa a rigidez dos conteúdos e dos tempos a serem guardados atrás das grades até da Base Nacional Comum. Mas revela também que as grades fecham a possibilidade de novos saberes entrarem. Revela que não há lugar nessa rigidez gradeada nem para currículos flexíveis nem para tempos flexíveis. Se as grades fossem flexíveis, deixariam de ser grades. A organização do trabalho, dos tempos, dos conhecimentos é um dos aspectos tensos e mais priorizados nas propostas que pretendem outra educação de jovens-adultos. A história da escolarização da EJA assumida como nível da educação básica, regulada em diretrizes, vem mostrando que é um contrassenso transferir a rigidez de tempos, horários, níveis, segmentos e avaliações da escolarização de crianças à educação de pessoas jovens e adultas com histórias de tempos de viver, sobreviver, de trabalhos tão desencontrados. Esses jovens-adultos, submetidos a trabalhos tão instáveis, não são senhores de seus tempos; logo, submetê-los à rigidez dos tempos escolares é uma forma de negar-lhes o direito à educação por que tanto lutam. Lembremos que são obrigados a voltar à EJA porque desde a infância não deram conta de articular trabalho, sobrevivência e rigidez dos tempos-séries escolares.

Será um contrassenso político, pedagógico e ético obrigar os jovens-adultos trabalhadores a submeterem-se à rigidez dos tempos escolares, reprovados, vitimados por ela desde crianças e adolescentes. As altas evasões e desistências na EJA revelam não tanto o abandono e o desinteresse por retomar seu direito à educação, mas a inviabilidade de articular tempos rígidos de estudo e tempos não controlados de seu sobreviver, trabalhar. Propostas de coletivos docentes dão centralidade a ir construindo a organização dos tempos, dos currículos, das turmas em diálogos com os educandos/as, com as limitações de seus tempos de trabalho e de um viver provisório. Não serão eles os obrigados a se adaptar à rigidez escolar, mas esta será repensada, tendo como parâmetro os limites de suas vivências dos tempos, do trabalho e da sobrevivência. Só uma EJA mais flexível será capaz de garantir o direito à educação e ao trabalho por que lutam em tempos de precarização do trabalho.

5
Trazer o trabalho para a agenda pedagógica

Optamos por ver, reconhecer os jovens-adultos como passageiros do trabalho para a EJA. Lembrávamos de que vê-los como trabalhadores exige não vê-los apenas como estudantes, nem sequer como estudantes que trabalham. O trabalho não é um acidente em sua condição humana, social, de gênero, raça. Perguntamo-nos como incorporar essas experiências tão radicais de trabalhadores nos conhecimentos das escolas e da EJA, no direito a saber-se. Mas vamos além, reconhecendo-os com direito à formação humana. Como e com que artes pedagógicas trabalhar vivências, valores, culturas, saberes, identidades do trabalho? Como trabalhar as possibilidades e limites da sua formação humana? Como trazer o trabalho e a condição de trabalhadores para a agenda pedagógica, não apenas como temas de estudo, mas como processo de formação? Haverá espaços para aprofundar essas questões nos currículos de formação inicial e continuada de profissionais docentes, que também são educadores/as?

O trabalho como princípio educativo-formador

Lembrávamos de que nos cursos de formação de docentes-educadores vão tendo centralidade os estudos sobre o trabalho como princípio educativo-formador. Os cursos de pedagogia têm incorporado ricos estudos sobre o trabalho como princípio formador, humanizador. Estudos que merecerão ser trazidos para a formação dos profissionais da educação de jovens-adultos que vêm do trabalho. Que processos de formação pelo trabalho trazem? Como reconhecê-los e valorizá-los? Perguntamo-nos de que trabalhos chegam: de trabalhos precarizados, instáveis. Vítimas da crise do trabalho. Que preço humano pagam nos esforços por formar seus valores, suas culturas, suas identidades, sua dignidade humana, vivendo tantas incertezas humanas? Como esse trabalhar, esse viver provisório afeta a construção de suas identidades, de seus processos de humanização-desumanização?

Seus educadores sentem-se obrigados a entender a crise do trabalho como uma crise de valores, ética, política, humanitária. Os trabalhos precarizados e as suas vidas provisórias de que chegam os tornam vítimas da pobreza, da fome, de estruturas que negam os valores sociais, políticos, civilizatórios, pedagógicos. Tratados como mercadoria. Vítimas da perda dos direitos do trabalho duramente conquistados pelo movimento operário. Que virtualidades formadoras tem vivenciar esses trabalhos precarizados? Uma pergunta para a qual os jovens-adultos esperam respostas.

O trabalho como princípio educativo e humanizador está passando por processos de ressignificação. A crise do trabalho põe em crise as possibilidades de formação, de humanização, de sociabilidade e de educação pelo trabalho. Como entender esses processos de resistência, de formação, mas também de deformação que os educandos levam às escolas e à EJA? Como garantir seu direito a saberem-se vítimas desses processos, mas também resistentes? Haverá lugar nas áreas do currículo para estudos que garantam seu direito a saberem-se? Estudos que capacitem os docentes-educadores a entender essa crise do trabalho e trabalhar com as vítimas dessa crise os limites e as possibilidades de sua formação humana? (FRIGOTTO, 2005). Avançar no reconhecimento do direito dos educandos e dos trabalhadores à formação e à escola básica não como tempos apenas de aprendizagens de letramento, numeramento, mas avançar para recuperar a radicalidade da escola e da EJA como tempos de garantia do direito a educação, formação humana, como tempos de recuperar a humanidade roubada pela segregação e opressão a que são submetidos. Fazer da escola e da EJA tempos de formação de pessoas, na especificidade de seus tempos de formação, vem levando ao aprofundamento sobre de que processos de de-formação são vítimas, mas, sobretudo, de que processos de formação humana são sujeitos.

Processos desumanizantes de um viver provisório

Reconhecer o trabalho como formador nos obriga a aprofundar no não trabalho, no trabalho instável, precarizado como de-formador. A procura de milhares de adolescentes, jovens e adultos por uma nova tentativa de educação revela, de um lado, que suas experiências de desemprego e subemprego roubam-lhes sua humanidade. De outro lado, revelam-lhes a esperança de recuperar sua humanidade roubada em itinerários pela educação, por uma vida justa. Em que processos de desumanização nos aprofundar? O primeiro olhar será para identificar, entender e trabalhar as marcas desumanizantes que carregam esses adolescentes, jovens e adultos às escolas e à EJA como vitimados por essas relações de produção e de trabalho de onde vêm e para onde voltam. Não será suficiente mostrar-lhes essas relações, mas inventar artes de trabalhar como educadores as marcas humanas-desumanas das relações opressoras de trabalho de que vêm desde a infância.

Os currículos de formação avançarão para aprofundar nos significados formadores-deformadores dessas vivências tão extremas. O que significa isso para um jovem e para um adulto que sequer podem se considerar trabalhadores formais, tendo de identificar-se como trabalhadores informais por toda a vida? O traço mais sério de tudo isso é a insegurança humana. Um trabalhador/a informal não tem segurança. Hoje pode estar aqui, amanhã pode estar lá. Hoje vive de um biscate, amanhã tem de sair atrás de outro. Depende do que aparecer. Não tem uma configuração clara de trabalhador. Ao contrário, vai criando uma ideia de alguém que está atrás do que aparece. Um viver provisório em trabalhos provisórios. Sem prazo. Uma identidade humana provisória? Lembremos de que manter pobres, negros, mulheres como trabalhadores/as nesses limites do sobreviver e nesses trabalhos provisórios sem prazo tem sido a "pedagogia" mais eficaz das elites para mantê-los na opressão como subcidadãos, sub-humanos. Tem sido a pedagogia mais constante de "educar"; adestrá-los para reproduzir suas identidades negativas, de subalternos, inferiores em classe, raça, gênero. Essas "pedagogias" antipedagógicas de conformá-los como subalternos continuam, e um dos processos mais "eficazes" é mantê-los sem trabalho, em um precário sobreviver, desenraizados de seus territórios e jogados como retirantes à procura de um incerto lugar[11] (ARROYO, 2012c).

Entender essa história antipedagógica tão persistente exigirá que ela seja conhecida nos currículos de formação dos educadores/as dessas infâncias--trabalho e dos jovens na EJA. Entender e trabalhar essas vivências de manutenção em um sobreviver tão precário traz a questão: Que identidades humanas são possíveis nesse viver tão provisório sem prazo? É estar atrás do que aparece, é não ter horizonte de vida, é não construir um caminho, uma identidade. Não se projetar no tempo como horizonte é estar atrás do tempo, não controlar o seu tempo humano. Sua formação humana. Esses jovens e adultos já perderam até o que Chico Buarque tanto falava: esperando alguém, esperando o trem, esperando o amanhã, esperando emprego.

---

11. Trabalho essas brutais e históricas antipedagogias no livro *Outros sujeitos, outras pedagogias*. Petrópolis: Vozes, 2012.

Esse horizonte da esperança, tão básico para a formação humana, pertencia a uma sociedade industrial, na qual o jovem tinha como horizonte um emprego, mais ou menos qualificado, dependendo da formação que ele tivesse. Sobretudo, dependendo de sua classe, raça, gênero, cidade, campo.

O pensamento pedagógico reduziu e continua reduzindo seu foco aos processos de ensinar-aprender os conteúdos escolares. Tem-se afastado de entender, de aprofundar os processos formadores-deformadores a que são submetidos crianças, adolescentes, jovens e adultos no trabalho, no desemprego, no viver indigno, injusto. Seus docentes-educadores aprendem que não dá para esquecer, secundarizar esses processos de humanização-desumanização que carregam os educandos/as. Entender esses processos e como trabalhá-los não seria a função dos currículos de pedagogia e de licenciatura? Não seria a função do pensamento pedagógico? Como adolescentes, jovens e adultos submetidos a esses processos de humanização-desumanização, têm direito a saber-se. Têm direito a que ao menos os saberes dos currículos os ajudem a recuperar a humanidade roubada. Com que qualificação, com que artes pedagógicas seus educadores serão capazes de recuperar a humanidade roubada dos educandos?

Reconhecer as lutas pelos direitos do trabalho como formadoras

Não será suficiente trabalhar os processos desumanizantes de seu viver provisório. Coletivos de docentes-educadores e educandos avançam aprofundando suas resistências por libertação. Por direito ao trabalho. Lembrávamos de que os jovens e adultos, nos seus itinerários para a EJA, afirmam-se sujeitos de direitos ao trabalho e à vida justa. Que traços formadores destacar vendo-os como sujeitos coletivos de direitos e de direitos ao trabalho? Lembrar de quanto os próprios docentes avançaram, reconhecendo-se sujeitos coletivos dos direitos do trabalho. De como formaram novas identidades, valores, saberes. Avançar para pesquisar o quanto avançaram, desde crianças, os adolescentes, os jovens-adultos também em sua identidade de trabalhadores e em lutas pelo direito ao trabalho.

No título deste livro demos a eles o nome de passageiros *do trabalho* para a EJA, itinerários de coletivos pelo direito a uma vida justa. Ao vincularem os direitos do trabalho ao direito a uma vida justa obrigam-nos a reconhecê-los sujeitos de valores, justiça, dignidade, equidade, de consciência de si e do mundo. Obrigam-nos a dominar as artes de trabalhar esses valores e saberes como processos de humanização.

Artes tão complexas quanto a complexidade de vivências do trabalho de que chegam. Se as lutas pelos direitos do trabalho são formadoras, nem todos os trabalhos a que são condenados são formadores. Vêm do trabalho, mas de que trabalhos? Formadores, deformadores? São os mesmos impasses vividos pelos trabalhadores na educação: nem sempre seu trabalho é formador, porque é precário, intenso, em dois, três turnos, com salas repletas, com salários injustos. O trabalho a que chegam os jovens-adultos desde crianças nem sempre é formador. Como trabalhar essas vivências de trabalhos formadores e deformadores? Esses jovens-adultos têm direito a entender a tensa construção de seus valores e identidades nessa história dos trabalhos precarizados a que são condenados e que destroem suas esperanças e possibilidades de humanização. Com que pedagogias acompanhar essa história? Ignorá-la? Trazê-la nos conhecimentos das diversas áreas? Em temas geradores? Não será suficiente ser docente que domina o que e como ensinar, mas deve-se entender esses processos de desumanização-humanização que os adolescentes, jovens, adultos vivenciam. Nessa história do trabalho que levam às escolas, à EJA, esperando saber-se enquanto a entendem, um ponto merecerá destaque: não esquecer de que são vítimas da negação, da perda dos direitos coletivos do trabalho, investigando como a precarização do trabalho e a perda dos direitos impõem limites as suas expectativas de que encontrem trabalho, de que melhorem de trabalho diante do avanço dos sem-trabalho, desocupados com a crise econômica que os sacrifica, destrói suas identidades. Rouba sua humanidade. Os dados mostram que os índices crescentes de desemprego e subemprego atingem jovens pobres, negros, mulheres. Os sem-diploma à procura, na EJA, de um atestado para ter direito ao trabalho.

Em que área do conhecimento deveriam aprofundar-se sobre essa realidade vivida? Com que artes pedagógicas trabalhar os limites e possibilidades de formação? Uma longa história a ter lugar central nos currículos de formação e da educação dos adolescentes, jovens-adultos. Como esses limites sociais, raciais impõem limites à formação de saberes, valores, culturas, identidades? Que limites impõem a sua formação? Mas também que valores, identidades afirmam em suas lutas pelos direitos do trabalho? Os próprios educandos/as aprenderam como seu injusto, indigno, desumano sobreviver impõe limites a sua formação humana, mas aprenderam a resistir – aprenderam a dizer "não", a tentar libertar-se. Sabem-se sujeitos de valores de justiça e de dignidade. Tensos processos de formação que exigem saberes profissionais dos seus educadores. Se as tensas vivências de sobreviver nos limites são formadoras, as resistências por libertação são ainda mais formadoras.

Herdeiros dos valores da classe, das famílias trabalhadoras

Os adolescentes, jovens, adultos trabalhadores que vêm do trabalho para a educação não carregam apenas os valores, saberes, identidades de suas vivências pessoais de lutas por trabalho. Desde crianças são herdeiros dos valores, da consciência, das identidades da classe trabalhadora. Das famílias trabalhadoras. Do pai trabalhador e da mãe trabalhadora que lhes passaram os valores do trabalho, de lutas por direitos. Há um traço marcante nas identidades coletivas dos jovens-adultos que lutam pela educação: saberem-se trabalhadores, trabalhadoras. Membros de famílias da classe trabalhadora, com experiências brutais de trabalho infantil e adolescente, à procura da titulação exigida para inserção no trabalho, submetidos a trabalhos informais ou rejeitados no trabalho formal porque sem a titulação escolar. Tensas histórias de trabalhadores, de trabalhadoras de classe que caracterizam os jovens-adultos como coletivo desde a infância. Os currículos de formação vêm abrindo espaços para tantos estudos existentes sobre história, sociologia, cultura e valores da classe trabalhadora. Têm direito a conhecer esses estudos como educadores e educandos.

Reconhecer essas identidades coletivas de trabalhadores redefine as identidades e propostas da EJA. Municípios como Belo Horizonte, Guarulhos e outros têm partido desse reconhecimento e elaborado propostas articulando-se com os sindicatos, com as escolas sindicais ou com associações de classe, de bairro, com movimentos sociais, de gênero, étnicos, raciais, do campo, das periferias... A ideia é elaborar propostas para além das visões escolarizantes, restritivas de fluxo. Um percurso irregular para organizar os currículos, os tempos e os coletivos a partir de traços identitários da condição de trabalhadores: organizar turmas por experiências próximas de trabalho, de saberes do trabalho, de lutas por direitos do trabalho, pelo direito à terra, moradia. No texto *Reinventando a EJA: Projeto de Educação de Trabalhadores – PET* (ARROYO, 2009), defendo que o passo decisivo para reinvenção da EJA é ter o trabalho como referente ético-político-pedagógico. Ver os alunos como trabalhadores/as, sem os perceber como estudantes que trabalham, exige outras pedagogias de acompanhamento de seus tensos percursos de formação.

Esses jovens-adultos levam densas experiências sociais e políticas, carregadas de indagações, saberes e valores aprendidos nas condições de classe, trabalho, gênero, raça, família, lugar... Como incorporar essas experiências e como trabalhá-las? Os currículos e os temas geradores de estudo coletivo são a base para uma construção coletiva – mestres-trabalhadores na educação, jovens-adultos trabalhadores e até crianças e adolescentes trabalhadores construindo um currículo que os ajude a entender-se, a aprofundar essas experiências e saberes, leituras de si e do mundo; leituras da condição de uns e outros de trabalhadores, trabalhadoras. Heranças de valores de classe, das famílias trabalhadoras que apontam outra educação. Outra formação docente-educadora.

Herdeiros das resistências do movimento operário e docente

Paulo Freire nos lembrava de que os movimentos dos oprimidos por libertação, o movimento operário, os movimentos dos trabalhadores sem terra e o movimento docente pelos direitos do trabalho têm sido, junto à diversidade de movimentos por libertação, os grandes educadores, humanizadores, formadores na história. De suas "Pedagogias em Movimento" temos a aprender outras pedagogias (ARROYO, 2003). Pedagogias de resistência aprendidas pela memória popular de tantas lutas dos seus coletivos indígenas, negros, quilombolas, trabalhadores nas periferias, na agricultura camponesa. Lutas por terra, moradia, renda, trabalho, escola, saúde... Resistências coletivas por libertação, por seus direitos, sua cultura e identidades coletivas. Sua chegada aos centros de educação obriga o pensamento pedagógico a reconhecer as virtualidades formadoras-humanizadoras dessas lutas por libertação.

Como reconhecer e trabalhar mestres e educandos trabalhadores nessas virtualidades formadoras? Propostas aos conhecimentos dos currículos: incorporar a história formadora dessas resistências; incorporar a história da diversidade de movimentos de libertação, do movimento operário de que são herdeiros. Quando o ponto de partida é o reconhecimento da condição social de trabalhadores, torna-se obrigatória uma atenção pedagógica permanente a se aprofundar na história do trabalho, na negação dos direitos do trabalho da qual a maioria é vítima, de se aprofundar no padrão classista, sexista, racista, homofóbico do trabalho. Aprofundar-se no caráter deformador dessas histórias. Mas também o aprofundar como tarefa central do curso de formação nas resistências a esse padrão. Trazer estudos sobre as resistências de classe – a história do movimento operário e do movimento docente. Resistências de gênero, raça – a história do movimento negro, feminista, quilombola, dos camponeses, garimpeiros, do semiárido, das águas...

Adolescentes, jovens e adultos chegam às escolas públicas e à EJA sabendo-se trabalhadores submetidos a tantas formas de segregação, mas sabendo-se também resistentes a tantas segregações que lutam pela educação como libertação, esperando entender-se nessas tensões entre humanização-desumanização. Que formação de educadores/as é necessária para entender e trabalhar essas tensas vivências formadoras-deformadoras? Em que áreas do conhecimento entenderão a história de resistências do movimento operário, dos movimentos sociais e do movimento docente? Que artes, que docência, que material didático específico os ajudará a entenderem-se herdeiros de tantas resistências históricas formadoras de valores, culturas, identidades coletivas? Trazer com destaque a história das resistências do movimento operário, dos movimentos sociais, indígena, negro, feminista, sem terra, juvenil, do movimento docente será uma forma pedagógica de entender os significados políticos formadores de suas resistências. Haverá lugar para essa história de resistências ao menos na área de história em temas de estudo?

Negados em seu direito ao trabalho porque segregados pela escola

Os currículos de formação de docentes-educadores/as dos jovens e adultos trabalhadores que vêm do trabalho para a EJA se enriquecem não apenas trazendo o trabalho para a agenda pedagógica, mas aprofundando com toda a relevância política-ética-pedagógica a responsabilidade do sistema escolar em condená-los a sem direito ao trabalho e sem direito a uma vida justa. Para entender os significados políticos coletivos de volta à escola será necessário entender os significados políticos da condição de segregados pela escola sem diploma escolar e, logo, sem direito ao trabalho, a uma vida justa. A tradicional segregação sofrida na escola tem condicionado seu direito ao trabalho e a uma vida digna e justa. Questões que esses jovens-adultos trabalhadores, negados no direito ao trabalho e ao viver justo levam ao repensar ético-político da pedagogia e da cultura escolar para superar essas antiéticas segregações que nosso sistema escolar teima em manter. Também para que não se repitam na nova tentativa de um percurso escolar não reprovador. Esses jovens-adultos chegam de vivências de percursos escolares de segregação desumanizadores. Como não repetir esses percursos segregadores? Como recuperar identidades destruídas pelas segregações escolares? Faltam análises no pensamento pedagógico que reconheçam as consequências antipedagógicas, antiéticas e desumanizantes de submeter milhões de crianças e de adolescentes às segregações, às humilhações das reprovações, às retenções escolares.

As diretrizes recolhem os debates sobre "certificação dos exames da EJA" no momento em que perguntamos: Quem outorgará o certificado? Uma questão que mereceria uma análise política, pedagógica e ética mais radical. O nosso padrão classista, sexista e racista de trabalho é extremamente segregador dos outros, e a educação vem se prestando a reforçar esse caráter segregador do direito humano ao trabalho. Na medida em que uma das exigências de nosso padrão de trabalho é o diploma de conclusão dos ensinos Fundamental e Médio, e na medida em que o sistema escolar condena milhões de adolescentes e de jovens-adultos a sem diploma, porque reprovados, defasados em idade-série, condena esses milhões à ausência de direito ao trabalho e à vida, sendo esta o primeiro direito humano. Que consequências destruidoras de identidades o sistema tem deixado nesses adolescentes, jovens, adultos reprovados no direito ao trabalho porque reprovados na escola? Com que artes os docentes recuperarão essas identidades quebradas pela segregação social e escolar cognitiva? Haverá espaço nos currículos de formação para o aprofundar dessas questões?

Estudos têm mostrado que a teimosia desses adolescentes e jovens-adultos negados do direito humano ao trabalho espera da EJA um atestado escolar que garanta esse seu direito. A questão central não é sobre idade mínima nem sobre competências ou exigências de certificação. A questão não enfrentada pelas diretrizes ou pela ética pedagógica é se o sistema escolar tem direito a condicionar o direito ao trabalho a certificar como, quando, a quem. Questões nada inocentes em nossa história, que estão exigindo medidas éticas radicais em defesa do direito primeiro à vida-trabalho. Há currículos que se colocam uma questão obrigatória a aprofundar nos cursos de formação: Que autoimagens pessoais, de classe e de raça levam esses adolescentes, jovens e adultos lutando pelo direito ao trabalho, mas rejeitados, sem trabalho, porque sem diploma, reprovados pela escola? Nenhum ser humano merece ser submetido a essas múltiplas segregações antipedagógicas, destruidoras de suas autoimagens. De suas identidades. Seus itinerários do trabalho para a EJA revelam sua consciência de serem sujeitos de direito à educação e ao trabalho[12] (ARROYO et al., 2015a).

---

12. Os jovens-adultos, em itinerários do trabalho para a EJA, radicalizam o que já destacam milhões de crianças vindas do trabalho para a escola: repõem o trabalho na agenda pedagógica.

Do trabalho e das lutas do campo

Letras/músicas a serem trabalhadas

Terra de ninguém
Autores: Marcos Valle e Paulo Sérgio Valle

Segue nessa marcha triste
Seu caminho aflito
Leva só saudade e a injustiça
Que só lhe foi feita desde que nasceu
Pelo mundo inteiro que nada lhe deu

Anda, teu caminho é longo
Cheio de incerteza
Tudo é só pobreza, tudo é só tristeza
Tudo é terra morta
Onde a terra é boa
O senhor é dono
Não deixa passar

[...]

Mas um dia vai chegar
Que o mundo vai saber
Não se vive sem se dar
Quem trabalha é quem tem
Direito de viver
Pois a terra é de ninguém.

Funeral de um lavrador
Chico Buarque – João Cabral de Melo Neto

Esta cova que estás com palmos medida
É a conta menor que tiraste em vida
É a conta menor que tiraste em vida

É de bom tamanho nem largo nem fundo
É a parte que te cabe deste latifúndio
É a parte que te cabe deste latifúndio

Não é cova grande, é cova medida
É a terra que querias ver dividida
É a terra que querias ver dividida

É uma cova grande pra teu pouco defunto
Mas estarás mais ancho que estavas no mundo
Estarás mais ancho que estavas no mundo

[...]

Terra e raiz
I Oficina Nacional dos Músicos do MST

A chuva cai sobre a natureza
E a planta cresce gerando a riqueza
E o trabalhador luta com certeza
Pra não faltar o pão sobre nossa mesa

A terra guarda a raiz da planta que gera o pão
A madeira que dá o cabo da enxada e do violão

Liberdade é pão, é vida
Terra – Mãe, trabalho e amor
É o grito da natureza
Viola de um cantador

É o povo em movimento
Contra as cercas da concentração
Com um sorriso de felicidade
E a história na palma da mão

O cio da terra
Autores: Chico Buarque e Milton Nascimento

Debulhar o trigo
Recolher cada bago do trigo
Forjar no trigo o milagre do pão
E se fartar de pão

Decepar a cana
Recolher a garapa da cana
Roubar da cana a doçura do mel
Se lambuzar de mel

Afagar a terra
Conhecer os desejos da terra
Cio da terra, propícia estação
E fecundar o chão

Outras músicas/letras a serem trabalhadas
• O Coletivo de Cultura do MST recolheu as letras das músicas da luta por terra-trabalho. Um material riquíssimo para temas geradores de estudo-formação de educadores/as. O Hino do Movimento sintetiza a educação que se dá no trabalho e nas lutas do campo.

Filmes a serem trabalhos
• O livro *Outras terras à vista: cinema e educação do campo* oferece análises de filmes que focalizam as lutas dos trabalhadores por terra e trabalho. Cf. MARTINS, A. et al. (org.). Belo Horizonte: Autêntica, 2010.
• Ver Brigada de Audiovisual da Via Campesina.

Literatura
• *Vidas secas* – Graciliano Ramos
• *Morte e vida severina* – João Cabral de Melo Neto

6
Do trabalho e das lutas do campo para a EJA
Que radicalidades afirmam?

A educação de jovens e adultos na Educação do Campo vem merecendo destaque, tanto nas políticas, nos programas, nas oficinas da educação e, sobretudo, na EJA quanto nas lutas dos movimentos sociais por outra Educação do Campo, indígena, quilombola. Entender os significados dessas políticas, diretrizes específicas da EJA-Campo, e entender os significados radicais dados pelos movimentos sociais à Educação merece dias de estudo, não apenas para entender a história e o sentido político-pedagógico da EJA-Campo, mas a tensa história de afirmação da educação de todos os jovens e adultos trabalhadores e trabalhadoras.

O estudo pode se aprofundar nos seguintes pontos: 1) A Educação do Campo vem radicalizando a educação. 2) Da educação de jovens e adultos na Educação do Campo vêm propostas radicais para toda a educação dos jovens e adultos trabalhadores. 3) Há uma radicalidade da Educação do Campo que vem da dinâmica social, política, cultural das lutas dos movimentos sociais dos trabalhadores e das trabalhadoras. 4) Dessa radicalidade vem Outro paradigma no pensar a educação e no pensar a educação de jovens e adultos trabalhadores/as[13].

A educação dos trabalhadores/as do campo radicaliza a educação

Onde encontrar a radicalidade da Educação do Campo que pressiona por radicalizar as formas de pensar e de planejar a educação do povo, dos trabalhadores? Em primeiro lugar, a Educação do Campo reage, critica políticas, diretrizes, práticas tradicionais e hegemônicas de levar migalhas de educação rural aos povos do campo. Uma crítica extensiva à educação dos setores populares, destinatários todos de políticas e de programas elementaríssimos de letramentos e de saberes mínimos. A história da nossa educação escolar

---
13. Os verbetes do *Dicionário da Educação do Campo*, organizado por CALDART, R.S. et al., 2012, são uma leitura obrigatória, especificamente os verbetes "Educação do campo" (Caldart, R.S.) e "Educação de Jovens e Adultos – EJA" (ARAÚJO, M.N.R.).

tem mostrado que a escola pública demora a chegar às periferias urbanas, e nem chegou, por séculos, ao campo. A história mostra ainda que, quando as escolas vão chegando, chegam apenas para letramentos, para ensinos-aprendizagens de noções elementaríssimas de conhecimentos escolares. Por décadas, os trabalhadores das cidades e dos campos tiveram negado seu direito à educação, aos conhecimentos a que têm direito. Os movimentos de trabalhadores do campo denunciam essa histórica negação e defendem a "Escola do Campo no Campo". Escola indígena, quilombola nos seus territórios. Reação política à negação do direito à educação de todos os trabalhadores.

Os movimentos dos trabalhadores dos campos não se limitam a denunciar essa persistente história, mas mudam radicalmente as formas tradicionais oficiais de interpretá-la. Trazem análises mais políticas. Onde situam suas análises e suas lutas pela Educação do Campo? Avançam radicalizando as estruturas, as relações sociais e de classe que vêm legitimando essa negação dos trabalhadores ao direito à educação. As análises das políticas e dos programas prometidos "do alto" insistem em explicações como distância e dispersão dos povos do campo. Falam até de seu desinteresse pela educação, de sua falta de perseverança, de uma cultura letrada, de atraso e tradicionalismo nas formas da produção e do trabalho camponês. Um governador mineiro, na década de 1920, justificava a falta de políticas de educação rural: "Para roçar a terra não se precisa de muitas letras". Uma síntese de como era pensada a elementaríssima escolarização que chegava aos povos do campo.

Essas repetidas análises "do alto" partem de responsabilizar os povos, os trabalhadores pelo atraso na sua escolarização. Responsabilizá-los pelo atraso do próprio campo. Prometem programas de educação rural ao menos elementares para erradicar o analfabetismo, que mancha nossa imagem de país moderno. O campo continua sendo pensado como o país do atraso nas formas de produção e trabalho camponês. Logo, reduto de adolescentes, jovens e adultos iletrados, porque atrasados nas formas de produção e de trabalho. Análises parecidas culpando os jovens-adultos trabalhadores/as nas cidades, segregados em trabalhos desqualificados, que não exigem muita escolarização.

A resposta política dos trabalhadores vem sendo reagir a esse lugar social, político e de classe na produção camponesa, no trabalho e, consequentemente, desconstruir explicações que vêm legitimando políticas e programas de sua precária, injusta educação. Afirmam-se sujeitos conscientes de outras explicações para entender sua condição de segregados do direito a ter direitos. Reagindo às estruturas de classe que segregam a produção camponesa, o trabalho camponês, trazem outra compreensão de sua segregação no direito à terra, ao trabalho, à renda, à saúde, à educação. Esse deslocamento das razões históricas da ausente e precária educação é um dos processos mais radicais não apenas para entender, como trabalhadores, a história da negação do seu direito à educação, mas para entender a negação e a precarização do seu direito ao território, à terra, ao trabalho, e do direito à educação de todos os trabalhadores.

As políticas e suas razões sem razões para explicar e intervir "do alto" na inexistente e precária educação escolar dos trabalhadores dos campos e das cidades perdem força diante da radicalidade das análises políticas, estruturais vindas dos próprios trabalhadores em seus movimentos políticos. Repõem até no debate teórico outras análises que exigem reflexão. Pensar a educação com outras análises, criticando e superando tantas explicações hegemônicas que ainda prevalecem nas tímidas políticas, diretrizes e avaliações oficiais sobre a educação-escolarização oferecida-doada "do alto" aos trabalhadores e seus grupos sociais.

Os trabalhadores/as do campo reeducam o pensamento pedagógico

A Educação do Campo radicaliza o próprio pensamento pedagógico. O pensar a educação dos trabalhadores continua marcado pelas formas subalternizadas de pensá-los. O pensamento pedagógico, quando define programas de educação dos trabalhadores do campo ou das cidades, legitima-se em um padrão de poder, de saber, de ser, de poder-dominação-subalternização nas relações de classe. Do movimento operário e da diversidade de movimentos de trabalhadores, dos sem-terra especificamente, vêm resistências a essas formas de subalternizá-los até no pensamento pedagógico. Resistem à forma mais radical de subalternização: não os reconhecer educáveis, humanizáveis.

Podemos levantar a hipótese de que da Educação do Campo vêm exigências de repensar o próprio pensamento educacional e os programas destinados aos trabalhadores e aos grupos populares na medida em que os próprios trabalhadores contestam as formas históricas de pensá-los e de alocá-los nas estruturas de classe e de poder nas quais se legitima subalternizá-los como sem direito à terra, trabalho, renda, justiça. Sem direito a ter direitos. Nem direito à escolarização. Dos movimentos sociais dos trabalhadores sem terra, indígenas, quilombolas vêm, para o pensamento social, político e pedagógico, análises de extrema radicalidade crítica sobre como foram pensados, alocados, espoliados dos territórios, das terras, do trabalho, da educação. Vêm reações a como indígenas, negros, trabalhadores dos campos e das periferias urbanas são pensados, segregados como ainda não humanos plenos, logo, não humanizáveis, não educáveis. Sem direito aos direitos humanos. Um olhar que persiste no pensamento e nas políticas educacionais, sociais desde a educação colonizadora, olhar segregador incorporado na educação republicana e até democrática. Paulo Freire destacou esses processos de roubar-lhes sua humanidade, na radicalidade de nem reconhecê-los como humanos. Logo, não humanizáveis. Não educáveis (ARROYO, 2015f).

A história do pensamento pedagógico desde a colonização e desde o trato dos trabalhadores como escravos, e não como humanos, foi marcada e continua marcada por não pensar os trabalhadores, sobretudo do campo, como educáveis, mas apenas como alfabetizáveis, Letráveis nas escolas das primeiras letras no Império ou nos programas de alfabetização na idade certa na Nova República, ou como alfabetizáveis na idade incerta da EJA. O pensamento pedagógico com que se definem diretrizes de escolarização-letramento elementar para os trabalhadores não incorpora como matriz o direito à educação-formação humana plena, mas apenas a letramentos. Reconhecer os trabalhadores com direito à educação-humanização plena exigirá reconhecê-los como eles se afirmam: humanos, sujeitos políticos de plenos direitos ao conhecimento, à cultura, à formação humana plena. A radicalidade política da educação do campo, indígena, quilombola e das comunidades tradicionais é afirmar esses grupos sociais sujeitos plenos de direito à educação, ao conhecimento, à cultura, às suas memórias, identidades coletivas de trabalhadores. Afirmando-se sujeitos de direitos humanos, desconstroem a possibilidade de pensá-los como sub-humanos, como não humanizáveis, não educáveis, processo tão estruturante do nosso pensamento social, político, pedagógico.

A redefinição desse pensamento vem dos próprios trabalhadores e trabalhadoras, afirmando-se sujeitos de todos os direitos humanos sintetizados no direito à vida, à terra, ao trabalho. Terra é mais do que terra. A luta pela terra é mais do que luta por terra. É luta libertadora, formadora. Nessa radicalidade de lutas, radicaliza-se o lutar por escola, por educação no campo, nos territórios Indígenas, quilombolas. É significativo que essa reação-afirmação venha com especial radicalidade dos Trabalhadores Sem Terra, do Movimento de Mulheres Camponesas, do Movimento dos Atingidos por Barragens, do Movimento dos Pequenos Agricultores, dos Povos e Comunidades Tradicionais, Povos Indígenas, Quilombolas, Negros... Desses trabalhadores do campo – os mais roubados de sua humanidade, porque tratados sem direito a terra, trabalho, renda, educação – vêm as críticas mais radicais a nosso pensamento educacional, social, político. Essa é a contribuição histórica que vem para o repensar do pensamento pedagógico dos trabalhadores e da Educação do Campo[14].

A lição que esses trabalhadores/as passam ao pensamento social, político e pedagógico, reconhecendo-se e afirmando-se sujeitos de direitos, põe no debate teórico, social, político e pedagógico a exigência de desconstruir as formas classistas subalternizadas de pensá-los e as formas de pensar o próprio pensamento pedagógico. Exige repensar, reformular políticas de educação, humanização plena para os trabalhadores do campo e das cidades. Porque espoliados, roubados de sua humanidade nas relações de classe, no padrão de poder, dominação-subalternização, expropriação da terra, foram levados a programas não de educação-humanização, mas de precaríssimo letramento para os trabalhadores. Sua radical afirmação como sujeitos políticos obriga o pensamento político, social, pedagógico a ser outro. Escola do campo no campo, Educação do Campo no campo, em lutas por outro projeto de campo, de sociedade. Em outro projeto de afirmação de sujeitos de direitos humanos plenos, que exige outro pensamento pedagógico.

As análises de políticas, os currículos de formação de docentes-educadores/as e as teorias pedagógicas são instadas a pesquisar, a se aprofundar, entendendo se o pensamento pedagógico tem incorporado ou se mantido distante dessas indagações radicais que chegam dos trabalhadores/as do campo, da Educação do campo, indígena, quilombola. Se o pensamento pedagógico prefere ignorá-las, talvez seja porque as indagações a respeito de como as políticas, os currículos e as teorias pedagógicas se pensam são tão

---

14. Para aprofundar-se na radicalidade desses movimentos do campo, cf. no *Dicionário de Educação do Campo* os verbetes sobre: Movimento das Mulheres Camponesas (MMC); dos Atingidos por Barragens (MAB); dos Pequenos Agricultores (MPA); dos Trabalhadores Rurais Sem Terra (MST); Povos e Comunidades Tradicionais; Povos Indígenas; Quilombolas... Sobre as especificidades do padrão de poder e a agricultura camponesa indígena, cf. Anibal Quijano: *El "movimiento indígena" y las cuestiones pendientes en América Latina*. Buenos Aires: Clacso, 2014.

desestruturantes que perpetuam a estratégia histórica: ignorar o campo, ignorar como os trabalhadores se afirmam sujeitos políticos. Humanos.

Pondo em ação as matrizes formadoras do ser humano

A Educação do Campo – ao reconhecer os trabalhadores como sujeitos de processos de educação, de formação, humanização de conhecimentos, valores, culturas, consciências, identidades – repõe ao pensamento pedagógico uma questão nuclear: Em que processos sociais, políticos, culturais, éticos esses trabalhadores se tornam sujeitos de pedagogias de formação humana? Onde acontecem os processos-*matrizes* mais radicais de formar-nos humanos? A escola e a docência são reconhecidas lócus de educação, de direito ao conhecimento, à cultura... Lutam por escolas no campo, nos territórios, nos assentamentos, nos acampamentos como tempos-espaços de formação, mas a Educação do Campo vai além.

O verbete MST e Educação (KOLLING; VARGAS & CALDART, 2012) lembra-nos:

> Um elemento fundamental para a construção-afirmação coletiva de uma concepção de educação foi identificar o processo de formação humana vivido pela coletividade Sem Terra em luta como matriz para pensar uma educação centrada no desenvolvimento do ser humano e ocupada com a formação de lutadores e construtores de novas relações sociais (p. 505).

Essa é uma das contribuições radicais da Educação do Campo para o pensamento e a prática educadora dos trabalhadores: identificar *outras matrizes* para pensar a educação do ser humano. Outras pedagogias. Que outras matrizes pedagógicas-formadoras?

O verbete prossegue:

> Isso levou a refletir sobre o conjunto de práticas que faz o dia a dia dos Sem Terra e a extrair dele lições de pedagogia que permitem qualificar a intencionalidade educativa do movimento, pondo em ação diferentes matrizes constituidoras do humano: trabalho, luta social, organização coletiva, cultura, conhecimento, história [...] (p. 505).

A Educação do Campo interroga o pensamento pedagógico a abrir-se a essas outras matrizes pedagógicas. Reconhecer que a educação e a formação humana (e até a deformação, a desumanização) acontecem nesses pro-

essas matrizes. Acontecem nas experiências mais radicais do viver. Toda experiência social produz conhecimentos. Quanto mais extremas as experiências sociais, mais radicais os conhecimentos, os saberes de experiência feitos. O trabalho, a luta social, a produção da vida, a agricultura camponesa especificamente, as lutas por terra, território, identidades e culturas coletivas e as lutas por emancipação-libertação são matrizes de extrema radicalidade formadora. A Educação do Campo, indígena, quilombola, a educação da diversidade de movimentos sociais, como o feminista, o negro, o operário e o indígena incorporam essas matrizes. São pedagogias em movimento (ARROYO, 2003).

Reconhecer essas matrizes formadoras e reconhecer os trabalhadores sujeitos de pedagogias alarga, enriquece o pensamento pedagógico, demasiado fechado na escola e na prática docente escolar como o lócus por excelência, lugar único de formação. A Educação do Campo reconhece o campo como formador e luta pelo direito a uma escola que incorpore essas pedagogias-matrizes formadoras que levam os trabalhadores, militantes desde crianças, adolescentes e jovens-adultos. Que incorpore, enriqueça os processos de formação escolar com os processos de produção da existência social como matrizes formadoras do ser humano. Outra escola, outra educação, outras matrizes pedagógicas de educação de jovens-adultos que reconheça e incorpore suas lutas por outro projeto de campo, de sociedade, outro projeto de humanidade. Logo, outra escola, outra docência, outra EJA em espaços-tempos-processos da formação humana que os jovens-adultos, crianças, adolescentes levam do trabalho, da diversidade de lutas sociais[15].

Os trabalhadores do campo afirmam outro paradigma pedagógico e de EJA

Os trabalhadores do campo, o movimento operário e a diversidade de movimentos de trabalhadores e de trabalhadoras em suas lutas por direito à terra, ao trabalho, à educação não se limitam a criticar as políticas e programas precaríssimos de educação que lhes são oferecidos. Nem se limitam a criticar o pensamento pedagógico. Vão além e afirmam outras matrizes,

---

15. Para aprofundar e incorporar essas matrizes de formação humana de que os trabalhadores/as educandos são sujeitos, será aconselhável a leitura atenta de verbetes do *Dicionário da Educação do Campo*, que investigam essas matrizes: Agricultura camponesa; Reforma Agrária; Assentamento rural; Campesinato; Conhecimento; Cultura camponesa; Escola unitária; Pedagogia do Oprimido; Território camponês; Trabalho como princípio educativo.

outro pensamento, outra forma de pensá-los. Outro paradigma pedagógico. Logo, outra EJA. Outra docência. Outros currículos. Outra educação. Em nome do paradigma epistemológico único, inclusivo, foram segregados como irracionais, incultos, primitivos. Incluíveis.

Lembrávamos como Paulo Freire insistia em um traço determinante desse paradigma epistemológico-pedagógico ao qual reagem os trabalhadores/as: ser opressor; ter-lhes sido roubada sua humanidade, mas lutar por recuperá-la, por se afirmar humanos. Lutar por libertação dessa matriz opressora. Por políticas que lhes reconheçam sujeitos de direitos humanos. Sujeitos políticos e de políticas. Lembramos que a concepção histórica da educação como processo de humanização pressupunha reconhecer que os educandos são educáveis, humanizáveis. Desde a colonização, os povos originários, os trabalhadores negros-indígenas escravizados e, depois, os trabalhadores libertos camponeses não eram reconhecidos humanos; logo, não educáveis, humanizáveis. Subalternizáveis no padrão de poder de classe, de expropriação das terras, territórios, nas relações de trabalho. E de educação. Esse é o padrão de poder-subalternização incorporado nas relações capitalistas de produção e de trabalho que o pensamento pedagógico integrou, perdurando-o na educação dos povos originários, nos trabalhadores, mantendo o mito ôntico de inferiores por natureza, de incapazes de participar na produção intelectual, cultural, moral da humanidade (QUIJANO, 2010).

Esse padrão de poder-subalternização, esse mito ôntico de inferioridade traduz-se em um paradigma epistemológico, político, estruturante do pensamento pedagógico que os movimentos de trabalhadores desconstroem. Desconstroem sua "legitimação política" e lutam pela libertação de sua exploração no trabalho, contra a desapropriação de suas terras, contra ver a agricultura camponesa como improdutiva nos padrões capitalistas de produção. Lutam por afirmar-se trabalhadores sujeitos humanos de conhecimento, valores, culturas. Lutam para não continuar pensados como sub-humanos recebedores de um "conhecimento" de que os outros – os humanos – racionais, cultos, civilizados lhes fazem doação ou lhes prescrevem. Lutam por desconstruir um paradigma-matriz-pensamento pedagógico e sua histórica função de reforçar essa visão de subalternos. Uma visão histórica incrustada no pensamento pedagógico de extrema radicalidade – roubar sua humanidade.

Dos movimentos sociais vêm pressionar o pensamento pedagógico as políticas, a cultura escolar e docente, mostrando como o padrão de poder-

-dominação-subalternização dos trabalhadores está incrustado como matriz, como paradigma epistemológico no pensamento pedagógico. Resistir a essa subalternização confere uma extrema radicalidade às resistências dos trabalhadores do campo, dos indígenas, dos quilombolas. Confere radicalidade aos processos de sua afirmação como sujeitos, como humanos, trazendo para o pensamento pedagógico outro padrão não subalternizado de pensá--los. Outra matriz, outro paradigma epistemológico-pedagógico exigindo outras políticas, outras práticas de educação dos trabalhadores. Paulo Freire e o Movimento de Cultura e Libertação Popular captaram essa radicalidade nos trabalhadores do campo. Reconhecem que das ligas camponesas, do sindicalismo agrário, dos oprimidos, dos trabalhadores do campo vêm outras identidades políticas, inspiradas em outra matriz, em outro paradigma político, pedagógico, que desconstrói o paradigma com o qual foram pensados em nossa história, sendo segregados, oprimidos todos os trabalhadores e, em especial, os povos trabalhadores/as do campo. Paulo Freire reconhece as pedagogias dos oprimidos.

Reconhecê-los sujeitos de pedagogias pressupõe desconstruir o paradigma hegemônico e reconhecê-los sujeitos de outro paradigma pedagógico. Suas lutas contra toda forma de exploração e por libertação deixam exposto que somente entendemos a radicalidade da outra matriz – de classe, do outro paradigma pedagógico que os trabalhadores afirmam em suas lutas e resistências – se nos aprofundamos na radicalidade do pensamento pedagógico--político que os pensa e oprime como sub-humanos, subcidadãos, logo, subalternizáveis nas relações de produção, de trabalho. De classe. Conscientes desses processos históricos, a eles resistem e lutam por sua emancipação. Outra história de radicalização da educação de jovens-adultos.

Volta a interrogação levantada: Da educação do campo, das lutas dos trabalhadores do campo, vem outra matriz, outro paradigma pedagógico para a educação dos jovens-adultos? O Movimento de Cultura e Libertação Popular, que tanto marcou a educação dos trabalhadores jovens-adultos, trouxe essa crítica radical ao pensamento político-pedagógico: reconhecê--los em lutas por terra, trabalho, direitos humanos. Negar o padrão histórico de subalternização incrustado no pensamento pedagógico. Reconhecer-se sujeitos de cultura, de libertação. Dos trabalhadores vem outra forma de pensar-se e de pensar sua educação. Outro paradigma da educação dos jovens e adultos trabalhadores.

Outro paradigma de formação de educadores/as

Uma hipótese a ser aprofundada nos currículos de formação de docentes-educadores/as dos trabalhadores na EJA e das crianças e adolescentes nas escolas públicas: a Educação do Campo protagonizada pelos trabalhadores e suas organizações se contrapõe, destrói o paradigma hegemônico que vem legitimando sua precária, elementar educação, inclusive as políticas, diretrizes, leis e o próprio pensamento pedagógico hegemônico na sua escolarização, e especificamente como jovens-adultos. Como avançar para outro paradigma de formação dos educadores/as? Destaquemos alguns traços dessa radicalização paradigmática que os trabalhadores afirmam. Dimensões desse outro paradigma pedagógico a incorporar nos cursos de formação de educadores-educandos da EJA. Como avançar para que seja orientador de outras políticas, diretrizes? Que dimensões aprofundar nos currículos de formação que incorporem esse outro paradigma-matriz pedagógico?

Aprofundar a crítica ao paradigma único, inclusivo

O ponto de partida será o aprofundar do paradigma político que persiste na negação do direito à educação dos trabalhadores. Aprofundar no que diz respeito a como as políticas, diretrizes pensam a educação dos trabalhadores desde os interesses de classe: políticas, projetos de sociedade, de cidade, de campo das elites, dos interesses dos padrões capitalistas de trabalho, de apropriação da renda, da terra, de destruição de seus saberes, culturas, identidades. Avançar para as resistências históricas. Entender como os trabalhadores do campo e suas organizações pensam, propõem, lutam pelo direito à educação a partir dos interesses das lutas por libertação, por afirmação como sujeitos de direito à terra, trabalho, renda, conhecimento, cultura. Como pensam a educação articulada a suas lutas por emancipação, por outro projeto de campo em outro projeto de sociedade. Outro projeto de classe trabalhadora. Aprofundar-se a respeito de como essa inversão do ponto de partida nas categorias de análise, no paradigma de direitos inverte os sentidos políticos das políticas, das diretrizes e da própria forma de pensar o direito dos trabalhadores à educação, à cultura, ao conhecimento, à formação humana. Uma outra categoria de análise (CALDART, 2012).

Aprofundar o paradigma que os trabalhadores afirmam

Em dias de estudo, como temas geradores de formação, aprofundar-se em reconhecer que a Educação do Campo protagonizada pelo movimento operário, pelos trabalhadores e suas organizações traz outro paradigma epistemológico-pedagógico, outra matriz de análise que redefine as formas de pensar, decidir e normatizar a educação dos trabalhadores, tão persistente em nossa história. Outro paradigma de análise que vem de outra consciência-afirmação-emancipação dos próprios trabalhadores. Deve-se entender como coletivos de trabalhadores e trabalhadoras em movimentos de emancipação libertam-se das formas subalternizadas e opressoras com que o paradigma epistemológico-pedagógico hegemônico os pensou, tratou e alocou nas relações de trabalho, nas políticas públicas, nas políticas de educação, na EJA, com destaque: analfabetos, iletrados, primitivos, incultos, irracionais, pobres em capital cultural, social, moral... Visão segregadora na qual se tenta legitimar todas as leis, políticas diretrizes, programas de educação e alfabetização de todos os trabalhadores, especificamente dos campos.

Reconhecer os trabalhadores sujeitos de resistências

Dar destaque ao reconhecer e ao aprofundar-se sobre como os impactos políticos mais radicais contra essas políticas vêm das resistências dos próprios movimentos de trabalhadores. Resistência a essa forma de pensá-los, tratá-los, subalternizá-los como sem valores, sem cultura, sem saberes; logo, sem direito a terra, trabalho, renda, educação. Mantidos, dessa forma, à espera agradecida de programas de alfabetização que os libertem de suposta incultura, da irracionalidade, do sem valores de trabalho, pela escolarização elementar. Tensões postas por décadas na história da educação dos trabalhadores. Tensões radicalizadas nas últimas décadas pela diversidade de movimentos de afirmação-libertação dos próprios trabalhadores. Nas pesquisas, na produção teórica, nos cursos de formação, avança-se no aprofundar da radicalidade político-epistemológica dessas lutas dos próprios trabalhadores, na desconstrução do paradigma epistemológico-pedagógico que vem legitimando os programas para sua elementaríssima educação.

Os militantes levam à pedagogia essas resistências

Deve-se aprofundar, como tema de estudo, de que forma a presença de militantes do campo, indígenas, quilombolas, negros, além da maior presença de trabalhadores nas universidades, nos cursos de Pedagogia e Licenciatura, tem levado ao aprofundar na radicalidade político-pedagógica da desconstrução dessa forma subalternizada de pensar os trabalhadores, oferecendo-lhes bondosos programas de escolarização elementar, até na EJA.

Essas presenças vêm levando ao conhecimento dos significados epistemológicos de tais resistências a essa subalternização, as quais levam a uma injustiça nas políticas e nos programas oficiais de educação dos trabalhadores. A presença de militantes dos movimentos sociais nesses cursos pressiona para reconhecer outro paradigma de sua educação que supere a visão supletiva de carências e os reconheça sujeitos sociais, políticos, de saberes, culturas, valores e consciência aprendidos na prática social, no trabalho, na produção da vida, nas lutas por terra, trabalho. Por vida justa.

Reaprender com Paulo Freire

Será necessário reaprender com Paulo Freire as pedagogias dos oprimidos. Lembrávamos que Paulo Freire e o Movimento de Cultura e Libertação Popular aprenderam como dos trabalhadores do campo vinha essa outra matriz, outro paradigma pedagógico, político. Outra forma de pensá-los é "em seu processo como sujeitos de conhecimento, e não como recebedores de um 'conhecimento' de que outro ou outros lhes fazem doação ou lhes prescrevem" (FREIRE, 1987, p. 58). Para o pensamento pedagógico hegemônico é mais cômodo continuar doando migalhas de conhecimentos do que reconhecê-los sujeitos de conhecimento, de cultura, de valores. De formação humana. Uma das afirmações políticas mais contestadoras do pensamento pedagógico que se pensa outorgar migalhas de escolarização para os trabalhadores/as, sobretudo dos campos, é que os próprios trabalhadores se afirmam sujeitos de saberes, de leituras, de consciência, de valores, de culturas aprendidas em suas lutas. Logo, são sujeitos exigindo outras análises, outras formas políticas, epistemológicas, pedagógicas de pensá-los. Outras políticas de educação. Outra EJA.

Afirmam-se sujeitos de processos de humanização

Da reação a essas formas de pensá-los, a esses paradigmas pedagógicos, anunciam outras formas de pensar-se como sujeitos de outra educação. Outra forma de pensar a educação dos trabalhadores adolescentes, jovens-adultos. Outro paradigma pedagógico, porque eles, trabalhadores, desconstroem as formas padrões subalternizadas de pensá-los. Afirmam-se humanos. Sujeitos de processos de educação-humanização. Dos trabalhadores/as do campo e de seus movimentos vêm essas indagações tão desestruturantes ao pensamento pedagógico. Indagações captadas pelo Movimento de Cultura-Libertação Popular e pela diversidade de movimentos de libertação dos trabalhadores-trabalhadoras. Em itinerários para as escolas, à EJA, serão reconhecidos sujeitos de processos de humanização-formação?

Afirmando-se humanos sujeitos de processos de educação, de humanização, sujeitos de consciência, de saberes, de culturas, de leituras de si e do mundo, afirmam que outro projeto de educação e de EJA é possível, e que este projeto está se afirmando na Educação do Campo, indígena, quilombola, nas cidades, exigindo outro paradigma epistemológico-pedagógico de educação dos trabalhadores. Dos passageiros que nas cidades e nos campos vêm do trabalho, das lutas por reconhecimento vêm radicalidades político-pedagógicas para outra Matriz-Paradigma, para outra concepção do Humano, para outra educação, outra EJA-Campo. Outra EJA-Cidades.

Direito a uma vida justa

Letras/músicas a serem trabalhadas

Roda viva
Autor: Chico Buarque

Tem dias que a gente se sente
Como quem partiu ou morreu
A gente estancou de repente
Ou foi o mundo então que cresceu
A gente quer ter voz ativa
No nosso destino mandar
Mas eis que chega a roda-viva
E carrega o destino pra lá
Roda mundo, roda-gigante
Rodamoinho, roda pião
O tempo rodou num instante
Nas voltas do meu coração

A gente vai contra a corrente
Até não poder resistir
Na volta do barco é que sente
O quanto deixou de cumprir
Faz tempo que a gente cultiva
A mais linda roseira que há
Mas eis que chega a roda-viva
E carrega a roseira pra lá

A gente toma a iniciativa
Viola na rua, a cantar
Mas eis que chega a roda-viva
E carrega a viola pra lá

O samba, a viola, a roseira
Um dia a fogueira queimou
Foi tudo ilusão passageira
Que a brisa primeira levou
No peito a saudade cativa
Faz força pro tempo parar
Mas eis que chega a roda-viva
E carrega a saudade pra lá

Coração civil
Milton Nascimento e Fernando Brant

Quero a utopia, quero tudo e mais
Quero a felicidade nos olhos de um pai
Quero a alegria, muita gente feliz
Quero que a justiça reine em meu país
Quero a liberdade, quero o vinho e o pão
Quero ser amizade, quero amor, prazer
Quero nossa cidade sempre ensolarada
Os meninos e o povo no poder, eu quero ver

[...]

Liberdade, liberdade! abre as asas sobre nós!
Compositores: Niltinho Tristeza, Preto Joia, Vicentinho e Jurandir

[...]

Liberdade, liberdade!
Abre as asas sobre nós!
E que a voz da igualdade
Seja sempre a nossa voz.

Maria da Vila Matilde
Intérprete: Elza Soares
Compositor: Douglas Germano

Cadê meu celular?
Eu vou ligar prum oito zero
Vou entregar teu nome
E explicar meu endereço
Aqui você não entra mais
Eu digo que não te conheço
E jogo água fervendo
Se você se aventurar

[...]
Cê vai se arrepender de levantar
A mão pra mim

[...]

E quando o sargento chegar
Eu mostro o roxo no meu braço
Entrego teu baralho
Ponho água no bule
Passo e ainda ofereço um cafezim
Cê vai se arrepender de levantar
A mão pra mim

[...]

Cadê meu celular?
[...]

Outras músicas/letras a serem trabalhadas
- *Fé cega, faca amolada* – Milton Nascimento e Ricardo Bastos
- *Desesperar, jamais* – Ivan Lins e Vitor Martins
- *Mulheres em marcha* – Oficina de Artes do MST

Filmes a serem trabalhados
- *Edukators* (2004). Cf. a análise de Juarez Dayrell e Rodrigo Ednilson – "*Edukators*: novas visibilidades da juventude contemporânea". In: *A juventude vai ao cinema*. Op. cit., 2009.

7
Itinerários por direito a uma vida humana justa

Os jovens-adultos que vêm de trabalhos explorados e fazem seus itinerários para a EJA, por que lutam? Apenas por suprir percursos escolares? Lutam por percursos humanos de direitos, por justiça, pela dignidade humana que lhes é roubada. Lutas aprendidas com as mulheres-mães que levam na mão seus filhos, suas filhas, pobres, negros, dos campos e das periferias para os Centros de Educação Infantil ou para as escolas públicas. Por anos, a cada dia, fazem esses itinerários por um justo, digno, humano viver de seus filhos/as. Como entender e trabalhar os significados desses itinerários? Que valores dão ao seu direito a uma vida justa, humana? Tais significados merecem um tema gerador de estudo e de formação.

Itinerários por justiça e dignidade humana

Um caminho para entender os significados radicais desses itinerários por uma vida justa será vincular o direito à educação com as lutas por Direitos Humanos, como lutas por justiça e por dignidade humana. Pelo reconhecimento como humanos que lhes foi negado em nossa história social e até educacional. O direito à dignidade humana pressupõe lutar por serem reconhecidos humanos já. Sem condicionantes. Nem sequer é necessária a condição de fazer um percurso escolar para reconhecê-los humanos. Uma relação política, ética, humana radical das lutas populares por educação atreladas a suas lutas por Direitos Humanos. Por serem reconhecidos humanos. Por justiça e dignidade humana. Essa é uma dimensão das lutas populares por educação que merece ser mais trabalhada em dias de estudo.

A diversidade de lutas por direitos humanos dos grupos sociais, raciais, sexuais, negados no direito a ter direitos, são lutas por dignidade humana. *Por justiça*. Uma relação pouco destacada e até ocultada nas políticas, nas diretrizes e nas avaliações de qualidade conservadora e oficial da educação. Uma relação radical, política, ética e pedagógica que as vítimas de tantas injustiças e de tratos tão desumanos colocam ao pensamento político e pedagógico: lutam por Direitos Humanos, terra, trabalho, renda, alimentação, moradia, saúde, escola para recuperar a dignidade humana que lhes foi roubada. Negada. Lutam por justiça humana. Ver as lutas por escola e pela universidade como lutas por justiça social confere uma outra radicalidade política ao direito à educação.

Esse é o significado radical que reconhecemos nos adolescentes, jovens, adultos, passageiros da noite, do trabalho para a EJA, *em itinerários pelo direito a uma vida justa*. Pelo direito à dignidade humana. Significados políticos mais radicais que vêm para ressignificar o direito à educação dos jovens-adultos trabalhadores. Significados políticos mais radicais para ressignificar as lutas por escolas, lutas das mães, sobretudo por uma vida mais justa, ao menos menos-injusta para seus filhos e suas filhas. "Escola para que a vida de nossos filhos não seja tão aperreada como a nossa." Tão injusta. Frase tão repetida pelas mães. Dos próprios sujeitos que lutam pela escola vêm significados éticos, políticos, pedagógicos, humanos muito mais radicais do que os significados atribuídos pelas políticas, diretrizes e avaliações de qualidade que tentam legitimar a educação dos pobres, dos trabalhadores. Significados radicais que pressionam por entrar com toda centralidade nos currículos de pedagogia e de licenciatura, exigindo um aprofundar nesses significados nos currículos de formação dos mestres e educandos. Novos significados para o ofício de mestres vindos dessa radicalidade que os trabalhadores, as mulheres mães e os adolescentes, jovens-adultos dão nos seus itinerários para a escola, para a EJA: exigem outra docência, outro ofício de mestres educadores/as. Como entender a radicalidade ética, política e pedagógica desses itinerários por uma vida justa, humana?

Em coletivos de estudo será possível uma compreensão mais profunda sobre a proximidade de lutas entre educandos e educadores por direitos humanos. Por justiça e dignidade. Por conviver com esses educandos nas escolas públicas e na EJA, seus educadores/as são os primeiros a avançar no entender dessas vivências padecidas das injustiças pelos educandos com quem trabalham. Por essa proximidade, os educadores e educadoras avançam na consciência de que eles também padecem injustiças próximas como trabalhadores na educação, injustiçados sem seus direitos. Essas proximidades entre injustiçados fazem com que os educadores avancem na capacidade de entender os educandos devido à proximidade de classe, de raça, de famílias. Pela proximidade de lutas por direitos, pelos direitos do trabalho.

Carregam, como profissionais, às escolas, à EJA, itinerários de injustiças e de lutas por direito a uma vida justa. Itinerários tão próximos de mestres e educandos por uma vida justa vêm reencontrando relações perdidas, ocultadas entre direito à educação e justiça. Aproximações entre educação e justiça que poderão significar recuperar a radicalidade política perdida nas políticas, nas diretrizes, na formação docente e no pensamento pedagógico. Recuperar a relação entre negação dos direitos humanos e injustiça e a relação entre lutas dos sem-direito por direitos humanos e justiça.

Os movimentos sociais repõem as relações entre direitos humanos e justiça

Uma forma de trabalhar os significados radicais e pedagógicos dos itinerários por uma vida justa poderá ser trazer, para dias de estudo, as experiências dos movimentos sociais em seus itinerários por direitos humanos e por uma vida justa. Por justiça. Lembrávamos de que o Movimento Docente vem lutando por direitos como trabalhadores na educação. Por justiça. Os movimentos sociais em lutas por direitos humanos tão básicos como vida, terra, teto, trabalho, identidades repõem esses vínculos com a justiça, com o direito a uma vida justa. Repõem a sempre estreita relação entre humanidade, formação humana, reconhecimento de serem humanos e justiça. Radicalidade percebida pelas forças da ordem injusta que acionam a justiça contra essas lutas radicais por outra justiça. Que as reprimem e criminalizam. A radicalidade de colocar as lutas por direitos humanos no campo da justiça vem provocando reações nos próprios agentes da "justiça" hegemônica. A repressão às lutas do movimento docente e dos movimentos sociais por justiça vem dos órgãos da justiça. E o campo da justiça sente-se afetado nas lutas por justiça, reagindo com ordens de reintegração de posse de terras, no campo, e de terrenos, nas cidades. Isso inclui até reocupação de escolas, de universidades ocupadas pelos movimentos sociais do campo, pelos indígenas, pelos docentes e pelos juvenis.

Os movimentos sociais aprenderam que é a justiça que justifica a repressão e até as mortes contra essas lutas por justiça[16]. Por que o pensamento pedagógico demora a reconhecer esses processos tão radicais no campo da justiça? Por que demora em vincular direito à educação com direito a uma

---

16. A justiça tem cor? Tem gênero? Tem classe? Pode ajudar no aprofundamento dessas questões o livro de Michelle Alexander, *El color de la justicia* – La nueva segregación racial en Estados Unidos. Madrid: Capitán Swing, 2014.

vida justa, se por aí avançam as lutas dos injustiçados por direitos humanos? Por que as Diretrizes Curriculares e as políticas demoram a reconhecer como adolescentes, jovens e adultos vítimas de tantas injustiças sociais e até escolares vêm lutando por justiça? Os discursos oficiais os veem apenas como em percursos escolares truncados, incompletos, mas eles se veem e se sabem vítimas de muitas injustiças sociais. Injustiçados em lutas por justiça. Trazer essa pluralidade de itinerários por uma vida justa à prática pedagógica será de extrema radicalidade no avanço do direito dos jovens e adultos vindos de longos e tensos itinerários pelos direitos humanos, pelo direito a uma vida justa. Outra EJA, outras escolas públicas, outra docência, todas inspiradas no direito a uma vida justa. Recuperando a radicalidade política, ética e pedagógica do direito à educação como direito de justiça.

A tensa articulação entre direito à educação e justiça

Volta a pergunta que exige ser aprofundada nos cursos de formação e nas políticas e diretrizes curriculares. Por que o pensamento pedagógico, as políticas e as diretrizes têm dificuldade de articular direito à educação com justiça? Uma hipótese possível: a escola e as políticas educativas são pensadas como dádivas de oportunidades oferecidas pelo Estado, das elites para os carentes – o povo, os trabalhadores, negros, das periferias e dos campos. Para os periféricos sem direito a serem sujeitos de direitos. A justiça se articula com direitos. É uma exigência do reconhecimento dos direitos humanos, o que pressupõe o reconhecimento de serem humanos. Somente os coletivos reconhecidos humanos e os sujeitos de direitos humanos têm direito à justiça. Volta a hipótese radical que nos acompanha: o direito à justiça, o direito a ter direito a uma vida humana justa pressupõe o direito a serem reconhecidos humanos.

O reconhecimento da educação, da escola e da universidade como direito tem sido lento em nossa história, sobretudo o reconhecimento do povo como sujeito de direitos, inclusive do direito à educação, à escola, à universidade, ao conhecimento, à cultura, aos valores. Um reconhecimento tão tenso quanto o reconhecimento do direito do povo, dos trabalhadores empobrecidos à cidadania, à humanidade. Aos direitos humanos. Nessa tensa história podemos entender a dificuldade de relacionar a negação dos direitos humanos, do direito à educação com justiça. No pensamento pedagógico, nas políticas educacionais, nas diretrizes, tem sido mais frequente vincular educação, escolarização, acesso e permanência na escola com qualidade, com aprendizagens, com inclusão na sociedade letrada, com atestado de ensino... A ênfase na educação como direito humano de justiça tem sido fraca na história da educação-escolarização. Fraca no próprio pensamento pedagógico.

Essa fraca relação entre educação-justiça tem levado a não vincular educação com direito a uma vida justa. Opta-se por justificar o injusto sobreviver do povo, dos trabalhadores, não devido às injustiças sociais de que são vítimas, mas na sua não escolarização, no seu analfabetismo, no fato de não terem um diploma de escolarização ou de não terem feito um percurso escolar exitoso. A EJA é vista como última saída de emergência para corrigir seus percursos de que são culpados e prosseguir em percursos menos inumanos. Essa ausente relação entre educação-justiça tem levado a não reconhecer a escola e suas estruturas segregadoras, reprovadoras como injustiças. Não reconhecer as crianças, adolescentes, jovens e adultos reprovados, segregados como injustiçados sociais e escolares. Injustiçados nas escolas sem atestado de escolarização, logo, sem direito a trabalho, precondição para uma vida justa. A brutal e radical injustiça cognitiva que a escola e a sociedade cometem com milhões de crianças, adolescentes, jovens e adultos, negando-lhes o direito à educação, ao trabalho, a um justo viver pode ser a razão para tentar ocultar essas tensas relações entre educação-justiça, entre as injustiças escolares e as injustiças sociais. Os adolescentes, jovens, adultos, em itinerários para a EJA, deixam expostas essas injustiças escolares que reforçam as injustiças sociais de que são vítimas privilegiadas. Continuar ocultando-as? Que postura ética-política adotar? Aprofundar-se sobre como as injustiças escolares, cognitivas reforçam as injustiças sociais de que são vítimas.

A postura de coletivos de docentes-educadores/as é reconhecer, nos itinerários das crianças e adolescentes, nas escolas públicas, nos jovens e nos adultos seus itinerários por uma vida justa. Por justiça. Um reconhecimento que muda o olhar sobre os educandos populares, vendo-os como injustiçados em lutas por justiça. Um olhar sobre a escola pública, sobre a EJA como tempos-espaços por um digno, justo, humano viver (ARROYO, 2012b). Um olhar sobre o ofício de mestres-educadores/as reconhecendo-se também vítimas das injustiças na negação de seus direitos de trabalho. Reconhecendo-se profissionais por direito a uma vida justa deles e dos educandos/as. O tempo de escola será um tempo-espaço de um digno, justo, humano viver?

Como fazer para que os itinerários do trabalho para a EJA sejam itinerários por uma vida justa? Se a nova experiência de volta à educação não consegue libertá-los das injustiças sociais que padecem, que ao menos os libertem das injustiças escolares de que são e foram vítimas. Que lhes garantam o direito a entender as injustiças sociais, raciais, cognitivas de que são vítimas para fortalecê-los em suas lutas por educação-libertação.

Articular resistências, justiça, ética e educação

Os movimentos sociais levam em suas memórias a relação entre resistência-justiça-ética. Será pedagógico penetrar nas ações dos coletivos segregados e subalternizados nas dimensões éticas que revelam resistindo? Falta-nos vincular segregação, injustiça e violência ética como a afirmação de valores humanos. Os povos e culturas segregados reagem e continuam pensados sub-humanos. Resistem à histórica segregação legitimada no "mito ôntico de inferioridade" como humanos, de estar em estado de natureza, incapazes de participar na produção intelectual, cultural, ética da humanidade, na radical análise de Aníbal Quijano. Os profissionais que trabalham com esses tratos tão monstruosos dos grupos sociais e raciais que chegam às escolas e à EJA têm direito a entender a profundidade, as resistências a essas segregações que levam em sua história pessoal e coletiva. Os próprios adolescentes, jovens e adultos têm direito a entender a radicalidade das resistências de seus coletivos, as segregações históricas que carregam. Se os conhecimentos escolares não lhes ajudam a entender-se, para que lhes servem?

Talvez se possa pensar que destacar a monstruosidade dessa história não seja o mais pedagógico. Mostrar o inumano não seria a melhor pedagogia para formar humanos? A experiência de segregação, do não reconhecimento como humanos, leva não apenas a resistir, mas a se afirmar humanos, sujeitos de dignidade humana, de valores, de saberes, de culturas. Dussel (2006, p. 309ss.), no capítulo "A crítica-ética desde a negatividade das vivências", lembra-nos que a negação da vida humana, o sofrimento das vítimas e dos dominados leva à consciência dessa negatividade da condição humana. Leva à consciência ético-crítica da opressão. Saber-se humanos, oprimidos. Paulo Freire insiste em que ninguém melhor do que os oprimidos para ter consciência-crítica da opressão que sofrem. Como entender e trabalhar essa positividade humanizadora nessa negatividade desumanizante? Como descobrir os valores, a ética, a cultura das resistências à opressão? Das resistências às injustiças? Por aí nos desafia a pedagogia do oprimido. Ver pedagogias e humanização na consciência-resistente à opressão. Nas lutas por justiça.

Nessa direção defendem Paulo Freire e o Movimento de Cultura e Libertação Popular a pedagogia mais acertada da educação popular, especificamente da educação de jovens e adultos. Outro pensamento pedagógico. Outra concepção do humano, dos processos de humanização pela educação e cuidado, pelo desenvolvimento humano justo. Acompanhar percursos escolares e humanos truncados. Ser educadores em confronto com o inumano, com jovens, adultos e até crianças roubadas em sua humanidade desconstrói as formas pedagógicas de pessoas e de educar, exige outras formas pedagógicas, docentes, educadoras. Exige avançar no reconhecimento da estreita relação entre o direito a uma vida justa, às resistências, à justiça, à ética e à educação.

O direito a saberem-se sujeitos de lutas por uma vida justa

O primeiro direito humano é a vida, e a vida justa. Os jovens-adultos têm consciência de serem submetidos a vidas injustas, assim como seus coletivos de trabalhadores, de pobres, negros, dos campos, das periferias. Esperam que, voltando à EJA, seu viver seja menos injusto. Como trabalhar esse direito à vida justa ao longo da história? Os conhecimentos das diversas áreas do currículo não poderiam mostrar essa história como processos de garantir uma vida mais justa, mais digna, mais humana? Mas deveriam também mostrar como a apropriação do conhecimento para acumulação e para o poder tem contribuído na produção das injustiças, na condenação de tantos a vidas injustas. Relacionar conhecimentos de cada área com a negação, com a produção da justiça-injustiça, e não só do progresso. Outra história do conhecimento, de sua produção-apropriação para a garantia ou não do direito a uma vida justa? De quem? Os adolescentes e jovens-adultos, tão injustiçados no seu viver na sociedade e no sistema escolar, têm direito a esses conhecimentos para entender a radicalidade de seus itinerários à EJA pelo direito a uma vida justa.

Seus itinerários por recuperar sua humanidade roubada, por uma vida justa não começaram nem no acesso à escola nem na volta à EJA. Deve-se abrir espaços-tempos para que narrem itinerários por uma vida humana justa que vem de longe. Que vem de seus coletivos sociais, raciais, sexuais, resistentes. Avançar para reconhecer as pedagogias radicais que são inerentes ao fato de serem roubados em sua humanidade, inerentes a viver as injustiças e a elas reagir, resistir. Reconhecer e valorizar suas pedagogias de resistências e de libertação das injustiças será a pedagogia mais eficiente para garantir seu direito à formação humana. As vivências do viver injusto em tantas dimensões humanas são também pedagógicas, fazem parte de sua formação humana.

Nada fácil ao pensamento pedagógico, ilustrado, cientificista reconhecer positividades formadoras e humanizadoras nessas vivências tão injustas que padecem. Só quem sofre tem consciência do sofrer. Quando esse sofrimento vem das injustiças sociais e escolares, só aqueles coletivos sociais, raciais que sofrem são capazes de ter consciência dessas injustiças. Ter consciência de ser injustiçado é radicalmente formador. Humanizante. Conscientizador. Provoca lutas por libertação. Processos pedagógicos complexos de viver e de entender, de trabalhar nas pedagogias escolares. Exigências demasiado complexas para seus docentes-educadores nas escolas públicas e na EJA, onde chegam os não reconhecidos humanos, logo, não humanizáveis, não educáveis. Não merecedores de uma vida humana justa.

Os embates por reconhecê-los humanos, sujeitos do direito à educação como direito à formação humana e a uma vida justa estão postos nos coletivos de educadores-educadoras e de educandos-educandas. Por onde se avança? Destaquemos de maneira sintética alguns pontos a trabalhar como temas de estudo e de formação:

• Abrir espaços para que os educandos narrem as injustiças que sofreram e sofrem, e as suas lutas por uma vida justa e por libertação das injustiças que sofrem como coletivos sociais, raciais, de gênero, trabalho, lugar. Que os educandos, adolescentes, jovens-adultos trabalhadores/as participem do debate-estudo dessas questões para reforçar suas lutas pelo direito a uma vida mais justa.

• Aprofundar o conhecimento a respeito de que, se em tempos de golpe contra os direitos humanos, seu sobreviver será ainda mais injusto. Seu direito a uma vida justa ficará ainda mais distante. Se são criminalizados, reprimidos pela justiça.

• Aprofundar o entendimento sobre quais mecanismos e práticas escolares reforçam seu injusto viver. Como avançar para que as escolas e a EJA não reproduzam as injustiças sociais de que são vítimas.

• Superar processos, estruturas escolares injustas, segregadoras-deformadoras. À EJA chegam as vítimas desses processos-estruturas sociais e escolares segregadores-deformadores. Injustos. Como entender, trabalhar essas marcas escolares segregadoras de que são vítimas? Como construir uma educação de jovens-adultos que garanta um direito à formação humana? Que garanta seu direito a uma vida humana justa?

• Reconhecer que todos/as educandos/as são humanos. Sem condicionantes, inclusive sem o condicionante de um percurso escolar exitoso. Sendo humanos, têm direito – sem condicionantes – a uma vida humana, justa.

• Reconhecer que nos tornamos humanos não só na escola, mas na diversidade de processos sociais, formadores-deformadores, humanizadores-desumanizadores. Tornamo-nos humanos nas resistências a formas injustas de viver.

• Ao acompanhar os processos de formação humana dos educandos, dar maior centralidade à qualidade-não-qualidade humana do viver, do trabalho, da moradia, da renda-pobreza, da opressão. A formação humana na escola é inseparável dessa formação-deformação humana no viver dos educandos. É inseparável de seu justo ou injusto viver.

• Reconhecer os processos de formação humana nas resistências e lutas por libertação das injustiças sociais e até escolares de que são sujeitos as famílias, os coletivos sociais, raciais, sexuais e os próprios educandos e educadores. Toda resistência a toda injustiça é educadora. Humanizadora.

Sujeitos coletivos de direitos

Letras/músicas a serem trabalhadas

Cidadão
Autor: Lúcio Barbosa

Tá vendo aquele edifício moço?
Ajudei a levantar
Foi um tempo de aflição, era quatro condução
Duas pra ir, duas pra voltar
Hoje depois dele pronto
Olho pra cima e fico tonto
Mas me vem um cidadão
E me diz desconfiado
Tu tá aí admirado ou tá querendo roubar?
[...]
Eu nem posso olhar pro prédio que eu ajudei a fazer

Tá vendo aquele colégio moço?
Eu também trabalhei lá
Lá eu quase me arrebento
Fiz a massa, pus cimento, ajudei a rebocar
Minha filha inocente veio pra mim toda contente
Pai vou me matricular

Mas me diz um cidadão:
Criança de pé no chão aqui não pode estudar
Essa dor doeu mais forte
Porque que é que eu deixei o norte
Eu me pus a me dizer
Lá a seca castigava, mas o pouco que eu plantava
Tinha direito a comer

[...]
Enchi o rio, fiz a serra
Não deixei nada faltar
Hoje o homem criou asas
E na maioria das casas
Eu também não posso entrar

Não é sério
Charlie Brown Jr.

Eu vejo na TV o que eles falam sobre o jovem não é sério
O jovem no Brasil nunca é levado a sério
[...]

Sempre quis falar
Nunca tive chance
Tudo o que eu queria
Estava fora do meu alcance
Sim, já
Já faz um tempo
Mas eu gosto de lembrar
Cada um, cada um
Cada lugar, um lugar
Eu sei como é difícil
[...]

Eu vejo na TV o que eles falam sobre o jovem não é sério
O jovem no Brasil nunca é levado a sério
[...]

A polícia diz que já causei muito distúrbio
O repórter quer saber por que eu me drogo
O que é que eu uso
Eu também senti a dor
E disso tudo eu fiz a rima
Agora tô por conta
Pode crer que eu tô no clima
Eu tô no clima, eu tô clima
Eu tô no clima, segue a rima

Revolução na sua mente você pode você faz
Quem sabe mesmo é quem sabe mais
Revolução na sua vida você pode você faz
Quem sabe mesmo é quem sabe mais
Revolução na sua mente você pode você faz
Quem sabe mesmo é quem sabe mais
[...]

O que eu consigo ver é só um terço do problema
É o Sistema que tem que mudar
Não se pode parar de lutar
Senão não muda
A Juventude tem que estar a fim,
Tem que se unir,
O abuso do trabalho infantil, a ignorância
Só faz destruir a esperança
Na TV o que eles falam sobre o jovem não é sério
Deixa ele viver! É o que Liga".

Vamos companheiro, vamos lutar
Autores: Beija-Flor e Agápito

Vamos companheiro, vamos lutar
A vitória é nossa, vamos conquistar (bis)

Dê a mão ao seu companheiro
Vamos juntos a luta abraçar
Como prova de amor verdadeiro
Defender os direitos sem parar

Vamos companheiros, vamos lutar...
O que se ganha não dá nem pra comer
A carne, o feijão e o fubá
Como é que a gente vai viver
Sem salário e sem terra pra plantar

Vamos companheiros, vamos lutar...
Vamos lutar pra ganhar o pão da vida
A vida é nossa, temos que zelar
A luta e a união é a saída
Para a miséria e a fome se acabar

Vamos companheiros, vamos lutar...
Tanta gente sem terra e sem comida
E sem ter uma casa pra morar
Sem emprego, mendiga o pão da vida
Mas um dia isso tudo vai mudar

Vamos companheiros, vamos lutar...
A vitória é nossa, vamos conquistar

Vamos companheiros, vamos lutar...

Outras músicas/letras a serem trabalhadas
• *Caminhando* – Geraldo Vandré
• *Cálice* – Chico Buarque e Gilberto Gil
• *Isto é o que nós queremos* – Ataulfo Alves

Filmes a serem trabalhados
• *Diários de motocicleta* – Michael Nozik. Cf. análise de Antônio Júlio de Menezes Neto: "Na motocicleta, sem perder a ternura". In: *A juventude vai ao cinema*. Op. cit., 2009.
• *Nas terras do bem-virá* – Alexandre Rampazzo, 2006. Cf. análise de Eugênio Magno: "A teimosia da esperança: nas terras do bem-virá". In: *Outras terras à vista*. Op. cit., 2010.
• *A língua das mariposas* – José Luis Cuerda, 1999.

8
Jovens e adultos sujeitos de direitos

Na história da Educação de Jovens e Adultos as políticas e diretrizes têm sido legitimadas em múltiplos olhares sobre eles: analfabetos, logo no tempo para erradicação do analfabetismo; não escolarizados, em percursos escolares truncados, no tempo de recuperar os estudos não feitos na idade regular, tempo de reparação de aprendizagens... Não tem sido frequente vincular EJA com direitos humanos, nem com direito à educação. Por décadas, esse direito se esgotava aos 14 anos; logo, ainda que não escolarizados depois dessa idade, perdiam o direito à educação. A EJA seria um tempo de não direito, uma campanha, uma ação benevolente. Daí tantos programas das agências sociais da sociedade, não do Estado, porque este se reconhecia apenas responsável pelo seu dever de garantir o tempo predefinido do direito à educação dos 7 aos 14 anos de idade.

Essa irresponsabilidade do Estado com a educação das pessoas jovens e adultas se reforçou ou se legitimou na não vinculação da educação como tempo de direitos, e reiterou o não reconhecimento dos jovens-adultos sujeitos de direitos, igualmente não reconhecendo os seus educadores como profissionais da garantia de direitos. Tal visão tinha um endereço social certo: os trabalhadores empobrecidos, populares, negros, das periferias e dos campos, pensados e inferiorizados como sem direito a ter direitos. Os docentes-educadores/as vão superando esses olhares, e passam a vê-los como sujeitos de direitos. Assim, afirmam-se como profissionais de garantia de direitos. Logo, deve-se ver essa modalidade de educação como dever do Estado. Como dever político e profissional. Que dimensões trabalhar nos currículos de formação de educadores e educandos em temas geradores de estudo para reconhecer as pessoas jovens e adultas sujeitos de direitos?[17]

---

17. Retomamos análises trabalhadas no texto "Novos passos na educação de jovens e adultos?" In: SILVA, A.M.M. et al. (orgs). *Diálogos sobre educação em direitos humanos e a formação de jovens e adultos*. Salvador: EDUFBA, 2016, p. 23-38.

Direitos humanos, a nova linguagem da dignidade humana

A EJA e seus jovens-adultos participam da tensa negação do reconhecimento dos pobres, negros, indígenas, mulheres, trabalhadores empobrecidos como sujeitos de direitos. Sujeitos não só do direito à escola, à educação, ao conhecimento, à cultura, mas da negação mais radical do reconhecimento como humanos, isto é, como não sujeitos de direitos humanos. É promissor que os profissionais nas escolas, junto aos educandos, organizem seminários e temas de estudo vinculando direitos humanos e educação, que afirmem essa dimensão ignorada, negada: reconhecê-los sujeitos de direitos. Logo, a EJA e as escolas atuam como tempos de afirmação de direitos humanos.

Como nos aprofundar nesse tema de estudo e de formação? Trazendo para os cursos a pluralidade de estudos sobre Direitos Humanos. Estamos em tempos de pressões políticas por Direitos Humanos. Pressões vindas dos coletivos mantidos na história à margem das proclamações oficiais dos Direitos Humanos. A Secadi (Secretaria de Educação Continuada, Alfabetização, Diversidade e Inclusão), no MEC – além da criação dos ministérios dos Direitos Humanos, das Mulheres, da Igualdade Racial, da Reforma Agrária, do Desenvolvimento Social, Programa Bolsa Família –, tem representado um avanço no reconhecimento dos coletivos diversos como sujeitos de direitos humanos. Consequentemente, um avanço no reconhecimento do dever do Estado de garanti-los. Esses avanços vão chegando à EJA e à formação dos seus docentes-educadores/as.

É esperançoso que a defesa hegemônica dos direitos humanos chegue à educação do povo. Chegue à educação dos jovens-adultos. Boaventura de Sousa Santos (2013, p. 42ss.) nos lembra que a hegemonia dos direitos humanos como linguagem de dignidade humana é, hoje, incontestável. No entanto, essa hegemonia convive com uma realidade perturbadora. A grande maioria da população mundial não é sujeito de direitos humanos... Boaventura levanta questões que poderão ser trazidas para as tentativas de vincular direitos humanos e educação: Essa vinculação servirá eficazmente à luta dos excluídos, das crianças, dos adolescentes, dos explorados e dos discriminados jovens-adultos ou, pelo contrário, a tornará mais difícil? Vincular direitos humanos e jovens-adultos é fruto de uma vitória histórica deles ou uma nova forma de inferiorizá-los como ainda sem direitos humanos, porque analfabetos, mal-escolarizados, sem a dignidade humana que precede o serem reconhecidos sujeitos de direitos humanos?

Ao vincular direitos humanos e EJA talvez haja quem estranhe: Como reconhecer esses analfabetos, iletrados, incultos, sujeitos de direitos humanos? Ainda na cultura política e até pedagógica, segregadoras da educação escolar, o letramento é *precondição* para a humanidade e a cidadania: educação *para* a cidadania, educação *para* a humanização. Logo, aqueles que não fizeram esse percurso, ou os milhões de iletrados e não escolarizados, serão pensados como ainda não humanos, não cidadãos, não reconhecíveis como sujeitos de direitos humanos. De dignidade humana. Seria essa a explicação política da dificuldade de vincular EJA e direitos humanos? Não tem sido a não escolarização a pretensa explicação para não reconhecer o povo sujeito de direitos humanos? As mesmas tensões que perpassam os direitos humanos como linguagem de dignidade humana perpassam a educação dos jovens-adultos. O reconhecimento da humanidade, da dignidade humana dos pobres, negros, dos trabalhadores empobrecidos e oprimidos tem exigido sua escolarização como *precondição* para o seu reconhecimento como sujeitos de direitos humanos. Por aí chegamos à visão abissal que acompanha a tensa história da EJA: tensão que tem como raiz a resistência do pensamento social, político e até pedagógico a vê-los e a reconhecê-los como humanos, cidadãos plenos. "Já" ou a "continuar" vendo-os como ainda não cidadãos, ainda não humanos plenos porque não escolarizados.

Formas de ver, pensar e tratar os adolescentes, jovens e adultos que coletivos profissionais já colocam como centrais em sua formação e em sua docência. Como docentes-educadores/as, interrogam-se pelas marcas que carregam por terem sido inferiorizados, e trazem estudos que analisam como esses processos históricos de inferiorização têm destruído identidades pessoais e coletivas. A reprovação de que foram vítimas no percurso escolar não reproduzia essa destruição de identidades positivas? Não reproduziu sua reprovação social, racial? Como formar profissionais que entendam esses processos de inferiorização e de destruição de identidades com que chegam de volta à escola? Como assumir como função pedagógica a reconstrução de suas identidades: que se reconheçam sujeitos de direitos, de dignidade humana?

Esse seria o aprendizado político na nova experiência de educação: que sejam reconhecidos e tratados como sujeitos de direitos, para que se reconheçam e se afirmem sujeitos de direitos. Sujeitos de dignidade humana. Que entendam a totalidade histórica, as estruturas sociais, de classe, políticas, econômicas e culturais que os marginalizaram e marginalizam como sem direito a ter direitos. Reafirmar-se sujeitos de direitos e entender as estruturas que os segregaram merecerá fazer esses longos itinerários do trabalho para a EJA, espaços de reconhecimento de serem sujeitos de dignidade humana *já* descondicionada.

Direitos humanos, a nova linguagem da EJA?

Chegamos a um ponto nuclear: não há como vincular EJA e direitos humanos sem começar por superar o pensamento social, político, cultural e pedagógico que pressupõe a escolarização regular, o letramento na idade certa ou incerta como *precondição* para o reconhecimento desses jovens e adultos como humanos, cidadãos de direitos humanos, políticos. Essas formas tão segregadoras de pensá-los e de inferiorizá-los que ainda persistem têm agido em nossa história, até pedagógica, para resistir a vincular a sua educação como direito humano. Projetos de docentes-educadores vêm afirmando essa relação, o que significará um avanço, porém contraditório: poderá repor a velha segregação – sujeitos de direitos humanos, de cidadania *condicionada, desde que* façam um percurso escolar exitoso. Consequentemente, desde que escolarizados, ou desde que cumpram os percursos escolares não feitos na idade regular, merecerão ser reconhecidos humanos, cidadãos de direitos. É urgente reconstruir a história da EJA, começando por essa visão abissal do pensamento social e pedagógico. Sobram histórias leves, compensatórias, reparadoras, porque faltam histórias políticas mais radicais. O não reconhecimento dos outros como sujeitos de direitos é uma das histórias mais radicais de nossa história e da própria história da educação das pessoas jovens-adultas.

As persistentes propostas supletivas, reparadoras de que os trabalhadores têm sido destinatários agradecidos têm ocultado as formas abissais de pensar e tratar, até na educação, esses jovens-adultos trabalhadores segregados da condição de cidadania, de humanidade, de direitos humanos, porque mantidos em uma subcidadania, sub-humanidade, porque ainda não escolarizados. Até quando continuarão reféns dessas visões? Nada fácil superar essas visões segregadoras dos outros que acompanham a história do pensamento político e educacional desde a colônia, a república e a democracia. Visões que se refletem como síntese da história da EJA e que tantos docentes-educadores tentam superar. Relacionar direitos humanos e educação de jovens-adultos pode ser uma investida fecunda para repensar, reinventar a EJA. Articular o direito à educação das pessoas jovens-adultas, reconhesendo as sujeitos de direitos humanos, obriga-nos a alargar a concepção de educação na perspectiva da Constituição Federal e da LDB: direito à educação como direito humano ao desenvolvimento humano pleno. Logo, obriga-nos a não reduzir sua educação à simplificada e reducionista visão de assegurar o ensino que não puderam efetuar na idade regular.

Essa visão reducionista ou esse não reconhecimento do direito à educação como direito humano pleno tem feito da EJA uma das experiências humanas e educativas mais empobrecedoras: suprir apenas percursos escolares truncados. Vincular o direito dos jovens-adultos à educação com os direitos humanos nos obriga a sair desses reducionismos. Nessa visão reducionista justificou-se a não necessidade de profissionais específicos para trabalhar na educação das pessoas jovens-adultas. Qualquer docente que domine as habilidades escolares a suprir servirá. Essa visão supletiva tem sido responsável pela ausência de profissionais com formação específica para a garantia do direito de formação de pessoas jovens-adultas.

Há ainda outra lição que vem dessa relação: os jovens-adultos lutam pela escola, pela educação negada, conscientes de que essa negação do direito à educação e à escola é inseparável da negação dos direitos humanos mais básicos como trabalhadores, trabalhadoras, negros, negras, pobres, sem teto, sem terra. Passageiros do trabalho, do subemprego para a EJA, conscientes de que a negação do direito à educação é inseparável da negação dos direitos humanos como coletivos. Mas também a sua persistência em lutar por escola e por educação é uma persistência por libertação como coletivos. Vincular a EJA à formação dos seus profissionais com direitos humanos talvez a torne um campo de maiores tensões ou traga para esse tempo as tensões históricas na afirmação-negação dos direitos humanos desses coletivos.

Não será suficiente prometer que na EJA se poderá garantir seu direito à educação-escolarização. Será necessário articular o direito à educação à pluralidade de direitos humanos ainda não garantidos. Como pessoas jovens e adultas, como trabalhadores, têm consciência vivida de que a negação de seu direito à escolarização é inseparável da negação de seu direito ao trabalho, porque sem atestado de escolarização. Essa intercondicionalidade da negação de direitos é um traço de sua condição social. Há tentativas de avançar com esse olhar nas políticas, nas diretrizes e nos programas da EJA, pesquisando se assumem os direitos humanos como a nova linguagem da dignidade humana, da dignidade das pessoas jovens e adultas. As diretrizes, as políticas e os programas deixam explícitas as tensões pelas quais passa até hoje a negação do reconhecimento dos jovens e adultos populares como sujeitos de direitos humanos plenos não condicionados? Questões nucleares para temas de estudo nos currículos de formação.

Itinerários pelo direito a um humano viver

Destacamos na capa deste livro: itinerários pelo direito a uma vida justa. Um tema de estudo e de formação promissor nos cursos de formação docente e nos cursos com os jovens-adultos vem sendo tentar entender como sua volta à escola é uma expressão de sua exigência por serem reconhecidos como sujeitos de direitos e que direitos afirmam. Só à escolarização? Ao direito humano primeiro a um justo, humano viver?

Quando se experimentam formas sub-humanas de viver, a luta primeira é por um humano viver. Por uma vida justa. No título deste livro, destacamos a função da docência: explicitar os significados políticos que os jovens e os adultos dão a sua volta à escola. Podemos ver itinerários pelo direito a um justo viver. Reconhecer esses vínculos entre ida e volta à escola e lutar pelo reconhecimento como sujeitos do direito a um justo viver confere novos significados político-pedagógicos à escola, à EJA e à docência. Explicitar esses significados com os educandos mostrará que estamos em outros tempos de ressignificação política e pedagógica do direito a sua formação. Que tempos? Não tempos novos porque novas diretrizes ou novos-velhos passos, olhares legais, escolares, mas porque as crianças que chegam às escolas públicas e as pessoas jovens e adultas que chegam à EJA *são outras*. São trabalhadores/as das periferias submetidos ao padrão classista, sexista, racista do trabalho, mas lutando pelos direitos do trabalho, reagindo a serem submetidos aos trabalhos mais precarizados. São os jovens dos campos condenados a "sem terra", "sem trabalho". A EJA aparece como um itinerário, uma *porta de emergência* para um viver digno, menos indigno, para um trabalho justo, menos injusto. Pelo direito à terra, ao trabalho, à vida justa na agricultura camponesa. Lutar por humanidade no viver é a maior radicalidade política e pedagógica.

Esses jovens-adultos dão uma lição ao legalismo e à ideologia da escola: não veem a escola nem a volta à escola como a porta aberta para a garantia de todos os seus direitos negados. Aprenderam que o direito à escola não é precedente à negação dos direitos humanos, sociais, econômicos que lhes são negados: terra, trabalho, renda, teto, vida. Nem voltam à escola sonhando que o diploma do 1º ou do 2º segmentos lhes abrirá todas as portas para a garantia desses direitos. A vida, desde quando crianças até jovens-adultos pobres, negros, trabalhadores, deu-lhes a consciência de que tanto a negação como a garantia desses direitos humanos básicos é muito mais complexa. Mais cruel para sua classe social, sua raça, seu gênero, sua etnia, seu lugar nos padrões classistas, sexistas, racistas de poder, de acesso à terra, à renda, ao teto, ao trabalho, à vida digna, à justiça. Como trabalhar essa consciência que aprenderam desde a infância? Como aprofundar os significados dessa consciência na formação dos seus profissionais?

Articular a história da educação e as diretrizes e políticas com essa tensa e segregadora história da negação dos direitos humanos seria o caminho, *os novos passos* para entender, de um lado, a história da negação do direito à educação desses milhares de adolescentes, jovens, adultos; negação do acesso à escola e da sua segregação escolar. Essa segregação é inseparável das brutais segregações sociais, econômicas, de classe, raça. De outro lado, entender suas lutas por voltar à escola e pelo direito à educação traz como referente forte suas resistências a essas segregações sociais, raciais. Esse teimar em voltar à escola como passageiros da noite carrega radicalidades políticas para as diretrizes da EJA e para a formação de seus profissionais. Quando equacionado esse tempo como garantia dos direitos humanos e do direito à educação, tendo como referente as próprias pessoas adolescentes, jovens e adultas que por ela lutam, somos obrigados a ir além de equacionamentos legalistas, escolarizados e individualistas. Um dos méritos dos coletivos populares em seus movimentos sociais é articular as lutas pela educação às lutas radicais pelos direitos humanos mais básicos, não pensando o direito à escola como precedente dos outros direitos, mas articulado. Uma articulação também presente no direito à escolarização e que, se reconhecida, dará novas radicalidades às políticas, aos currículos, às diretrizes da sua educação.

Que dimensões trabalhar em temas de estudo-formação?

O direito a saberem-se sujeitos de direitos humanos

Lembrávamos que os docentes-educadores/as se reconhecem sujeitos de direitos e avançam no reconhecimento dos educandos como sujeitos de direitos. No reconhecimento da EJA como tempo de saberem-se sujeitos de direitos, e não carentes destinatários de favores. Esses reconhecimentos levam a uma interrogação: Que currículos garantirão esse direito a saberem-se sujeitos de direitos? Alguns pontos já vêm sendo trabalhados como temas geradores de estudo ou como componentes dos conhecimentos das diversas áreas do currículo. Lembremos alguns dos temas em estudo nos cursos de formação inicial e continuada:

Explicitar os significados pedagógico-políticos das lutas por direitos humanos

Lembremos que os adolescentes e jovens-adultos mostram ter consciência de que seu reconhecimento como sujeitos de direitos humanos não é uma dádiva, mas uma conquista histórica de seus coletivos: Como trabalhar essa história? Seus significados?

Os currículos da educação desses jovens, adultos e de formação dos profissionais seriam outros se incorporassem, nos conhecimentos das diversas áreas, trabalhar o direito das pessoas jovens, adultas, com ênfase nos significados sociais e políticos de suas lutas por direitos humanos tão radicais. Começar por saber-se e pelo resistir a serem negados como sujeitos de direitos. Aprofundar-se nos significados políticos, históricos da negação desses direitos. Entender que a negação da escolarização, as múltiplas reprovações e retenções de que foram vítimas fazem parte das estruturas sociais que lhes mantêm segregados desses direitos humanos básicos. Reconhecer que adolescentes, jovens e adultos mostram ter consciência dessas segregações e resistem. Como trabalhar essa consciência? A escola e a EJA não têm condições de mudar essas estruturas sociais, mas que, ao menos, reafirmem sua consciência, seu saber-se vítimas-resistentes, somando com os processos de seus coletivos por libertação.

O direito a outros significados de seus itinerários para a EJA

Aqui deve-se trabalhar seu direito a entender os significados de seus itinerários para a EJA. Explicitar como as representações da educação dos jovens-adultos carregam significados negativos que conferem autoimagens negativas aos jovens-adultos. Como desconstruir essas representações negativas? Como trabalhar outras imagens da EJA e dos educandos? Reconhecê-los em lutas por direitos mudará essas imagens. Investir em tempos de estudo nos significados de afirmarem-se sujeitos de direitos e na

EJA como experiência de afirmação de direitos, que destrói essas representações negativas.

A EJA não seria apresentada para os educadores e educandos como um tempo de recuperar percursos não feitos, mas seria o tempo-espaço de chegada de pessoas jovens e adultas, e até adolescentes, carregando experiências sociais, econômicas, espaciais de segregação e de resistências por direitos. Experiências positivas de formação. O currículo de formação de educadores/as daria centralidade a fortalecer os esforços dos profissionais a entender essas experiências formadoras, a se aprofundarem com os jovens-adultos em relação às indagações que carregam, organizando modos de explicitá-las, aprofundá-las.

Saberem-se sujeitos de formação humana

Uma questão a exigir respostas: Que currículos garantirão saberem-se sujeitos de formação humana? Mostrar e reconhecer que um dos significados das lutas por direitos é que elas são processos de avanço pela dignidade humana. Lutar por direitos humanos, por sermos reconhecidos humanos, sujeitos de direitos humanos, é um processo de formação humana. Como reconhecer que esses adolescentes, jovens-adultos e seus professores-educadores/as seriam sujeitos de ricos processos de formação humana plena? Que currículos os ajudem a saberem-se no mundo, na tensa história de lutas por direitos humanos. Por dignidade humana. Por entender as estruturas sociais e escolares que os segregam e contra as quais reagem. Que os ajudem a saberem-se sujeitos de libertação e emancipação humana.

Deve-se dar condições de trabalho e de formação para que coletivos de mestres-educadores e educandos criem tempos e espaços nos currículos para aprofundar-se sobre esses processos; que reinventem outra EJA a partir do reconhecimento do acúmulo de saberes de si e do mundo que as pessoas jovens-adultas carregam de seu tenso viver, sobreviver, resistir. Libertar-se desde a infância. Afirmarem-se sujeitos de dignidade e de formação humana. Reconhecer que voltar à escola é mais um itinerário em que se revelam sujeitos de sua libertação.

9
Sujeitos coletivos de direitos

Quando o referencial para repensar, reinventar a EJA são os próprios jovens e adultos como sujeitos de lutas por direitos humanos negados, um traço aparece com destaque: os educandos/as pertencem a coletivos de classe social, raça, etnia. Sabem-se segregados como membros de coletivos e lutam por direitos em ações coletivas. Essa consciência se choca com a visão das diretrizes e políticas que insistem em vê-los e tratá-los como indivíduos. Que avanços já vêm acontecendo no reconhecimento dos educandos como sujeitos coletivos de direitos? Tais avanços são objeto de temas de estudo e de formação.

Superar olhares individualizados de direitos

Há tentativas de reconhecimento dos educandos como sujeitos coletivos de direitos, superando a visão individualizada predominante no sistema escolar e no pensamento político, legal e pedagógico. Um olhar individualizado que não é só da EJA, mas do nosso sistema escolar e de suas diretrizes, políticas, processos de aprendizagem e de avaliações e segregações. Uma visão individualizada que bloqueia a possibilidade de ver, entender e tratar as crianças, os adolescentes, os jovens e os adultos populares que chegam às escolas públicas com as marcas segregantes de sua *condição coletiva* de classe social, raça, etnia, gênero, orientação sexual, lugar. Uma constatação a aprofundar: são segregados em nossa história como coletivos.

Como avançar na superação dessa visão individualizada para que os próprios educandos se reconheçam sujeitos coletivos de negação de direitos? As pesquisas sobre reprovações, repetências, defasagens idade-série mostram, há décadas, que as vítimas pertencem a coletivos de classe, raça, etnia, campo, periferias. Idênticas são as constatações dos dados sobre os adolescentes e jovens-adultos da EJA. Deve-se trazer esses dados para os dias de estudo. A condição de vitimados como coletivos os acompanha, mas também como resistentes e empenhados em libertar-se. Trazer esses dados de lutas por libertação como coletivos será uma forma pedagógica de saberem-se sujeitos coletivos de direitos. Deve-se aprofundar como a visão individualizada bloqueia entender as lutas por escola e por direitos humanos como lutas, ações, movimentos de coletivos.

O tema de estudo poderá entender melhor como a visão individualizada bloqueia o reconhecimento das diretrizes e das políticas como destinadas a coletivos específicos, não a indivíduos genéricos. Todas as políticas sociais, educacionais têm como destinatários os coletivos populares pobres, negros, indígenas, do campo e das periferias. Essa visão da educação como direito subjetivo de *todo* cidadão é negada nos próprios ordenamentos sobre "o direito dos que não tiveram acesso a ele na idade própria". Em nossa tradição legal, política e pedagógica, o direito é afirmado como de cada cidadão, direito subjetivo. Igualdade de cada um perante a lei; porém, os destinatários das políticas são coletivos. Os resultados das avaliações vão destacar e inferiorizar não cada aluno avaliado, mas os coletivos: "os alunos do norte, nordeste inferiores", "os alunos das escolas públicas com piores resultados..." "Os alunos das escolas públicas rebaixam nosso Ideb" (Índice de Desenvolvimento da Educação Básica). Nossa cultura política classista, sexista e racista classifica, segrega não cada indivíduo, mas os coletivos.

Deve-se aprofundar o estudo sobre essa cultura política e também sobre a cultura escolar que segregou os jovens-adultos que teimam em voltar à escola como membros de coletivos: *os* fracassados, *os* repetentes, *os* defasados idade série, *os* que não efetuaram seus estudos na idade regular, *os* sem-valores de trabalho, de estudo, de dedicação, *os* violentos. Estamos em tempos de uma nova segregação social e racial dos adolescentes e jovens pobres, negros, submetidos à justiça penal pelo rebaixamento da maioridade penal. Exterminados em cada fim de semana pela repressão policial (de cada três, dois negros) ou exterminados nos presídios, em sua maioria jovens-adultos pobres, negros (ARROYO, 2015c). Todas essas políticas e diretrizes têm endereços certos, coletivos sociais, raciais certos: os trabalhadores empobrecidos, negros. A EJA sempre foi pensada para esses coletivos, não para indivíduos. Uma constatação a ser aprofundada na formação docente: que se aprendam profissionais de direitos coletivos.

A tensão histórica entre direitos humanos individuais e coletivos

A concepção de direitos humanos e do direito à educação como direito de *todo cidadão* e como dever do Estado só reconhece como sujeitos o indivíduo. Boaventura de Sousa Santos (2013, p. 60ss.) nos lembra que a Declaração Mundial dos Direitos do Homem das Nações Unidas se deu em "um momento alto do individualismo burguês, um tempo em que o sexismo era parte do senso comum, em que a orientação sexual era tabu, em que a dominação classista era um assunto interno de cada país [...]". Só mais tarde essas segregações coletivas foram reconhecidas violações dos direitos humanos. As políticas educacionais ainda não superaram esse individualismo burguês?

Cabe uma pergunta: Por que esse persistente reducionismo do direito à educação como direito subjetivo? Por que tanta dificuldade de reconhecer os educandos/as, os jovens-adultos como sujeitos de direitos coletivos? Boaventura (p. 62-63) lembra-nos:

> [...] A tensão entre direitos individuais e direitos coletivos decorre da luta histórica dos grupos sociais que, por serem excluídos ou discriminados enquanto grupos, não podiam ser adequadamente protegidos por direitos humanos individuais. As lutas das mulheres, dos povos indígenas, dos povos afrodescendentes, dos grupos vitimados pelo racismo, dos *gays* e das lésbicas marcaram os últimos cinquenta anos do processo de reconhecimento dos direitos coletivos, um reconhecimento sempre muito contestado e sempre em vias de ser revertido.

Uma tensão a ser aprofundada e que os profissionais que trabalham com jovens e adultos ou com crianças e adolescentes submetidos a essas tensões têm direito a entender. Se lembramos que os vitimados como excluídos dos direitos humanos – e até os vitimados como segregados nas escolas, que lutam pelo direito à educação na EJA – são membros desses coletivos, somos obrigados a superar visões individualizadas e avançar para seu reconhecimento como coletivos, sujeitos de direitos coletivos, para que se aprofunde neles sua consciência de membros de coletivos de classe, gênero, raça.

Os adolescentes e jovens-adultos que chegam são testemunhas dessas resistências-afirmações coletivas. Aprenderam-se segregados como coletivos e sabem-se resistentes como coletivos. Voltam à educação como membros de coletivos, não como indivíduos sem classe, sem raça. Nem seus percursos humanos e sociais nem seus percursos escolares são de indivíduos, mas da classe, da raça, do gênero a que pertencem. Seus educadores assim os reconhecem: membros de coletivos que exigem reconhecer as escolas e a EJA como tempos de garantia de direitos coletivos. Um passo político decisivo em sua reinvenção. Na reinvenção das identidades profissionais, docentes. Na reinvenção da EJA e da escola pública.

Volta a hipótese que nos acompanha: essa reinvenção política e pedagógica vem não tanto de mudanças no olhar sobre os jovens-adultos pensados "do alto", das diretrizes, mas do reconhecimento de que os jovens-adultos e seus coletivos sociais, raciais, sexuais afirmarem-se outros, exigem ser reconhecidos outros, como coletivos sujeitos de direitos coletivos. Reconhecimentos exigidos dos cursos de formação dos seus profissionais.

Os movimentos sociais se afirmam sujeitos coletivos de direitos

Que pontos incorporar, destacar nos cursos de formação de educadores e nas exigências de reinventar a docência e a EJA? Será central se aprofundar na história da construção dos jovens-adultos como sujeitos coletivos de direitos. Há indicadores de que a consciência dos direitos coletivos vem avançando. Vários caminhos vêm sendo trilhados para alargar essa estreita e individualizada visão dos direitos. Os agentes que pressionaram pelo alargamento dessa estreita visão são os movimentos sociais, das cidades e dos campos, em suas pedagogias em movimento (ARROYO, 2003). A participação dos jovens nesses movimentos leva-os a se reconhecerem-se sujeitos específicos de direitos. A presença de milhões de jovens-adultos fazendo tantos sacrifícios por sua educação pode ser lida como um sinal inequívoco de que se reconhecem sujeitos coletivos de direitos e exigem da sociedade e do Estado esse reconhecimento.

Esses pontos, que vêm fazendo jus a serem objeto de estudos nos currículos de formação, merecem pesquisas mais detidas: Qual o papel histórico dos movimentos sociais e da diversidade de ações coletivas na afirmação dos direitos à vida, ao trabalho e à terra, à alimentação e à moradia, à saúde e à educação, à memória e à identidade? Toda essa mobilização dos trabalhadores das cidades e dos campos, das mulheres, dos povos negros e indígenas e dos jovens tem um ponto em comum: reconhecem-se sujeitos coletivos de direitos e exigem seu reconhecimento social e político. Teimar em reduzir direitos a favores, a assistência, a suplência ou a ações emergenciais é ignorar os avanços na construção social dos direitos, estando, dentre eles, a educação de jovens e adultos. A construção dos direitos humanos é uma tensa construção social, política e pedagógica. O reconhecimento de que coletivos são ou não sujeitos de direitos humanos é igualmente uma tensa e conflitiva construção social e política. Boaventura nos lembra que essa tensão decorre da luta histórica da diversidade de coletivos pelo reconhecimento de sua afirmação como sujeitos coletivos de direitos coletivos. Uma história que exige lugar nos currículos de formação e no direito dos jovens-adultos a saberem-se.

O direito à educação dos jovens e adultos trabalhadores somente se afirmará entrando nos espaços que os movimentos sociais vão abrindo nas lutas por seus direitos. Fala-se muito, hoje, em parcerias entre a sociedade, seus diversos atores e o Estado; porém, as parcerias que contribuirão na configuração da escola pública e da EJA como garantia de direitos e como dever de Estado serão aquelas que situarem suas intervenções na legitimação dos direitos dos oprimidos dos setores populares. Parcerias com aqueles atores sociais que superarem visões assistencialistas para com esses setores populares. Que os reconhecerem sujeitos coletivos de direitos, na totalidade dos direitos humanos. Criar alguns espaços para a continuidade de estudos da infância ou dos jovens e adultos populares em parcerias com entidades que nada ou pouco vêm fazendo por mudar as estruturas que os segregam do trabalho, da vida, da moradia, de sua memória, cultura e identidade coletiva não configurará a educação pública no campo dos direitos. As experiências mais determinantes na história de EJA foram aquelas vinculadas aos movimentos sociais igualmente tão determinantes do avanço da legitimidade dos direitos.

Esses avanços pressionam pelo reconhecimento da infância, dos deficientes, dos trabalhadores e dos jovens-adultos como coletivos de direitos, e não de favores e suplências. Assumir essas pressões coletivas implicará assumir outra configuração pública para a educação infantil, a educação especial, a educação profissionalizante e, também, a educação de jovens e adultos.

As trajetórias por direitos coletivos marcam as trajetórias da EJA

Um dos marcos mais radicais nas trajetórias do direito à educação dos jovens e adultos trabalhadores vem do Movimento de Cultura e Libertação Popular, que reconheceu os trabalhadores em lutas por direitos coletivos (FREIRE, 1987). É extremamente significativo que encontremos nos movimentos sociais, em suas ações coletivas, propostas mais corajosas de EJA. Propostas mais próximas da especificidade das vivências dos jovens-adultos populares. Propostas que veem sua volta à escola como um tempo de direitos de sujeitos específicos e em trajetórias humanas e escolares específicas.

Em movimento. A história dos movimentos sociais passa a ser central na formação de docentes-educadores/as de jovens e adultos. Há uma rica variedade de estudos sobre a diversidade de movimentos, sua história, seus significados políticos. Sua função educadora (ARROYO, 2003). O que temos a aprender dos movimentos sociais na reinvenção do direito à educação? Nos currículos merece ter centralidade que os jovens e adultos, e até as crianças e adolescentes, conheçam a história do movimento operário, docente, dos movimentos feminista, LGBT, negro, indígena, quilombola, movimentos sem terra, sem teto, sem escola. Deverá ter centralidade especial a história do movimento infantojuvenil (DAYRELL, 2006).

Possivelmente muitos educadores/as muitos jovens e adultos participem desses movimentos, nos quais se aprendem sujeitos coletivos de direitos. Entender-se nessa história será formador. Poderão desconstruir a imagem negativa de iletrados, sem formação, e afirmar a imagem positiva de serem, com seus coletivos educadores, formadores de outra sociedade. Formadores de si mesmos como sujeitos coletivos de direitos. Tem-se falado na função da escola educadora em direitos humanos, supondo que crianças, adolescentes, jovens e adultos sem direitos têm de aprender-se sujeitos de direitos. Será mais pedagógico reconhecê-los sujeitos de lutas por direitos, conscientes dos direitos que lhes são negados, aprendendo-se sujeitos de direitos como humanos em lutas coletivas.

Os movimentos sociais nos chamam a atenção para outro ponto: que as trajetórias por direitos, desde as crianças, são trajetórias dos mesmos coletivos sociais, raciais: pobres, desempregados, na economia informal, negros, nos limites da sobrevivência. Como jovens e adultos populares, fazem parte desses mesmos coletivos sociais, raciais, étnicos, culturais. O nome genérico "educação de jovens e adultos" oculta essas identidades coletivas específicas. Tentar reconfigurar sua educação implica assumir essas persistentes identidades coletivas. Trata-se de trajetórias coletivas de negação de direitos, de exclusão e marginalização, que pressionam a EJA para se caracterizar como uma política afirmativa de direitos de coletivos sociais historicamente negados. Afirmações genéricas como "jovens e adultos" ocultam e ignoram que a EJA é, de fato, uma política afirmativa e, como tal, tem de ser equacionada. Consequentemente, tem de ir além das formas genéricas de tentar garantir direitos para todos. Trata-se de direitos negados historicamente a coletivos concretos.

Os jovens-adultos populares não são acidentados ocasionais que por acaso ou gratuitamente abandonaram a escola. Esses adolescentes, jovens e adultos repetem histórias longas de negação de direitos. Histórias coletivas. As mesmas de seus pais, avós, de sua raça, gênero, etnia e classe social. Quando se perde essa identidade coletiva, racial, social, popular dessas trajetórias humanas e escolares, perde-se a identidade da EJA, que passa a ser encarada como mera oferta individual de oportunidades pessoais perdidas. Uma tábua de salvação individual. As trajetórias humanas e escolares desses jovens-adultos merecem ser lidas como trajetórias desses coletivos. Assumida a dimensão dos direitos negados historicamente aos mesmos coletivos sociais, raciais, teremos de assumir seu direito à educação como uma política afirmativa, como um dever específico da sociedade, do Estado, da pedagogia e da docência, a fim de pagar essa dívida histórica de coletivos sociais concretos. Em longas lutas por direitos coletivos que deverão ser trabalhados como temas geradores de estudo. Que temas de estudo-formação?

O direito a saberem-se sujeitos de direitos coletivos

Como incorporar nos currículos de formação dos profissionais e nos currículos de formação de jovens-adultos o reconhecimento de serem e de saberem-se sujeitos de direitos coletivos? Ao longo do texto, lembrávamos que, nos coletivos de estudo, essas questões já são incorporadas como temas geradores e como temas de estudo em diversas áreas do conhecimento. Destaquemos alguns temas:

Os trabalhadores na educação afirmam-se sujeitos coletivos de direitos

Merece ser trazida ao estudo a história do movimento docente como uma história de afirmação de sujeitos de direitos coletivos. No livro *Currículo, território em disputa* (ARROYO, 2011) sugeríamos que os currículos de formação-pedagogia-licenciatura incorporassem as lutas do movimento docente por direitos do trabalho como processos de redefinição da identidade docente-educadora. O movimento docente traz novas tensões identitárias ao afirmar-se composto por sujeitos de direitos coletivos. Em suas lutas por direitos tornam os currículos de formação espaços de disputas de novas identidades profissionais coletivas. A educação de jovens-adultos vem se tornando um espaço de novas identidades profissionais coletivas. Será urgente incorporar esses avanços não apenas nos currículos de formação dos profissionais, mas nos currículos de formação dos jovens-adultos. Que aprendam as lições que vêm do movimento docente em luta por reconhecimento como sujeitos coletivos de direitos.

Os movimentos sociais se afirmam sujeitos coletivos de direitos

Esse traço tão destacado no movimento docente é configurante da diversidade de movimentos sociais. Uma forma de garantir o direito dos jovens-adultos a saberem-se sujeitos coletivos de direitos será incorporando, como tema gerador ou como tema de estudo, a história da diversidade de movimentos sociais como lutas por seu reconhecimento como sujeitos coletivos de direitos. Trazendo essas histórias, aprender-se-ão também sujeitos coletivos de direitos. Logo, deve-se trazer com destaque nos currículos de formação dos docentes-educadores/as e dos jovens-adultos a história do movimento operário, do movimento dos trabalhadores do campo, dos indígenas, negros, quilombolas, a história do movimento feminista, do movimento estudantil... Um traço é comum a essa diversidade de movimentos: configuram-se lutas por reconhecimento político de serem sujeitos coletivos de direitos, sociais, econômicos, políticos, culturais, identitários. Os jovens-adultos que chegam do trabalho participam dessas lutas coletivas de direitos. Que narrem e analisem os significados de suas lutas – até por educação – à luz dos significados dessa história de lutas coletivas por direitos coletivos. Em que áreas do conhecimento haverá lugar para incorporar esses estudos sobre os significados de suas lutas?

As lutas por direitos coletivos reprimidas

Talvez os jovens-adultos levem vivências de repressão a suas lutas por direitos coletivos. Os noticiários dessas lutas reprimidas fazem parte do seu cotidiano. Vivências que exigem ser trazidas e aprofundadas. Por exemplo: as recentes lutas dos movimentos juvenis por transporte, por teto, terra e até por escola; as ocupações de escolas. As lutas sobre a violência de gênero contra as mulheres, contra estupros (49% adolescentes e crianças). Tais coletivos não têm direito a entender essa longa história de repressão das lutas por direitos coletivos?

Nas áreas de história, geografia, biologia, letras, educação física, não deveriam entender, aprofundar-se nessa tensa história de lutas por direitos coletivos? Entender como o liberalismo individualista conservador reprime os direitos coletivos? Entender as lutas por ocupar espaços por direitos coletivos no Estado: Ministério da Igualdade Racial, da Igualdade de Gênero, dos Direitos Humanos, de Direito à Reforma Agrária, Direito à Renda, à Bolsa Família, Direito a Casa, Minha Casa Minha Vida etc. As lutas pelos direitos coletivos de trabalho, CLT (Consolidação das Leis do Trabalho), Previdência. Entender como esses avanços são destruídos, golpeados pelo governo golpista, conservador. Uma tensa história que os coletivos têm direito a saber, que deve entrar com centralidade nos conhecimentos dos currículos. Formas pedagógicas de garantir seu direito a saber-se em tensas lutas políticas por direitos coletivos.

Sujeitos do direito ao conhecimento

Letras/músicas a serem trabalhadas

Apesar de você
Autor: Chico Buarque

Amanhã vai ser outro dia... (bis)

Hoje você é quem manda
Falou, tá falado
Não tem discussão, não
A minha gente hoje anda
Falando de lado
E olhando pro chão, viu

Você que inventou esse estado
E inventou de inventar
Toda a escuridão
Você que inventou o pecado
Esqueceu-se de inventar
O perdão

Apesar de você
Amanhã há de ser
Outro dia
Eu pergunto a você
Onde vai se esconder
Da enorme euforia
Como vai proibir
Quando o galo insistir
Em cantar
Água nova brotando
E a gente se amando
Sem parar

[...]

Apesar de você
Amanhã há de ser
Outro dia
Você vai ter que ver
A manhã renascer
E esbanjar poesia
Como vai se explicar
Vendo o céu clarear
De repente, impunemente
Como vai abafar
Nosso coro a cantar
Na sua frente

[...]

Disparada
Autores: Geraldo Vandré e Theo de Barros

Prepare o seu coração
Pras coisas
Que eu vou contar
Eu venho lá do sertão
Eu venho lá do sertão
Eu venho lá do sertão
E posso não lhe agradar

Aprendi a dizer não
Ver a morte sem chorar
E a morte, o destino, tudo
A morte e o destino, tudo
Estava fora do lugar
Eu vivo pra consertar

[...]

Boiadeiro muito tempo
Laço firme e braço forte
Muito gado, muita gente
Pela vida segurei
Seguia como num sonho
Que boiadeiro era um rei...

Mas o mundo foi rodando
Nas patas do meu cavalo
E nos sonhos
Que fui sonhando
As visões se clareando
As visões se clareando
Até que um dia acordei...

[...]

Porque gado a gente marca
Tange, ferra, engorda e mata
Mas com gente é diferente...

[...]

Não vou sair do campo
Autor: Gilvan Santos

Não vou sair do campo
Pra poder ir pra escola
Educação do campo
É direito e não esmola
O povo camponês
O homem e a mulher
O negro quilombola
Com seu canto de afoxé
Ticuna, Caeté
Castanheiros, seringueiros
Pescadores e posseiros

Nesta luta estão de pé
Cultura e produção
Sujeitos da cultura
A nossa agricultura
Pro bem da população
Construir uma nação
Construir soberania
Pra viver o novo dia
Com mais humanização

Quem vive da floresta
Dos rios e dos mares
De todos os lugares
Onde o sol faz uma fresta
Quem a sua força empresta
Nos quilombos nas aldeias
E quem na terra semeia
Venha aqui fazer a festa

Outras músicas/letras a serem trabalhadas
- *Achados e perdidos* – Gonzaguinha
- *Comportamento geral* – Gonzaguinha

Filmes a serem trabalhados
- *O sonho de Rose* – Tetê Moraes, 1997. Cf. análise de Mônica Molina. In: *Outras terras à vista*. Op. cit., 2010.
- *Entre os muros da escola* – Laurent Cantet, ganhador da Palma de Ouro de Cannes 2008.

10
Jovens e adultos produtores de conhecimentos

A visão progressista da educação de jovens e adultos se legitima no reconhecimento de estes serem sujeitos do direito ao conhecimento socialmente produzido. Decretados como aqueles que não aprenderam os conhecimentos escolares no tempo regular, é oferecida a eles uma nova oportunidade de garantir seu direito ao conhecimento. Um avanço político significativo que as políticas e diretrizes da EJA afirmam, superando as velhas campanhas erradicadoras do analfabetismo como vergonha nacional. Entretanto, esses avanços no reconhecimento da educação de jovens e adultos como um tempo a mais de garantia do seu direito ao conhecimento escolar alimentam-se da velha visão de que esses jovens e adultos populares não são ainda sujeitos de conhecimentos, por não terem aprendido os saberes e habilidades escolares no tempo escolar. Visões contraditórias que exigem aprofundamento nos cursos de formação dos seus profissionais. Como trabalhar o reconhecimento de que os educandos são sujeitos do direito ao conhecimento? Mas de que conhecimentos? Como reconhecê-los sujeitos já de conhecimentos? Como um tema gerador? Como tema de estudo nas áreas do currículo? Destaquemos algumas dimensões que são trabalhadas nas escolas e na EJA.

A tensa construção do direito ao conhecimento

Um primeiro ponto destacado: trazer a tensa história da construção do direito ao conhecimento. A história da construção do direito ao conhecimento faz parte da tensa história do reconhecimento de que grupos sociais merecem ser reconhecidos sujeitos de direitos, e especificamente reconhecidos sujeitos do direito ao conhecimento. Sem entendermos essa tensa construção, a defesa do direito à educação fica em um vazio social e político. Nem todos os grupos sociais, raciais, de gênero foram reconhecidos sujeitos de direitos humanos. Alguns grupos se autodefiniram sujeitos segregando trabalhadores, camponeses, mulheres, negros e indígenas como sem direito a ter direitos. Logo, sem direito ao conhecimento. O reconhecimento do direito desses grupos sociais à educação e ao conhecimento participa dessa segregação do seu direito a ter direitos. A instrução elementaríssima que lhes foi oferecida no Império e na República não foi pensada como direito ao conhecimento. As escolas das primeiras letras não garantiam o direito ao conhecimento. Até hoje, o domínio das habilidades de leitura, contas e noções elementaríssimas de ciências oferecido a milhões de brasileiros não pode ser pensado como garantia do direito ao conhecimento socialmente produzido, acumulado.

A organização do nosso sistema escolar materializa que o conhecimento produzido e acumulado somente é de direito dos poucos que chegarem ao Ensino Superior, ao menos ao Ensino Médio. Nos andares de baixo, os conhecimentos são elementares. É onde chegam (e nem todos) pobres, negros, camponeses, indígenas, quilombolas, trabalhadores empobrecidos. É a parte que lhes cabe no latifúndio do conhecimento. Uma história que vem de longe e que se confunde com a história dos milhares de adolescentes, jovens e adultos negados até no direito a esses conhecimentos elementaríssimos, mínimos. As hierarquias de conhecimentos que nosso sistema escolar materializa – níveis, séries, graus dos conhecimentos, saberes, habilidades mais elementares, médios, superiores – reproduz as hierarquias sociais de classe, hierarquias de direito ao conhecimento. A história da constituição do nosso sistema escolar repete a história colonial-republicana e democrática da reprodução dessas hierarquias sociais, raciais.

Se a escola elementar e a EJA apenas garantirem esses conhecimentos mínimos será difícil reconhecer esse tempo como garantia do seu direito ao conhecimento. Volta a pergunta obrigatória: Como aprofundar a discussão sobre a tensa construção social, política do direito ao conhecimento? Voltando como jovens-adultos à procura do conhecimento, a EJA será um tempo de garantia desse direito? Será mais uma vivência de sua negação? Vindo de longas lutas por serem reconhecidos *cidadãos* sujeitos de direitos, será esse o caminho para reconhecer-lhes sujeitos do direito ao conhecimento? Questões aprofundadas nos currículos de formação dos docentes-educadores. Questões que os próprios adolescentes, jovens-adultos têm direito a aprofundar como sujeitos do direito ao conhecimento. Que lhes seja garantido o direito a entenderem-se em itinerários para a EJA, a entenderem a própria modalidade EJA nessas hierarquias de direito aos conhecimentos elementares.

A tensa articulação entre conhecimento-cidadania

Uma pista para aprofundar nessas tensões será ir à história da articulação entre direito ao conhecimento e cidadania, entre o direito à cidadania, ao conhecimento e às relações sociais, políticas, pedagógicas. Dos cursos de formação espera-se que ofereçam aos docentes-educadores condições de entender essas articulações hierárquicas com que os docentes e a função social da escola e da EJA se defrontam. A relação entre direito à educação, ao conhecimento e cidadania se reforçam. Uma relação complexa quando nos deparamos com a longa história de negação da cidadania dos grupos sociais, étnicos, raciais que lutam por direitos. Que cidadania ou subcidadania lhes foi outorgada pela ordem e progresso republicanas (agora retomadas pelo governo golpista neorrepublicano)? Somente foram autorreconhecidos cidadãos plenos os homens (nem as mulheres) de bens, de posses e de bem, de valores de progresso. Mulheres, negros, indígenas e trabalhadores não foram reconhecidos cidadãos porque sem bens e porque pensados sem valores de progresso e de ordem. Estamos de volta àqueles tempos de subcidadania? Progresso para os cidadãos da República e ordem-controle para os subcidadãos?

Nesse seletivo e segregador processo republicano de reconhecimento-negação da cidadania, afirma-se a Instrução Pública Republicana. Para os subcidadãos sem bens e sem valores de progresso e de ordem, apenas as cadeiras de instrução pública, das primeiras letras. Letramento apenas, nem educação, nem conhecimento, direitos reservados à minoria de cidadãos. Por décadas republicanas e democráticas, essa relação entre ensino elementar e subcidadania se manteve. Para o povo retido nessa subcidadania, apenas ensino elementar, primário – hoje, letramento na idade certa (no primeiro tempo do Ensino Fundamental) e até letramento-erradicação do analfabetismo na EJA. Só recentemente, nas lutas contra o regime autoritário, nas lutas pelo direito à cidadania, essa relação educação-conhecimento-cidadania é reposta, alargada para além do domínio e aprendizagem do letramento, dos saberes elementares. Defendemos nas praças públicas educação como direito de todo cidadão. Educação *para* a cidadania. Hoje, toda justificativa de políticas e de orientação curricular tenta legitimar-se na garantia do direito à cidadania, do direito ao conhecimento para a garantia da cidadania.

Relacionar educação-cidadania significa reconhecer o caráter progressista, libertador que a cidadania carrega. Educar uma criança, um adolescente, um jovem ou um adulto é reconhecer seu direito à justiça, igualdade, liberdade, inclusão social, política e cultural. Por esses direitos de cidadania é que os movimentos sociais lutam. Que os jovens-adultos lutam. Sabem que suas lutas são mais de base: por serem reconhecidos cidadãos. Por libertarem-se da condição de subcidadãos. Logo, supõe-se formular currículos, propostas pedagógicas contra a segregação e desigualdade cidadã. Quando nos pautamos por vincular educação-cidadania, exclusão, desigualdade e segregação aparecem como anomalias cidadãs a serem superadas. Toda política social, curricular, educativa e cultural autojustifica-se na tentativa de eliminar, de minorar essas anomalias cidadãs. Ver segregação, desigualdade, exclusão como anomalias cidadãs, sociais e políticas representa um avanço na cultura política e pedagógica. Frequentemente e até recentemente as desigualdades sociais eram justificadas em supostas inferioridades de natureza, de raça, etnia, gênero, de orientação sexual. Ainda persistem essas justificativas preconceituosas; porém, a tendência é serem vistas como anomalias sociais, produzidas por uma ordem econômica, política e cultural segregadora. Avanços devidos a uma maior consciência da cidadania igual e justa. Vincular educação-cidadania-igualdade-justiça vem colaborando com esses avanços.

Cidadãos ainda não plenos porque sem valores de ordem e progresso?

Avanços ainda tênues. O direito ao conhecimento não é admitido como inerente ao reconhecimento do direito à cidadania de todos. Ainda não foi superada a dicotomia entre os cidadãos já sujeitos de direitos e os outros subcidadãos sem direitos, ou em uma subcidadania condicionada à escolarização. Prevalece a velha promessa predominante de que, pela educação, escolarização, letramento, pelo sucesso nos percursos escolares e curriculares, essas anomalias, esses incidentes e acidentes de exclusão e desigualdade seriam superados. A EJA é a síntese dessas promessas vãs. A cultura social, política e pedagógica culpa as vítimas das injustiças sociais e cognitivas por não terem estudado, por não terem capital social, cultural, escolar. Ainda prevalece a cultura social, política e pedagógica de que povo, trabalhadores, negros, indígenas e pobres não são cidadãos plenos por não terem bens nem valores de progresso, de ordem. Os adolescentes, jovens e adultos continuam pensados subcidadãos porque iletrados, incultos, irracionais, sumidos em crendices. Assim, ainda continua a crença política e pedagógica de que, *pela educação* e pela escolarização superarão essa irracionalidade, incultura, e merecerão ser reconhecidos cidadãos. Predomina a crença: Educação PARA a cidadania. A EJA como a última saída de emergência para os não cidadãos saírem da subcidadania.

Depois de duas décadas de culto a essas crenças, os professores/as que convivem de perto com os coletivos segregados e injustiçados pelas desigualdades estão duvidando delas. A concepção de cidadania, inclusão, de igualdade pela educação e de escolarização exitosa não parece valer para esses coletivos. Porque essas anomalias, incidentes e acidentes não são anormais nem acidentais, são conformantes de nossa formação, do padrão de inclusão-excludente, de cidadania condicionada, regulada, da dicotomia entre cidadania e subcidadania. A segregação e as desigualdades brutais e persistentes, mesmo depois de tantos projetos e políticas de inclusão cidadãs pela escolarização, fazem parte dos processos de controle, de regulação social, política e cultural. Reproduzem as relações de classe. Mas há novidades a reconhecer: os coletivos sociais, raciais e os trabalhadores empobrecidos avançaram em consciência sobre os processos sociais, sobre as estruturas políticas que os decretaram desde a República como subcidadãos. Educandos, suas famílias e coletivos e tantos educadores, hoje, duvidam e perguntam se mantê-los em estado de subcidadania é um acidente e uma anomalia possíveis de superar pela escolarização, pelo acesso ao letramento e a competências curriculares. Questiona-se isso dado que a sua persistência mostra serem inerentes às relações de classe, de poder; inerentes a uma relação política de subordinação e controle, e não de emancipação. Não são seus mestres nem a dita falta de qualidade da escola pública que os condena à condição de subcidadania. É a persistente negação política e social do reconhecimento como cidadãos que os condena, a eles e a seus mestres, a uma escolarização elementar. Uma nova consciência nos mestres e educandos a ser trabalhada nos currículos.

Confiar a superação dessa relação política ao acesso à escola e à permanência com êxito está se mostrando ingenuidade político-pedagógica. Aprendemos que a relação entre educação-cidadania-igualdade em nossas sociedades é bem mais complexa do que nosso progressismo cívico-pedagógico poderia prever. O grito "educação *para* a cidadania" não expandiu seu eco no cotidiano das salas de aula nem sequer nos currículos e na sua prática cotidiana. Não por culpa dos mestres e alunos nem pela tão denunciada falta de qualidade pedagógica, mas porque a garantia de cidadania, de igualdade, de inclusão em nossas sociedades não é uma questão de superar um acidente, uma anomalia, mas é conformante aos processos intencionais de regulação, de segregação social e política. É conformante ao papel esperado do sistema escolar: reproduzir as hierarquias de classe, de raça.

A escola fez seu dever deixando exposto que a produção da subcidadania toca em processos sociais e políticos mais complexos de classe e de poder. Responsabilizar os mestres e a escola pública é antiético. Há conhecimentos socialmente produzidos que exigem presença nos currículos. Conhecimentos, verdades que os docentes-educadores e os próprios educandos têm direito a conhecer. Ao menos que, nos itinerários para a EJA, seja-lhes garantido tal direito a esses conhecimentos. A essas verdades históricas, sociais. É pedagógico, profissional e ético garantir-lhes essas verdades.

O tempo de EJA, um tempo de afirmação do direito à cidadania e ao conhecimento

Essa persistente história de negação da cidadania e do conhecimento, ou de justificar a negação da cidadania, porque não escolarizados, tem condicionado a história da educação e da EJA: sua função limitada a garantir uma escolarização elementar pobre em conhecimentos para mantê-los na subcidadania, na condição de sem direitos, ou para avançar para uma inclusão cidadã marginal, ainda sem direito ao conhecimento. Coletivos de docentes e de jovens-adultos reagem a essa injusta negação. A essa injustiça cognitiva. Que posturas político-pedagógicas vêm adotando?

Primeiro: garantir aos adolescentes, jovens e adultos o conhecimento verdadeiro sobre essa histórica negação do seu direito à cidadania e ao conhecimento. Não compactuar com políticas, diretrizes, currículos e material didático que ocultam essa histórica negação. Os itinerários sofridos por dias, por noites, por anos de volta à escola, por direito ao conhecimento, merecem que a verdade lhes seja mostrada. Ocultar a verdadeira e histórica relação entre a negação de seu direito ao conhecimento e sua manutenção na condição de subcidadãos não é ético nem pedagógico. Ocultar a verdade é uma forma injusta de negar o direito ao conhecimento desses adolescentes, jovens-adultos tão segregados. Promessas vãs de que, se aprenderem os saberes escolares mínimos, terão garantido seu direito ao conhecimento e à cidadania é negar o seu direito ao conhecimento histórico que os vitima. Já no pré-escolar lhes foi prometido: seu futuro começa aqui. Agora, passageiros da noite, lhes é repetido: seu futuro começa aqui, na última viagem. Na EJA? Velhas-novas promessas falsas. Têm direito à verdade, ao conhecimento. Não somos profissionais de enganar com falsidades.

Segundo: dos profissionais e dos jovens-adultos poderá vir um movimento de limpeza nos currículos, nas disciplinas e no material didático das falsas, incompletas, parciais análises da relação tão complexa entre direito à cidadania, direito à educação e direito ao conhecimento. Ainda há conteúdos que não tocam ou que ocultam as estruturas sociais, as relações de classe, raça e gênero que legitimaram e ainda legitimam a manutenção de trabalhadores, negros, mulheres, camponeses, indígenas, quilombolas como subcidadãos, logo, sem direito ao conhecimento. Na diversidade de estudos sociais, essas verdades estão expostas. Têm direito a conhecê-las. Em que áreas dos currículos serão reconhecidas e garantidas aos jovens-adultos?

Terceiro: incorporar, nos currículos e no material didático, saberes, análises sobre essas segregações históricas que existem na diversidade de áreas do conhecimento – sociologia, história, antropologia, ciência política, artes, literatura, cinema. Garantir aos jovens-adultos o direito a esses conhecimentos para que os educandos garantam seu direito a saberem-se vítimas dessas relações políticas, sociais, históricas. Os currículos da educação básica e da EJA serão enriquecidos se incorporarem esses conhecimentos ocultados.

Quarto: reconhecer e incorporar, nos conhecimentos dos currículos, os saberes sobre cidadania e conhecimento aprendidos na diversidade de lutas por direitos de que participam com seus coletivos sociais. Nessas lutas desconstroem a histórica marginalização como subcidadãos porque sem saberes escolares, e afirmam-se *cidadãos já*, de direitos sem condicionantes. Nesses processos afirmam-se sujeitos de conhecimentos e de direito ao conhecimento socialmente produzido e do qual são produtores. Coletivos de docentes-educadores começam por identificar quais conhecimentos trazem os educandos de suas lutas por trabalho, terra, moradia, por sobreviver. Reconhecê-los sujeitos de conhecimentos, de leituras de si e do mundo, e colocá-los em diálogo com os conhecimentos, com as leituras de mundo e de sociedade, de si mesmos a que têm direito. Reconhecer os educandos sujeitos de conhecimentos é precondição para garantir seu direito ao conhecimento.

Quinto: nos cursos de formação, analisar com profundidade os limites que a escola e a EJA têm de mudar nessas relações sociais e políticas que mantêm os adolescentes, jovens e adultos na condição de subcidadania. Que ao menos nesses cursos os profissionais entendam os limites de sua função social, mas também as possibilidades de fortalecer os educandos/as para que, conhecendo as estruturas que os oprimem, fortaleçam-se para lutas por direitos da cidadania em outras fronteiras, talvez mais libertadoras. Que no tempo da escola e da EJA sejam fortalecidos para lutar com mais convicção pelo direito a ter direitos em outras fronteiras, em seus movimentos sociais. Os itinerários como passageiros noturnos ou diurnos têm sentido político por aprofundar seus conhecimentos sobre as estruturas que os oprimem e mostrar-lhes as fronteiras de lutas. O tempo da educação pode ser um tempo de afirmação do direito à cidadania e ao conhecimento. Um tempo de um novo sentido político da docência: profissionais da garantia do direito ao conhecimento.

Sexto: como profissionais do direito à formação humana dos educandos, aprofundar o seu direito a conhecimentos sobre a que processos de desumanização são submetidos ao serem segregados como subcidadãos, sem direito a ter direitos. Que identidades negativas lhes são impostas. Que possibilidades de construção de identidades coletivas positivas lhes são roubadas. Aprofundar o estudo sobre as dimensões formadoras de suas resistências a serem pensados, segregados como subcidadãos, e de suas tentativas de libertação dessa segregação. O percurso escolar segregador reforçou essas identidades negativas. Voltam na esperança de que essas identidades negativas desumanizantes não sejam reforçadas, mas superadas. Com que conhecimentos, com que pedagogias, com que artes trabalhar essa tensa deformação-formação humana? Os seus educadores têm direito a aprender essas artes pedagógicas humanizadoras nos currículos de sua formação.

11
O direito a conhecer os processos de produção dos conhecimentos

Entender os processos de produção e de seleção dos conhecimentos será um caminho para entender os processos de sua aprendizagem. Até um caminho para entender os supostos problemas de aprendizagem que condenaram milhares de crianças, adolescentes, jovens e adultos a tentar novos percursos na EJA. Somente entendendo os processos de produção-seleção dos conhecimentos curriculares será possível entender a história da EJA. Entender-nos como seus profissionais. Que pontos merecem nossas análises?

O direito ao conhecimento exige o direito a conhecer sua produção-apropriação-expropriação

Não é suficiente convidar todos a entrarem na escola, a se aproximarem da mesa e a terem acesso aos pratos do conhecimento que outros prepararam. Os docentes e os educandos têm direito a entrar na cozinha; a conhecer onde, como, quem produz esses pratos curriculares. O direito ao conhecimento fica limitado quando se nega o direito a conhecer a sua produção, seleção, apropriação. Sobretudo, quando se nega o direito a reconhecê-los e a reconhecer-se como sujeitos de produção, de conhecimentos. Todo conhecimento é construído, seja por razões sociais, econômicas, políticas, de dominação, apropriação, ou de libertação. É produzido, selecionado por alguns. A ideia de um conhecimento neutro, absoluto, abstrato não tem sentido político nem pedagógico. Não é formador passar essa ideia de conhecimento para os sujeitos do seu direito. Essa visão é autoritária, excludente da diversidade de outros conhecimentos e de outros produtores. Restringe, nega a liberdade de abrir-se a outros conhecimentos e, sobretudo, nega o autorreconhecimento de que eles e seus coletivos também são produtores de conhecimento.

Dar centralidade às formas de produção do conhecimento e à diversidade de produtores obriga a desmascarar as certezas, os absolutismos que ainda imperam sobre os conhecimentos dos currículos de cada disciplina, e também a desmascarar os sujeitos de sua produção e seleção. Sobretudo, desmascarar as certezas da objetividade, do realismo, da centralidade e do cientificismo com os quais estão impregnados os conhecimentos e que são passados como dogmas aos docentes e aos educandos. O caráter impositivo dos currículos e da docência está nessas certezas, e não tanto na relação pessoal com os alunos. Se há autoritarismo na docência, ele vem da própria visão que se apoderou dos conhecimentos curriculares que tem de transmitir, como a síntese de todo conhecimento socialmente produzido. Por mais que o mestre tente ser democrático, dialogal, vê-se bloqueado pelo caráter absoluto, neutro, objetivo, cientificista dos conteúdos que tem de ensinar. São conteúdos que se impõem sobre as mentes em formação dos educandos e até dos docentes, sem espaço para qualquer reação, contestação. O dever dos mestres é apenas de ensiná-los, e o dever dos alunos é apenas de aprendê-los. Todos viram crentes de crenças absolutas, incontestáveis. Crentes das "verdades" dos especialistas em currículos e na Base Nacional Comum.

As vítimas dessas crenças tão absolutas são os próprios docentes e, principalmente, os educandos, reprovados por não terem aprendido no tempo regular esses conteúdos. As vítimas – jovens e adultos obrigados a voltar a tentar aprendê-los – são os passageiros para a EJA. Profissionais e educandos têm direito a debater mais sobre esse caráter absoluto dos currículos. Direito de duvidar dos conhecimentos curriculares e dos próprios currículos, tratados como imunes à crítica e à profanação; tratados como lugares sagrados. As didáticas apenas foram objeto de crítica e, sobretudo, os mestres transmissores; mas os conhecimentos ainda são intocáveis por sua racionalidade científica, por serem a síntese única de todo conhecimento. Aos docentes só cabe ensinar esses conteúdos; aos alunos, aprendê-los. Sem contestá-los, porque não são seus produtores nem sistematizadores.

Há uma crítica fecunda dos currículos, porém não se consegue mudar seu desenho, e as crenças na condição de eles serem a síntese do conhecimento socialmente construído, único, absoluto, neutro, incondicional perduram. Conhecimento apenas a ser socializado, bem transmitido e aprendido com êxito, sem questionamentos: nem dos mestres nem de quem os terá de aprender. O autoritarismo das avaliações nacionais, estaduais e internacionais apenas expressa as velhas crenças desse caráter absoluto, incontestável, obrigatório: para todos, o mesmo. Mesmas provas, critérios, resultados e classificações, independente das hoje reconhecidas diferenças de classe, etnia, raça, campo, periferia, pobreza e miséria que chegam às escolas públicas e à EJA. As diferenças são ignoradas sumariamente diante de verdades absolutas e de parâmetros únicos de desempenho na aprendizagem.

Os cursos de formação de docentes-educadores tentam duvidar e investigar como esse caráter absoluto, sagrado de um conhecimento único está na raiz da reprovação de milhares de crianças, adolescentes, jovens e adultos. Essa concepção de conhecimento produz os destinatários à EJA. Produz a concepção histórica de mais uma oportunidade de aprender esse conhecimento único, absoluto. O grave é que os adolescentes, jovens e adultos, reprovados por não aprenderem esse conhecimento escolar absolutizado no Ensino Fundamental ou Médio, são obrigados a ter de aprender os mesmos conteúdos absolutizados no 1º e no 2º segmentos. Por onde se pretende avançar?

Disputar autorias de conhecimentos é preciso

No livro *Currículo, território em disputa* (2011) destacamos a diversidade de reações e essa visão sacralizada intocável dos conhecimentos escolares. Reconhecíamos que os currículos da educação básica e da EJA, e até da formação docente, são território privilegiado de disputas. Apesar de tal persistente afirmação desse caráter absoluto, único, incontestável das verdades dos currículos no seu território, vemos disputas que tocam, que se atrevem a contestá-lo. Um dos traços mais esperançadores da pluralidade de projetos que as escolas, docentes e alunos inventam é contestar essa visão sagrada, absoluta, incontestável. Mas os alertas logo chegam. Essa diversidade de projetos sobre reconhecer as diversas dimensões do real vivido e pensado tem o perigo de fragmentar o real e seu conhecimento, o que terá de ser controlado. A imposição "do alto" de uns Parâmetros Curriculares Nacionais e, agora, de uma Base Nacional Comum Curricular são tentativas de impor, com novos controles, um conhecimento único, nacional e comum contra a diversidade de autorias docentes.

O que significam essas tentativas de controle? Aprofundar nesses significados merecerá temas de estudo. Podem significar que os próprios docentes reconhecem-se produtores de conhecimentos e reconhecem os educandos como produtores de outros conhecimentos. Afirmam-se autores. Exigem o reconhecimento de suas autorias. Pode significar que, nas escolas, já encontramos uma sinfonia de diferentes dimensões do real vivido e pensado que exige ter vez nos currículos. Uma sinfonia de diferentes olhares, significações, mensagens, experiências, emoções, posturas e intervenções. A riqueza de projetos pode ser vista com esses significados positivos, democráticos e plurais de autorias, de produtores de conhecimentos. Podem estar significando que há outras experiências humanas e outros sujeitos; coletivos que produzem significados, saberes que disputam ter vez no território dos currículos. Há profissionais que disputam contra as crenças velhas de um conhecimento único, neutro, absoluto, inquestionável. A sinfonia de dimensões do real vivido e pensado por mestres e educandos se traduz em uma pluralidade de didáticas, de linguagens corpóreas, literárias, representativas, musicais. São representações, universos simbólicos do campo ou da cidade e de suas periferias, ou das próprias culturas infantis, adolescentes e juvenis. Uma pluralidade de conhecimentos e de produtores de conhecimentos sobre a natureza, a vida, o espaço, a história, a cultura, os valores. Quando as crenças no conhecimento único, absoluto, abstrato vão sendo questionadas, as didáticas se enriquecem com a pluralidade de linguagens que entram em jogo na diversidade de experiências humanas e da produção cultural de significados. O currículo virou um território de disputa de autorias produtoras de conhecimentos e, de maneira particular, na EJA, onde chegam jovens-adultos com radicais interrogações sobre seu sobreviver.

Outro aspecto merece destaque nessa disputa de autorias de conhecimentos que os projetos introduzem no território do currículo. Mostram que, desde a seleção dos conteúdos até sua interpretação, nada há de absoluto, único. A maior parte das temáticas ou aspectos do real privilegiados pelos projetos não tem vez no conhecimento curricular e disciplinar legítimo. Nem na Base Nacional Comum as interpretações que alunos e mestres vão descobrindo e construindo como autores sobre essas realidades coincidem com as oficiais e legítimas. Por aí, os projetos revelam que toda seleção e interpretação *é uma seleção* e uma interpretação entre tantas possíveis e legítimas com base em um senso social, político, que não pode arvorar-se em único legítimo. É um conhecimento histórico que explicita sentidos, interpretações de experiências históricas de um dado tempo, de coletivos de classe, gênero e raça que privilegiaram determinadas interpretações. Os projetos nos lembram que se voltam para experiências permanentes tal como vivenciadas no presente pelos próprios sujeitos do presente – crianças e adolescentes, jovens e adultos, mestres, comunidades que conferem significados no presente. Como pôr em diálogo essa diversidade de vivências, de realidades que perduram? Ou como pôr em diálogo interpretações que ora perduram, ora são redefinidas e até superadas? Questões cada vez mais presentes na formação dos profissionais do conhecimento e dos educandos.

Os saberes de resistências coletivas disputam os currículos

As experiências sociais mais interrogantes, mais produtoras de conhecimentos sociais são as experiências coletivas mais radicais vividas, como humanos, pelos jovens-adultos, em suas resistências por libertação, e pelos docentes, em suas lutas por direitos. Um traço destacável dessa diversidade de projetos é que ela privilegia experiências do real vivido pelos educadores, educandos e suas comunidades, e tem privilegiado aspectos positivos, ações coletivas de resistência, intervenção social, cultural dos próprios coletivos juvenis. Nem em projetos que tocam em vivências tão extremas das comunidades e dos educandos vemos uma postura vitimizante: pobreza, desemprego, violência, falta de futuro, drogas. O que se destaca são os sujeitos como atores coletivos de reação, resistência, com tentativas de superação, transformação desse real. Destacam-se os ricos significados de aprendizagem e formação que essas vivências ressignificadas nos projetos carregam. Como reconhecer os saberes sobre o real que mestres e educandos levam de vivências coletivas de libertação?

Os projetos são oficinas não apenas de novos saberes, mas de novas didáticas e processos pedagógicos. Desde a seleção do tema ou da dimensão do real vivido a ser privilegiado dá-se uma pedagogia de produção colaborativa no coletivo de mestres-alunos. Ao longo do desenvolvimento do projeto de estudo, acontece uma pedagogia autoral, pelo aproveitamento máximo dos alunos e mestres como autores do real vivido, pensado e trabalhado. Como produtores de conhecimentos, os professores são centrais na explicitação, na compreensão da diversidade de significados que as vivências sociais e culturais dos educandos carregam. Estes trazem suas vivências e interrogações que, porém, não param aí. Em diálogo com o conhecimento produzido sobre essas realidades, vão sendo captados e confrontados os saberes que essas interrogações aprontam. Os educandos tornam-se atores não apenas por trazerem suas vivências, indagações e saberes, mas pelo trabalho de busca de seus significados e do diálogo com a diversidade de significados acumulados por outros coletivos, em outros tempos, que viveram e interpretaram essas vivências. O central nos projetos é trazer o conhecimento para as vivências do presente, dos próprios educandos e educadores e de seus coletivos, ampliado para a compreensão da realidade social, cultural, política. Reconhecer os saberes dos educandos e de seus coletivos exige reconhecê-los sujeitos produtores de conhecimentos. Exige reconhecer que toda experiência social produz conhecimentos, e que todos os sujeitos de experiências sociais são produtores de conhecimentos.

Uma das marcas desses projetos é tentar trazer para as práticas de ensino-aprendizagem experiências, indagações, conhecimentos contextualizados ou o reconhecimento de que todo saber é produzido e aprendido por sujeitos concretos, em culturas, relações sociais, resistências concretas. A pergunta se impõe: Por que as diretrizes curriculares e os desenhos curriculares continuam separando o conhecimento básico comum do diverso, como se aquele fosse descontextualizado, universal, não produzido e legitimado em relações sociais, políticas, de culturas concretas, particulares, contextualizadas, e apenas o currículo diversificado e regional levasse em conta contextos, sujeitos, culturas diferentes, específicas? As consequências desse ignorar que todo conhecimento é contextualizado em culturas, relações sociais e políticas concretas de poder, de classe, raça, gênero levam ao espanto de que, ao tentarem os docentes e discentes ensiná-lo e aprendê-lo, fiquem bloqueados por estarem distantes de suas experiências, de sua cultura, dos seus valores e saberes e de suas formas de pensar produzidas e reproduzidas em seus contextos.

Quando classificamos os alunos, com ou sem problemas de aprendizagem, poderíamos entender que chegam às escolas próximos ou distantes dos contextos, vivências, culturas em que foram produzidos e legitimados como válidos os conhecimentos pretensamente universais que lhes são ensinados, e que eles têm de aprender. Não é por serem menos capazes que as crianças e adolescentes, tão longe dos contextos sociais e culturais em que foram produzidos os conhecimentos curriculares, estranhem e até sintam-se bloqueadas a ter de aprender saberes, lógicas, modos de pensar tão distantes de suas experiências de vida, da história de seus coletivos, de suas culturas e valores. Ao não reconhecer os currículos, o material didático e as metodologias, essas diversidades contextuais, culturais, sociais terminam praticando violências pedagógicas, cognitivas, que se refletem nos desempenhos escolares. Em reprovações, retenções.

As avaliações únicas ratificam essas violências contra infâncias e adolescências socializadas na diversidade de contextos sociais, culturais, na diversidade de relações políticas de segregação, classificadas como incapazes, com baixos desempenhos porque diferentes, feitas tão desiguais. Currículos e avaliações únicos/as serão injustos/as se não reconhecerem que os saberes legitimados a serem ensinados e aprendidos por todos que representam contextos específicos, experiências, relações sociais e culturas específicas. Temos de reconhecer que se dá uma violência cognitiva e política ao obrigá-los a aprenderem esses saberes como únicos. Violência que se tenta remediar, oferecendo-lhes a EJA como suplência.

A esperança vem de que há uma disputa política nas escolas por entender e levar em conta a diversidade de contextos, vivências, culturas, saberes, modos de pensar da diversidade de infâncias e adolescências, de jovens e adultos com que trabalham. Disputa político-pedagógica por legitimar essa diversidade, reconhecê-la, pô-la em diálogo, sobretudo com adolescentes, jovens e adultos vitimados por essas violências cognitivas, políticas e pedagógicas de ter de aprender saberes tão distantes de seus saberes. Produzidos em outras experiências sociais.

Como garantir o direito a saberem-se produtores de conhecimentos

Vimos que os docentes-educadores/as se reconhecem profissionais da garantia dos educandos ao conhecimento, avançando para garantir seu direito a conhecer os processos de produção do conhecimento. Avança-se ainda mais: reconhecer seu direito a reconhecer-se e reconhecê-los produtores de outros conhecimentos. Tensões no território dos currículos que estão postas com a chegada às escolas públicas de docentes-educadores/as e de crianças, adolescentes, jovens-adultos com outras vivências, outras interrogações, outros conhecimentos. Haverá espaço nas áreas do conhecimento para incorporar essas tensões de conhecimentos?

Destaquemos alguns temas de estudo que vêm sendo trabalhados na educação básica e de jovens-adultos, seja como temas geradores, seja como componentes das diversas áreas.

Garantir o direito dos mestres e educandos à história da produção dos conhecimentos

Se o conhecimento é uma produção histórica, social, política, cultural, como garantir aos mestres e aos educandos o conhecimento dessa produção histórica enquanto direito ao conhecimento? Mostrar o campo do conhecimento como um território tenso, disputado. Há docentes que mostram essas disputas em suas áreas. Como os conhecimentos são apropriados, expropriados. Como são submetidos a interesses econômicos, políticos, de dominação, destruição. Deve-se trazer alguns exemplos de disputas de conhecimentos científicos. Por exemplo, na área da Medicina, o filme *Jardineiro fiel*? Tratar das brigas por patentes, por informações nas relações comerciais, empresariais, de segurança e dominação nacional e internacional. É preciso mostrar como os conhecimentos, as imagens produzidas pelos noticiários sobre as favelas, as periferias urbanas, sobre os adolescentes e jovens populares produzem imaginários falsos, inferiorizantes. Trazer reportagens que produzem essas representações e confrontá-las com as imagens que têm de si mesmos, de seu lugar de moradia, de suas famílias trabalhadoras. De sua classe, de sua raça.

Reconhecer a diversidade de produtores de conhecimentos que chega às escolas e à EJA

Organizar dias de estudo em coletivos de mestres e educandos para mapear e identificar a pluralidade de conhecimentos sociais, de indagações de que são produtores e levam à EJA. Nessa rica diversidade de experiências, os mestres e educandos são sujeitos, como adultos e jovens, desde a infância, de tensos processos sociais de produção de uma diversidade de conhecimentos, de interpretações de mundo, do trabalho, do espaço, da renda, da cidade, dos campos. Trabalhar para que mestres e educandos se reconheçam produtores de conhecimentos, de interrogações, leituras, culturas, valores. Questionar se esses conhecimentos têm vez nos currículos escolares. Como incorporá-los? Como temas geradores? Como conhecimentos a enriquecer, diversificar as áreas do conhecimento? Saber-se produtor reconhecido de conhecimentos é mais formador do que ser tratado apenas como aprendiz. Trabalhar esses processos de produção-seleção, segregação de conhecimento, até nos currículos, é uma exigência de garantir seu direito ao conhecimento. Garantir seu direito a serem reconhecidos sujeitos de produção de conhecimentos.

Incorporar seus saberes de resistências feitos

Os processos mais radicais de produção de conhecimentos acontecem nas experiências radicais da opressão-libertação. Deve-se levantar, mapear, valorizar os adolescentes, os jovens-adultos como produtores de conhecimentos nas resistências à opressão-libertação. Privilegiar os saberes, os conhecimentos que vêm da diversidade de resistências, de libertação. Poderá ser realizada, em coletivo, uma pesquisa para investigar se os conhecimentos oficiais e o material didático reconhecem e privilegiam conhecimentos de libertação, de resistências, ou apenas conhecimentos de progresso científico, de desenvolvimento econômico... Os conhecimentos sobre os processos de opressão, de resistências e de libertação dos oprimidos não são reconhecidos como conhecimentos legítimos nos currículos do conhecimento socialmente produzido. Como avançar para que sejam reconhecidos produtores de conhecimentos legítimos como oprimidos e como resistentes, libertando-se da opressão do desemprego, da pobreza, da segregação social-racial-sexual?

Superar o padrão único de conhecimento que roubou sua humanidade

Estamos sugerindo temas de estudo a serem trabalhados nas áreas do conhecimento ou em temas geradores, mas será necessário ir mais além no conhecer das consequências formadoras-deformadoras da segregação dos jovens-adultos como produtores de conhecimentos. Em nome de um padrão único de conhecimentos e de produtores de conhecimentos legítimos, não apenas foram reprovados, segregados como sem cabeça para aprender, mas foram inferiorizados como sub-humanos, subcidadãos.

Carregam as marcas desumanizantes de reprovados e de incapazes – de aprender e de participar na produção intelectual, cultural, moral da humanidade. Volta a pergunta: Com que artes pedagógicas recuperar essas humanidades roubadas, destruídas? Mas resistiram. Voltam às escolas e à EJA resistentes: Como trabalhar essas resistências como processos de formação humana?

Ter de voltar à escola porque reprovados, inferiorizados por não aprender conhecimentos que entram em choque e desencontro com os saberes de suas vivências põe em jogo valores, contravalores que exigem ser trabalhados. Chegam acumulando identidades, imagens sociais e escolares negativas, e têm direito a saber em que relações sociais e políticas são produzidas essas imagens que os inferiorizaram. Têm direito a saber quais contravalores sociais e escolares legitimam sua condição de segregados sociais e escolares. Como trabalhar os processos de produção desses contravalores? Como libertá-los dessa condição de segregados sociais e escolares? Questões que tocam em cheio na função docente-educadora das escolas e da EJA, dos currículos e dos seus profissionais. Questões que os instigam a lutar pelo direito a conhecer os processos de produção-apropriação-segregação dos conhecimentos.

12
Direito a um novo saber social que altere sua vida cotidiana

A função prevista para a EJA – reparar os percursos não feitos no tempo regular dos ensinos Fundamental e Médio – tem levado a reaproveitar, a requentar o cardápio intelectual dos currículos dessas etapas. Tem levado a não termos um currículo específico para a educação das pessoas jovens-adultas que vêm do trabalho. Na medida em que coletivos de docentes-educadores/as colocam-se a serviço do direito dos adolescentes e jovens-adultos ao conhecimento, à cultura, aos valores, à educação, na especificidade de seus tempos humanos e de sua condição de trabalhadores, impõe-se a necessidade de enfrentar algumas questões: A que conhecimentos, valores, culturas têm direito, como trabalhadores, em itinerários por um viver justo, humano? Não têm direito a saberem-se atolados no trabalho por sobreviver? Inventando saberes, técnicas de alterar sua vida? Não têm direito a um saber social que incorpore e altere sua vida cotidiana? Um tema de estudo a desafiar os currículos de formação de docentes e educandos.

O direito a um saber que altere sua vida cotidiana

Pode-se começar por reconhecer que há um pensamento social e pedagógico que valoriza a práxis social, do trabalho, da produção material da existência, das resistências e lutas. Um pensamento que se caracteriza como um movimento que reconhece os coletivos sociais e os trabalhadores como produtores de conhecimentos, que altere seu viver. O movimento de educação popular e da pedagogia crítica, assim como o reconhecimento do trabalho e da prática social como princípios educativos, aponta para esse reconhecimento. Entretanto, essa visão não tem inspirado as diretrizes e os desenhos curriculares, nem o material didático e a formação nas áreas e disciplinas da docência. Tem havido uma resistência a fazer um diálogo entre saberes acadêmicos, disciplinares e o reconhecimento da prática social e do trabalho, além de seu papel na produção do conhecimento, da cultura, dos valores.

A história da EJA esteve aberta ao reconhecimento das práticas cotidianas dos coletivos populares e seus impactos no saber socialmente produzido. Esteve aberta a seu direito aos saberes científicos que interpretem sua vida cotidiana, que alterem os processos de produção de suas existências. Mas a questão que desafia os currículos e a docência é: Que saberes científicos alteram sua vida cotidiana? Outros saberes científicos em diálogo com os saberes dos grupos sociais que lutam por alterar sua vida cotidiana? Os profissionais que trabalham com crianças, adolescentes, jovens e adultos condenados a um viver provisório reconhecem que carregam saberes sociais de intervenção nesse viver, trabalhar cotidiano tão provisório. Reconhecem que desde crianças aprenderam as artes difíceis da família e da classe para alterar, melhorar sua vida cotidiana tão provisória. Que saberes sociais levam? Uma questão para dias de estudo.

Não apenas na educação das pessoas jovens e adultas, mas nas escolas públicas, sobretudo, há uma diversidade de tentativas de docentes por incorporar, nos conhecimentos dos currículos, saberes que alterem a vida cotidiana dos educandos e dos próprios educadores. Saberes que lhes garantam o direito a entenderem-se trabalhadores e a intervirem nas lutas pelos direitos do trabalho. Que exigências para a docência e para os currículos? Uma primeira tarefa tem sido identificar esses saberes por meio de diálogos com os educandos e as famílias. Questionar se os conhecimentos dos currículos, do material didático e da Base Nacional Comum valorizam ou ignoram os saberes da vida cotidiana. Será fácil constatar que a visão inferiorizada do trabalho e dos trabalhadores, do povo dito "comum", do seu viver cotidiano e dos coletivos sociais e raciais que no trabalho reproduzem suas existências tem levado ao desprestígio dos saberes do trabalho e da produção social da vida cotidiana. Leva a uma hierarquização da práxis social: práticas sociais nobres produtoras de saberes nobres *vs* práticas sociais comuns, vulgares, produtoras de saberes vulgares. Os currículos apenas têm reconhecido como saberes, como conhecimentos socialmente produzidos os saberes supostamente nobres, ignorando os saberes do povo "comum", tratando-os como um não saber. Consequentemente, aos trabalhadores é negado o direito a entender a riqueza de saberes com que tentam intervir e alterar sua vida cotidiana. Uma tensão vivida nas escolas e na EJA.

Como educadores/as e adolescentes, jovens e adultos em tensos itinerários do trabalho se obrigam a reconhecer o trabalho como determinante de sua identidade social. É através do trabalho que alteram a sua condição humana. Formam-se, humanizam-se. Sabem-se e afirmam-se seres sociais. A experiência e os saberes do trabalho cotidiano são a experiência social mais radical que os formam como seres sociais, que os formam como sujeitos de saberes, de valores, de culturas. Seus itinerários do trabalho e de intervir no viver cotidiano para a EJA apontam a esperança de entenderem-se como ser social, de entenderem as indagações que acumulam nas relações de trabalho, no seu sobreviver cotidiano. As consequências para o campo do currículo são sérias. Na volta à escola haverá lugar para reconhecer essa centralidade do trabalho, do viver cotidiano como afirmação do seu ser social, humano? Haverá lugar para mais saber-se? Se há resistências a reconhecer o papel da prática social na produção do conhecimento humano, da ciência e da cultura, difícil esperar seu reconhecimento no currículo escolar e, menos ainda, o reconhecimento da prática cotidiana popular na produção de qualquer conhecimento legítimo, sério, científico. De intervenção.

O real pensado tem ocupado mais lugar e interesse do que o real vivido-pensado para intervir na vida cotidiana, pois tem lugar nos currículos, nas áreas do conhecimento – sobretudo científico –, nos livros didáticos, nas provas e no ensino-aprendizagem. O real vivido, por intervir no cotidiano, principalmente de trabalhadores, de coletivos inferiorizados, não tem lugar. Na resistência a reconhecer a primazia da prática social para o saber, radica-se a dificuldade de legitimar espaços nos currículos e na docência para um saber de novo tipo que pense, reflita, que se alimente do trabalho e da intervenção na vida cotidiana, propondo pensá-la e transformá-la. Não é essa uma questão radical que chega às políticas, às diretrizes curriculares das escolas públicas e da EJA com os passageiros do trabalho e da intervenção na vida cotidiana? Os saberes do trabalho e de intervenção na vida cotidiana não são reconhecidos como saberes, muito menos como científicos. Logo, estão ausentes nas áreas do conhecimento escolar legítimo.

Por outro lado, a própria cultura pedagógica praticista, utilitarista, que tanto tem insistido em domínios de habilidades e competências para a vida, para o mercado, em lugar de levar o pensamento pedagógico e curricular a reconhecer a primazia da prática social para o saber, tem levado a empobrecer o saber e a ver a prática como mera destinatária do domínio de habilidades pragmáticas, úteis, de domínios avaliáveis, quantificáveis. Nessa ênfase, treinar para a vida e para o emprego tem bloqueado a possibilidade de dar o devido destaque ao conhecimento nos currículos e no material didático, sobretudo tem bloqueado a fazer o giro para a prática social, ou para o reconhecimento da primazia da experiência na produção histórica do conhecimento, das ciências, da cultura e dos valores.

A fonte de todo conhecimento é a experiência social, e o trabalho é a experiência social mais radical. Um reconhecimento difícil de aceitar, mormente quando se trata da prática e da experiência social e humana dos coletivos, vistos em nossa história como menos humanos, como inferiores, como exteriores à vida social, política, cultural, intelectual. Como reconhecer saberes em formas tão precarizadas de reprodução de suas vidas cotidianas? Como dar centralidade a um saber que altere vidas tão precarizadas de coletivos tão desprestigiados e tão inferiorizados à margem social? Submetidos a trabalhos tão precarizados?

São essas as disputas radicais que se dão no campo da docência, do conhecimento e do currículo, e que afetam o ensinar e o aprender das crianças, dos adolescentes, jovens e adultos populares nas escolas públicas e, especificamente, na EJA. Como se interessar por saberes que ignoram sua prática social, tão distante dos saberes sociais de seu saber cotidiano? Devem se perguntar: Conhecimento que não me ajuda a saber-me, para que me serve?

O direito aos saberes do justo e digno viver cotidiano

Temos destacado que os profissionais das escolas públicas e da EJA percebem que as crianças, os adolescentes e jovens-adultos são outros debatendo-se com suas famílias por um sobreviver provisório. Tentam alterá-lo. Os próprios trabalhadores na educação tentam alterar também seu viver provisório. Perguntam-se pelos sentidos de sua prática social. Como coletivos de docentes-educadores/as, tentam trazer para as diversas áreas do currículo os avanços, que se dão nos diversos campos do conhecimento e da cultura, para reconhecer a primazia da experiência social, do trabalho e da prática social e de sua rica diversidade para a produção do conhecimento. Primazia que vem sendo reconhecida em correntes teóricas diversas, como, por exemplo, as ênfases nas práticas de poder, nas práticas discursivas, nas práticas de arte viva, na filosofia da prática, nas práticas de linguagem, na pragmática da linguagem, nos jogos e atos de fala, na práxis social coletiva, na investigação e ação coletiva, nas práticas escolares, nas práticas de libertação etc. Na diversidade de campos teóricos dá-se uma revalorização da prática e da diversidade de experiências sociais. Como jovens-adultos trabalhadores, exigem toda centralidade ao trabalho e a sua prática social cotidiana de viver. De melhorar seu viver. Não apenas no campo teórico, mas também na nossa dinâmica política, cultural e social, a prática social está posta como indagadora em sua diversidade. Os coletivos sociais, em seus movimentos de práticas políticas, sociais, culturais, como sujeitos de lutas de intervenção e de práticas radicais por direitos, e os educandos na escola pública e na EJA, membros desses coletivos, têm direito a entender a radicalidade dessas práticas de intervenções sociais coletivas. Haverá lugar nos conhecimentos dos currículos para o trabalho, para as práticas e saberes que alterem sua vida cotidiana?

O pensamento social e pedagógico latino-americano tem mantido uma atenção à diversidade de sujeitos de ações coletivas e de movimentos sociais em lutas por intervir, alterar o trabalho, a agricultura camponesa, a moradia, o transporte, a saúde, a escola, a universidade. Que saberes acumulam de intervenção? As práticas de luta, de resistências às violências de que são vítimas, as ocupações, as marchas, a vida cotidiana, a sua permanente reinvenção para sobreviver com justiça, dignidade e igualdade conforma o ser e o saber dos coletivos populares e, inclusive, das suas crianças e adolescentes, com os quais convivemos nas salas de aula – de maneira mais dramática, com os jovens-adultos. Levam essas práticas de trabalho pela sobrevivência às salas de aula, às ruas da cidade. Nas últimas décadas, construímos um consenso pedagógico de que essas práticas de trabalhar, de intervir e de ser e saber para sobreviver não podem ser ignoradas, mas incorporadas em nossas aulas e na diversidade de projetos do trabalho docente-pedagógico. Os jovens e adultos que vêm do trabalho para a EJA carregam essas práticas de sobrevivência e também os saberes dessas práticas. Os saberes do trabalho, da diversidade de exploração e de resistências, de trabalhos como mulheres, negras, pobres. Há novas sensibilidades docentes para reconhecer os educandos como sujeitos de práticas de intervenção para alterar sua vida cotidiana, uma vez que os próprios trabalhadores na educação afirmam-se sujeitos de intervenção no seu trabalho cotidiano.

A pesquisa e a reflexão teórica têm se voltado para essa diversidade de práticas coletivas; especificamente o pensamento sociopedagógico e docente latino-americano tem buscado, nessas práticas da vida cotidiana, uma das raízes de que se tem alimentado. O desafio está sendo incorporar na formação dos docentes-educadores/as a riqueza de dissertações, teses, monografias, pesquisas, publicações e relatos de experiência em que a prática social, o trabalho de intervenção na vida cotidiana e os sujeitos dessas práticas são o centro. Os desenhos curriculares, os cursos de formação docente e o material didático estão abertos ou resistem a incorporar esses avanços teóricos no reconhecimento dessa diversidade de práticas, de sujeitos coletivos e da sua primazia na produção de um novo tipo de saber social? Tem-se alimentado desse novo saber social da prática, do trabalho que carrega a riqueza de práticas sociais de nossas sociedades? Os educandos sairão da educação básica – e até superior – desconhecendo ou conhecendo essa riqueza tensa e não tendo ou tendo aprendido a captar a pluralidade de significados teóricos do trabalho por mudar sua vida cotidiana? Entenderão as práticas sociais em que se empenham por vida menos injusta, mais humana de que são sujeitos? Questões que tantos docentes-educadores assumem como sua função. Como centrais em sua formação.

Superar critérios hierárquicos de validade de conhecimentos

Como profissionais de crianças, adolescentes, jovens-adultos atolados no viver cotidiano, somos obrigados a nos perguntar: Há lugar no conhecimento legítimo para os saberes do trabalho e da vida cotidiana? Os currículos, as áreas e as disciplinas nas quais se estruturou o conhecimento reproduzem as lógicas em que se legitimou o critério de verdade: superar o senso comum como saber ilegítimo, irracional, pré-científico. Vimos que esse ponto de partida justifica ainda hoje o percurso hierárquico de ensino-aprendizagem, e que as teorias curriculares, as didáticas e as metodologias sintetizam: que mentes pré-científicas, atoladas no senso comum, saiam dessa condição e façam o percurso para a racionalidade, para o pensar lógico, científico. Que se atrevam a pensar com a razão. Nessa lógica, o senso comum, pensado como pré-racional, pré-científico, identificou-se como o pensar popular, do trabalho e da vida cotidiana. Nessa concepção abissal, dual e inferiorizadora do senso comum, dos saberes do trabalho, continuamos menosprezando a vida cotidiana, o viver. Sobretudo inferiorizando os coletivos que, supomos, vivem em estado de irracionalidade, pré-científico, do senso comum.

Não são os docentes que exigem dos alunos deixarem suas vivências cotidianas na entrada das escolas e das salas de aula. É a própria dicotomia, a hierarquia entre senso comum, pré-racional e conhecimento racional, científico, filosófico e crítico que estruturou a concepção de conhecimento na Modernidade e nos currículos[18]. O esforço de tantos docentes-educadores pelo reconhecimento das vivências cotidianas, dos saberes dessas vivências do trabalho e de seu próprio trabalho docente para ressignificá-los em diálogo com o conhecimento das disciplinas pode ser entendido como uma reação a essas dicotomias. A tensão nos currículos é que estes resistem a repensar esses critérios dicotômicos e hierárquicos de validade, reafirmando-os, aprofundando as tensões no seu próprio território e no território da docência. Ser guardiães dessas dicotomias vem sendo o papel das Diretrizes de Formação dos Parâmetros Curriculares e, agora, da Base Nacional Comum Curricular. O domínio desse saber racional será a base das avaliações nacionais e internacionais. Será o parâmetro para definir o lugar da nação, da escola, do docente no Ideb. Critérios hierárquicos reafirmados. Nada fácil a docentes e educandos afirmar outros critérios de validade de outros conhecimentos.

Sem avançarmos na superação dessas visões dicotômicas entre senso comum, saber da prática e do sobreviver no trabalho como irracionais e entre conhecimento científico como a síntese da racionalidade, não conseguiremos avançar para o reconhecimento da primazia da prática social. Nem avançaremos para o reconhecimento dos saberes produzidos pelos coletivos sujeitos dessas práticas do viver cotidiano que lutam pela escola e pela EJA. Essa dicotomia tem levado os currículos a ignorar e a secundarizar a história da vida cotidiana e do trabalho nos estudos da história, ou os modos de produção da vida cotidiana no estudo dos modos de produção do espaço, das ciências da natureza. Ou tem levado a ignorar, secundarizar a história, a cultura e a memória populares. A ênfase continua posta na história oficial, na ocupação oficial do espaço. Na cultura nacional nobre, letrada. Como tem levado a ignorar as linguagens da vida cotidiana e dos coletivos populares nos estudos das linguagens, das artes, da literatura, do letramento. Saberes, linguagens, modos de produção vistos como elementares a serem superados pelo conhecimento científico, pela linguagem letrada, pelo padrão culto, pela cultura, as letras e artes nobres. Dicotomias que têm bloqueado as tentativas de diálogos entre linguagem e saberes, e que têm mantido currículos, culturas e seus conhecimentos distantes da realidade vivida e pensada pelos educadores e educandos, principalmente das escolas públicas. E particularmente da EJA. Dicotomias e hierarquias na produção do conhecimento e da

---

18. Boaventura de Sousa Santos traz uma análise instigante sobre o caráter abissal e sacrificial do pensamento moderno no livro *A gramática do tempo*, 2006.

cultura que legitimaram em nossa história – e legitimam no presente – as hierarquias de classe, raça, gênero.

Há fatos promissores, visto que o questionamento dessas dicotomias passou a ser incorporado nas diversas áreas do conhecimento e das linguagens. As sensibilidades docentes para os saberes da vida cotidiana, do seu trabalho e do trabalho dos educandos para suas vivências também têm avançado; entretanto, nem sempre superam essas dicotomias. Ao contrário, por vezes partem delas e as reafirmam. As vivências dos educandos e seus saberes em cada uma das áreas do currículo são reconhecidas; porém, apenas como ponto de partida, como linguagens e saberes brutos e inferiores a serem purificados e elevados pelo saber racional, nobre, ou pela norma culta, científica. Essas estratégias didáticas para interessar os educandos pelos conhecimentos escolares disciplinares não superam a visão inferiorizada nem das suas vivências cotidianas nem das linguagens e dos saberes cotidianos, tampouco dos coletivos que as vivenciam. Enquanto essa visão polarizada segregadora persistir na docência e nos currículos, o diálogo de saberes, culturas e linguagens e o salto ao reconhecimento da primazia do trabalho e da prática para o saber não serão possíveis. Esses impasses são mais sérios na EJA, onde chegam as pessoas jovens-adultas com longas experiências de trabalho, de intervenção na vida cotidiana. Chegam com outros saberes.

O direito a entender os significados da vida cotidiana

Para onde vão avançando coletivos de educadores e educandos? Para reconhecer essa primazia, para superar polarizações de saberes e linguagens, para não pretender substituir o conhecimento científico e sua racionalidade pelo saber do senso comum, para não renunciar nem a um saber nem a outro. Para incorporar, no direito ao conhecimento, a riqueza de saberes produzidos na riqueza da diversidade de experiências humanas. Reconhecer que, se toda experiência social produz conhecimentos, a pluralidade e a diversidade de experiências sociais produz uma pluralidade e uma diversidade de conhecimentos. Deve-se elaborar desenhos curriculares que os coloquem em diálogo enriquecedor, tendo como horizonte a intervenção, a ressignificação da realidade social e da vida cotidiana que é tão determinante do viver digno e justo, pelo qual lutam desde crianças e como adolescentes jovens-adultos trabalhadores. Educadores e educandos afirmam-se como atores centrais de disputas no território dos currículos. Afirmam-se com a função de ensinar e de aprender os conteúdos predefinidos nas diretrizes, na base, mas aprendem que, como mestres e educandos, são também produtores de conhecimentos outros que disputam os currículos. Disputam diálogos.

Essa postura dialógica, anti-hierárquica e anti-inferiorizante supõe superar tanto o desprezo e silenciamento do trabalho e da vida cotidiana como sua idealização e abstração. Supõe reconhecer que as crianças e adolescentes, os jovens e os adultos, como seus mestres, têm direito a entender o núcleo que dá sentido a sua vida em comunidade, o viver cotidiano, o trabalho. O direito ao conhecimento do qual somos profissionais tem como conteúdo a compreensão desse núcleo de sentido: os processos cotidianos de interação, de sociabilidade, nos quais tecemos nosso formar-nos como humanos, como cidadãos e trabalhadores, membros dos diversos coletivos de geração, gênero, orientação sexual, classe, etnia, raça, campo, periferia. Entender os processos de sermos submetidos às relações sociais, classistas, racistas, sexistas de produção e de trabalho em que produzimos nossas identidades, nossos saberes.

Na tradição sociológica e antropológica mais clássica, nesses processos mais cotidianos de socialização e sociabilidade, foram colocados os processos educativos da produção dos valores, dos saberes, da cultura e das identidades. Sua compreensão conformou as teorias pedagógicas. As tensões vividas nas escolas giram em torno de entender e acompanhar os processos de interação ou de limites à interação e sociabilidade vividos pelos educandos nos contextos da vida cotidiana, transferidos aos contextos concretos da vida cotidiana escolar. Precisamos entender que essas vivências dos educandos e educadores e do viver social cotidiano tão precarizado penetram e invadem o viver cotidiano e os processos de solidariedade e socialização-aprendizagem nas escolas. Os processos e vivências do trabalho condicionam, desde crianças, seu trabalho nas escolas. Na EJA.

Como lidar com padrões tão tensos levados ao cotidiano das salas de aula, dos pátios, dos espaços, tempos e relações escolares? Uma indagação central hoje nas escolas, na docência. Sem entender os padrões de trabalho, de interação, sociabilidade, de opressão tão tensos vividos no cotidiano dos outros espaços, não entenderemos as tensões nos convívios cotidianos nas escolas. Não entenderemos o ofício de mestres (ARROYO, 2000). Há propostas na pedagogia e nas licenciaturas que se propõem estudar e entender essa cotidianidade vivida fora e dentro das escolas. Tentam que ela seja central nos currículos de formação docente e pedagógica, e nos próprios desenhos curriculares de educação básica e da EJA. Haverá vez para que mestres e educandos entendam sua condição social e seu viver cotidiano? Nos desenhos oficiais não tem havido. Nos encontros e oficinas e dias de estudo, cuidamos de nos perguntar por que não há lugar. Os próprios mestres-educadores/as tentam abrir espaços. Disputam o território dos currículos (ARROYO, 2011).

Abrindo espaços para o saber social que altere a vida cotidiana

Nos encontros, seminários e conferências das redes municipais e estaduais, tornou-se uma prática abrir espaços para que os docentes-educadores apresentem e socializem suas práticas inovadoras. São frequentes práticas que valorizam os saberes dos educandos por alterarem sua vida cotidiana. Que práticas são mais frequentes nesses encontros? Como incorporar essas práticas nos currículos para garantir aos educandos um novo saber social que altere sua vida cotidiana?

• Abrir os currículos para que incorporem os saberes de intervenção na vida cotidiana dos educandos. Que incorporem os seus conhecimentos por intervir no seu injusto sobreviver cotidiano. Privilegiar em cada área do currículo conhecimentos de intervenção na vida cotidiana.

• Abrir espaços para que mestres e educandos relatem como eles, elas e seus coletivos sociais, raciais e de trabalhadores/as inventam saberes para alterar seu viver cotidiano provisório.

• Dar especial atenção às formas de alterar o trabalho: buscar trabalho, mudar de trabalho, trabalhar desde crianças-adolescentes para melhorar a renda da família. Reconhecer seus esforços por se qualificarem para o trabalho em cursos ou como ajudantes de pedreiros, marceneiros, manicures, para aprender outros trabalhos que alterem sua vida cotidiana. Valorizar esses aprendizados.

• Dar especial atenção, em seus relatos, aos saberes acumulados nas formas de alterar seu lugar de moradia. Trazer como tema de estudo a história tensa de ocupações de terras, de terrenos; lutas por espaços de dignidade e de justiça no direito a teto, moradia. Levantar notícias de ocupações, de lutas por teto em seus coletivos, na cidade, ou de lutas por terra, territórios no campo, de que são sujeitos os trabalhadores sem terra, os quilombolas, indígenas.

• Que os adolescentes, jovens, adultos narrem as formas de tornar mais humanas as vilas, favelas, onde são condenados a um viver cotidiano injusto. Identificar a diversidade de saberes na luta por alterar esse viver cotidiano: associações comunitárias, pressões por políticas de transporte, esgoto, água, luz, por posto de saúde, por escolas... Que os conhecimentos escolares valorizem esses saberes aprendidos nas lutas por espaços justos de humanidade no seu viver cotidiano.

• Que as mulheres, sobretudo, narrem suas lutas por dignidade na precariedade de suas moradias. Seus esforços por cuidar, alimentar, manter a saúde e a educação dos filhos no precário viver provisório. Que narrem suas lutas por centros de educação, escola para seus filhos. Por protegê-los das violências sociais. Que saberes acumulam?

• Retomar com centralidade nos currículos, em cada área do conhecimento, a história de lutas dos diversos movimentos sociais por direito a uma vida justa. Destacar quais conhecimentos e saberes sociais acumularam por alterarem sua vida cotidiana no direito ao trabalho, à terra, renda, moradia, transporte, aposentadoria. Saberes que adultos, jovens, adolescentes e até crianças levam às escolas. Como reconhecê-los e incorporá-los como saberes sociais a que têm direito?

• Reconhecer que, nesse afirmarem-se sujeitos de saberes que alterem sua vida cotidiana, formam-se, humanizam-se como sujeitos de valores, culturas, identidades. Reconhecer que chegam em processos sociais de formação a serem fortalecidos nos processos escolares de educação.

• Pesquisar, nas diversas áreas do conhecimento, como esses saberes das práticas sociais estão na base da teoria social e pedagógica mais clássica. Como as teorias da formação humana reconhecem que vivemos imersos em relações sociais de classe, gênero, raça, lugar social. Formamo-nos humanos, aprendemos cultura, saberes e destrezas da herança cultural no trabalho e no conjunto de atividades que constituem essa produção da vida em sociedade. Formamo-nos participando, trabalhando, agindo, reagindo nessa dinâmica social cotidiana. Nessas relações sociais, econômicas e políticas vamos nos formando sujeitos sociais. Sobretudo aprendendo as linguagens e os valores, os saberes e os significados que nos permitam orientar-nos nessa dinâmica cotidiana, que nos tornem capazes de intervir, de alterar a vida cotidiana. Pesquisar se o material didático incorpora ou ignora, se abre lugar para esse cotidiano viver dos adolescentes, jovens e adultos que vêm do trabalho para a EJA e para as escolas nos currículos de sua educação. E nos currículos de formação dos seus educadores/as? Haverá lugar para os saberes e valores do trabalho e da vida cotidiana?

• Buscar, nas diversas áreas do conhecimento socialmente produzido e sistematizado nos currículos, aqueles conhecimentos que ajudem a entender as determinações sociais, econômicas, políticas e culturais que limitam seu viver, que alteraram sua vida cotidiana. Que os condenam a uma vida cotidiana injusta, inumana. Têm direito aos conhecimentos que lhes garantam o direito a entender essas determinações. Não será essa a função que esperam das lutas por escola? Pelo seu direito ao conhecimento das lutas por alterar sua vida cotidiana?

Sujeitos do direito à cultura; direito à diversidade

Letras/músicas a serem trabalhadas

Heróis da liberdade
Autores: Silas Oliveira, Manoel Ferreira e Mano Décio da Viola

Passava a noite, vinha dia
O sangue do negro corria
Dia a dia
De lamento em lamento
De agonia em agonia
Ele pedia o fim da tirania
[...]
Com flores e alegria
Veio a abolição
[...]
Alunos e professores
Acompanhados de clarim
Cantavam assim
Já raiou a liberdade
A liberdade já raiou
Esta brisa que a juventude afaga
Esta chama
Que o ódio não apaga pelo universo
É a (r)evolução em sua legítima razão
Samba, ó samba
Tem a sua primazia
Em gozar da felicidade
Samba, meu samba,
Presta esta homenagem
Aos heróis da liberdade
Ô, ô, ô, ô Liberdade, senhor!

Cem anos de liberdade: realidade ou ilusão?
Estação Primeira de Mangueira
Compositores: Hélio Turco, Jurandir e Alvinho

[...]
Será...
Que já raiou a liberdade
Ou foi tudo ilusão?
Será...
Que a Lei Áurea tão sonhada
Há tanto tempo imaginada
Não foi o fim da escravidão
Hoje dentro da realidade
Onde está a liberdade?
Onde está que ninguém viu?

[...]

Negro drama
Racionais Mc's

[...]
Negro drama
Cabelo crespo
E a pele escura
A ferida, a chaga
À procura da cura

[...]
Me ver
Pobre, preso ou morto
Já é cultural

[...]
Entre o gatilho e a tempestade
Sempre a provar
Que sou homem e não covarde
[...]
Eu visto preto
Por dentro e por fora
Guerreiro
Poeta entre o tempo e a memória
[...]
Sente o negro drama
Vai
Tenta ser feliz

[...]
Aê, você sai do gueto, mas o gueto nunca
Sai de você, morou irmão?
Sabe por quê?
Pela sua origem, morou irmão?
[...]
É desse jeito que você vive
É o negro drama
Eu não li, eu não assisti
Eu vivo o negro drama, eu sou o negro drama
E sou o fruto do negro drama
Aí dona Ana, sem palavras, a senhora é uma rainha, rainha
[...]
Valeu mãe
Negro drama
Drama, drama, drama

Desconstruindo Amélia
Compositor: Pitty e Martin

Já é tarde, tudo está certo
Cada coisa posta em seu lugar
Filho dorme, ela arruma o uniforme
Tudo pronto pra quando despertar

O ensejo a fez tão prendada
Ela foi educada pra cuidar e servir
De costume esquecia-se dela
Sempre a última a sair

Disfarça e segue em frente
Todo dia, até cansar
E eis que de repente ela resolve então mudar
Vira a mesa,
Assume o jogo
Faz questão de se cuidar
Nem serva, nem objeto
já não quer ser o outro
hoje ela é um também

A despeito de tanto mestrado
Ganha menos que o namorado
E não entende o porquê
Tem talento de equilibrista
ela é muitas, se você quer saber

Hoje aos trinta é melhor que aos dezoito
Nem Balzac poderia prever
Depois do lar, do trabalho e dos filhos
Ainda vai pra *night* ferver

Disfarça e segue em frente
Todo dia, até cansar
E eis que de repente ela resolve então mudar
Vira a mesa,
Assume o jogo
Faz questão de se cuidar
Nem serva, nem objeto
já não quer ser o outro
hoje ela é um também

Outras músicas/letras a serem trabalhadas
- *Tributo a Martin Luther King* – Wilson Simonal e Ronaldo Bôscoli
- *O canto da cidade* – Daniela Mercury
- *O canto das três raças* – Mauro Duarte e Paulo César Pinheiro
- *Capitu* – Luiz Tatit

Filmes a serem trabalhados
- *Os esquecidos* – Luis Buñuel – Cf. texto de Carlos Feixa no livro *A juventude vai ao cinema*. Op. cit., 2009.
- *Abolição* – Zózimo Bulbul, 1988.

13
Sujeitos produtores de culturas, valores, identidades

Jovens e adultos de volta à escola em mais um itinerário pelo direito à educação, ao conhecimento, à cultura. O novo itinerário lhes garantirá esses direitos? Apenas lhes dará uma nova oportunidade de dominar o letramento, o numeramento e as noções elementares de ciências? Esses domínios garantirão seu direito ao conhecimento? A que conhecimentos? A que verdades? Saberão as verdades de seu sobreviver? No texto *O direito ao conhecimento* refletimos sobre essas questões: Que currículos da EJA garantirão o direito desses jovens e adultos ao conhecimento? Os currículos da educação fundamental garantiram a eles, desde crianças, o direito aos conhecimentos, aos saberes aprendidos em suas lutas sociais? Somos obrigados a avançar. O direito à educação não se esgota no direito ao conhecimento. São sujeitos de cultura; chegam com suas identidades, culturas, valores. Como garantir seu direito à cultura? Que temáticas aprofundar na formação dos professores e na educação dos educandos? Destaquemos como coletivos de educadores e educandos podem aprofundar essas questões em temas de estudo, de formação.

O direito à educação que incorpore o direito à cultura[19]

Em nossa tradição escolar curricular tem sido privilegiado o direito ao conhecimento socialmente produzido, acumulado nas ciências e sistematizado nas disciplinas. O direito à cultura produzida e acumulada tem sido esquecido ou secundarizado. A escola não pensa em si como um centro de garantia do direito de todo cidadão à cultura. Os docentes pensam-se profissionais do ensino-aprendizagem dos conhecimentos de cada disciplina. Para essa função foram formados apenas nos cursos de licenciatura, e até de pedagogia. Alguns cursos propõem formá-los para entender os processos históricos de produção da cultura e dos valores, e com que artes garantir o

---

[19]. Estas análises poderão ser acompanhadas no capítulo "Disputas pelo direito à cultura" no livro *Currículo, território em disputa*. Petrópolis: Vozes, 2011, p. 344-361.

direito dos educandos à cultura. Avança-se em reconhecer que o processo de produção do conhecimento é inseparável do processo de produção da cultura, dos valores. Transmitir, inserir as crianças, adolescentes, jovens e adultos na riqueza cultural acumulada pela humanidade ainda resiste a ser reconhecida função da educação básica e superior, função dos currículos, da docência e do material didático. O "C" do MEC já foi "C" de Cultura. Virou "C" de conteúdos a ensinar-aprender. Conteúdos a avaliar.

Em temas de estudo deve-se aprofundar o entendimento de como as consequências dessa redução do direito à educação são sérias. A formação cultural dos jovens e adultos formados na educação média, e até superior, é pobre. O currículo imposto pelo governo golpista ainda empobrece mais a formação cultural da juventude, secundarizando as áreas de Humanas. A cultura popular é rica, mas não é cultivada, aprendida e transmitida nas escolas nem nas universidades. A mídia é muito pobre em conteúdos culturais. A consequência mais grave disso é que o direito à cultura não é garantido a todo cidadão. Nem é equacionado como direito humano e dever do Estado. O Ministério da Cultura trabalha dimensões importantes da cultura. Tem projetos de educação cultural e agentes que se identificam como educadores culturais – com pouca articulação com as políticas do MEC e com as diretrizes do CNE (Conselho Nacional de Educação). Com a função dos currículos, dos projetos, das escolas e da docência que ainda têm dificuldades de se reconhecer como espaços, como agentes culturais.

Aos currículos de formação e ao pensamento pedagógico e docente chega uma questão: Estaríamos em tempos em que as escolas são chamadas a reconhecer o direito dos educandos à cultura? A reconhecer-se tempos, espaços de cultura? Como reconhecer esse direito à cultura? Que espaços abrir nos currículos? Trazer a cultura como temas de estudo: reconhecer que estamos em tempos de politização da cultura. Mostrar as tensões políticas nos confrontos de culturas ao longo da história e na atualidade. Dar centralidade a entender nossa história como um confronto entre as culturas dos povos originários e as culturas dos colonizadores. Confrontos que persistem. Destacar os sujeitos desses confrontos ao longo de nossa história. Na atualidade, que movimentos sociais politizam a cultura, lutam por suas culturas, valores, identidades culturais coletivas? Os adolescentes, jovens e adultos são membros desses coletivos que politizam a cultura. Que se reconheçam sujeitos de lutas por identidades culturais. Os diversos movimentos sociais politizam o direito a dimensões da cultura; reagem, contestam traços culturais de nossa cultura hegemônica que os segrega: o movimento feminista contesta a cultura machista, o movimento negro contesta o racismo, o movimento juvenil contesta o adultocentrismo. Os movimentos sem terra e sem teto contestam o valor da propriedade privada. Lutam por valorizar a agricultura camponesa em outro projeto de campo. Contestam e politizam traços configurantes das culturas. Propõem outros valores, outras representações. Outras culturas.

Merecerá um tema gerador de estudo e formação o estudo de como os movimentos juvenis afirmam-se como movimentos culturais. As diversas linguagens culturais são suas linguagens: a música, as letras, o grafite, as marchas, as faixas... São outras linguagens com que criticam e contestam as linguagens da cultura hegemônica, repolitizando-as. Com suas expressões, afirmações culturais, músicas, marchas e grafites, ocupam a cidade e ocupam as escolas que os mantêm à margem. Propõem outro projeto de cidade, de sociedade e de escola, inspirado em outros valores: justiça, igualdade. Esses sujeitos que politizam a cultura pressionam por maior espaço nos seus direitos à educação. Que espaços estão sendo abertos? Abrir espaços para que as manifestações das culturas juvenis entrem nas escolas e na EJA. A cultura sempre foi um território de disputa dos movimentos sociais e juvenis. Têm direito à cultura.

Outro tema de estudo poderá aprofundar como a produção do conhecimento esteve sempre marcada por valores, representações. Aprofundar os estreitos vínculos entre cultura e conhecimento. O conhecimento é fruto da cultura. Uma das expressões da cultura. Impossível separar conhecimento, ciência e cultura. Impossível separar seu direito ao conhecimento de seu direito à cultura. Quando as instituições do conhecimento, as escolas, universidades, os currículos e a formação docente-educadora pensam-se apenas como centros de conhecimento e secundarizam ou ignoram a cultura, enfraquecem-se como centros de conhecimento. Empobrecem as identidades docentes, educadoras e dos educandos. Quando o direito ao conhecimento ignora trabalhar o direito à cultura, o próprio direito ao conhecimento se empobrece. O direito à cultura e ao conhecimento participa das mesmas tensões políticas e dos mesmos padrões de apropriação-expropriação de classe, gênero, raça, etnia.

Como garantir às crianças na escola, aos jovens e aos adultos os direitos articulados à cultura e ao conhecimento? Começando por formar os docentes-educadores como agentes profissionais do direito à cultura. Conhecer os processos de produção das culturas e as artes de garantir, aos educandos, seu direito à cultura e a entender esses tensos processos de negar-lhes o direito ao conhecimento e à cultura tão persistentes em nossa história. Os currículos de formação de educadores do campo, de indígenas e de quilombolas já incorporam os rituais, as linguagens da cultura camponesa, indígena, quilombola.

O direito a saberem-se vítimas de padrões culturais segregadores

Uma forma de reconhecer o direito dos jovens e adultos à cultura será abrir espaços organizados para que se mostrem sujeitos de cultura. Que narrem sua participação em movimentos de cultura juvenil ou em outros movimentos sociais, de gênero, raça, comunidade, do campo... Explicitar quais valores e linguagens culturais defendem e a que outros se contrapõem, contestam. A função das diversas áreas do conhecimento será garantir-lhes o direito à cultura, a suas culturas, à produção cultural, mas também o direito a se reconhecerem sujeitos de produção de culturas, valores.

Refletir em coletivo de educadores/as e educandos/as as dimensões políticas que estão em jogo ao se afirmarem sujeitos de culturas, valores, linguagens. Que significados políticos carrega essa afirmação? Contrapor-se a outros valores, culturas hegemônicas, símbolos do poder, da nação, da propriedade, dos meios de produção, do trabalho, da terra, da cidade? Afirmar sua diversidade cultural, de gênero, raça, etnia, orientação sexual? Há propostas pedagógicas que avançam na incorporação dessas questões nos currículos, mas ainda no extraturno, à margem dos tempos, atividades de ensino-aprendizagem. O direito a saberem-se vítimas de que padrões e culturas merecerá um tema gerador de estudos e de formação. É necessário investigar a função política da cultura que os movimentos sociais repõem com tanto destaque. Ao longo de nossa história, os padrões culturais hegemônicos agiram e agem como critérios de segregação dos coletivos sociais, raciais, de gênero.

Em dias de estudo de educandos e mestres, aprofundar o conhecimento sobre que valores e culturas operam como justificativas para segregá-los sem terra, sem teto, sem trabalho, sem renda. Sem escola, sem universidade. Para segregá-los como negros/as, como mulheres, LGTVI. Mostrar como a cultura e os valores justificam os modos de produção, de apropriação, de expropriação dos seus direitos a trabalho, teto, terra, renda, escola. Aprofundar, ainda, como esses padrões culturais justificam sua condição de sem direito ao conhecimento ou a redução de seu direito à educação apenas ao domínio dos instrumentos escolares mínimos. Trabalhar que valores, que culturas escolares segregadoras os reprovavam e condenavam como sem cabeça para as letras, como lentos, com problemas de aprendizagem. Avançar para entender que valores, que culturas sociais e escolares os segregaram, inferiorizando-os como sem valores de estudo, de atenção, de perseverança, de trabalho. Segregaram suas famílias como iletradas, sem capital social e cultural. A política, os padrões de poder dominação-subalternização legitimam-se em valores, padrões culturais, éticos ou antiéticos.

Fazer uma análise desses valores e mostrar como são vítimas de padrões culturais hegemônicos únicos, universais, que não reconhecem outros valores e outras culturas como legítimas. Que não os reconhecem como sujeitos de culturas legítimas. Nem sequer como sujeitos de direito aos padrões culturais únicos, pensados como legítimas expressões da cultura. Lembremos que o campo da produção, da apropriação e do reconhecimento da cultura sempre foi politicamente tenso na história. Foi e continua sendo um dos campos de legitimação de uns coletivos sociais, raciais e de uns povos como cultos, produtores, símbolos da cultura legítima, nobre e de legitimação da inferioridade – até humana – de outros coletivos, povos e raças como incultos ou atolados não em culturas, mas em crendices, rituais e modos de ser e de produzir primitivos. As culturas escolares e pedagógicas que os reprovaram e segregaram participam desses padrões culturais, políticos, antiéticos, segregadores. Um tema a merecer estudo aprofundado na formação dos profissionais de todos os níveis de educação: como as culturas escolares e os valores incorporaram essas culturas e valores inferiorizantes e segregadores de nossa cultura política. Há currículos de formação que se aprofundam na tensa história de conflitos, de extermínios, de imposição política de umas culturas sobre outras. Uma história que transpassa nossa história.

Será conveniente aprofundar o estudo sobre essas tensas relações entre culturas. Ir à história. Essa hierarquização de culturas foi e continua sendo uma marca da colonização e do imperialismo cultural até o presente. A história política de poder, de dominação, de colonização e até de expropriação da terra e da exploração do trabalho recorreu sempre a sentenciar os outros povos como sem valores de trabalho, de produção, de previdência. Como nos lembra Aníbal Quijano (2010), os povos indígenas e negros foram considerados incapazes de participar na produção intelectual, cultural e moral da humanidade[20]. As crianças, os adolescentes e os jovens e adultos, como membros desses coletivos, têm direito a entender essas segregações culturais de que são vítimas no passado e no presente. Sua condição de reprovados, repetentes e defasados, obrigados a voltar a refazer percursos escolares ainda é justificada na falta de valores de estudo, de perseverança, na falta da cultura do trabalho. Mantê-los na pobreza, sem emprego ou em trabalhos precarizados ainda é legitimado em nossa cultura social e política porque sem valores de trabalho, dedicação. Incultos. Sem capital social, cultural. Não reconhecidos sujeitos de cultura. Desde a catequização e a educação colonial, o pensamento educacional alimentou-se e alimenta-se dessa dicotomia cultural: educar os incultos para a cultura nobre, letrada; educar os irracionais para os valores de racionalidade; educar os inconscientes, pré-políticos para a consciência política, educar os subcidadãos para os valores republicanos.

Se às escolas públicas e à EJA chegam as vítimas desses padrões culturais históricos segregadores, os currículos não poderão ignorar essa centralidade da cultura, dos padrões e dos valores sociais e políticos que os inferiorizam. Assim como não poderão ignorar as resistências das próprias vítimas desses padrões. Ao longo de nossa história, uma das fronteiras tensas de resistência ocorreu no campo da cultura. Na afirmação de serem sujeitos coletivos de culturas, de valores, de linguagens, de religiões, de modos de pensar, de lerem-se e lerem o mundo. Os embates entre culturas foram, em nossa história e na história dos países colonizados, especial e dramaticamente tensos. As tensões entre culturas e entre coletivos culturais transpassam nossa história política. Os currículos de formação, de educação básica e superior sentem a obrigação de incorporar e aprofundar, com as vítimas dessas tensões culturais, essas centralidades das tensões entre culturas.

Há lugar nos currículos para o direito à cultura?

Na medida em que, nos currículos de formação, aprofundarem-se essas tensões políticas no campo da cultura, será possível avançar para indagar se há lugar nos currículos de educação para garantir o direito dos educandos à cultura. Essa questão poderá orientar a análise das Diretrizes Curriculares de educação básica, e mais especificamente da EJA. Poderá orientar o estu-

---

20. Recolho essas análises de Anibal Quijano no texto "A libertação do Mito de Inferioridade de Origem". In: ARROYO, M. *Outros sujeitos, outras pedagogias*. Petrópolis: Vozes, 2012, p. 185ss.

do das diretrizes de formação de docentes-educadores nos cursos de Pedagogia e de Licenciatura, nos currículos das diversas disciplinas de formação e de educação básica. Se há lugar, qual o lugar para se trabalhar o direito à cultura? A ênfase em avaliar domínios de aprendizagens leva a fechar ainda mais o direito à cultura; leva a fechar a formação docente ao domínio de ensinar aprendizados avaliáveis[21] (ARROYO, 2015e).

Um trabalho a privilegiar nas escolas públicas, na EJA: Como essa história cultural tão politicamente tensa é trabalhada nas áreas do conhecimento? Está presente? É ignorada até nas disciplinas sociais, humanas? O material escolar, desde as historinhas para as crianças – Monteiro Lobato como síntese –, não reproduz esse trato abissal das culturas? Dos coletivos sociais, raciais, espaciais? Histórias dos príncipes cultos e dos servos incultos, do príncipe que, pelo amor, tira a jovem plebeia do seu grupo inculto... Histórias, parâmetros culturais abissais que se contrapõem à chegada de crianças, adolescentes, jovens e adultos populares que resistem a essas inferiorizações culturais e que vêm de resistências afirmativas de serem sujeitos de culturas. De outras culturas ignoradas no material didático e nas áreas do conhecimento. A formação cultural de educadores e educandos não cabe na estreiteza das aprendizagens avaliáveis, onde não haverá lugar para os valores e para as culturas, por sua resistência a serem avaliáveis.

Desde o final dos anos de 1980, várias escolas, sobretudo redes municipais – onde chegam os filhos/as desses coletivos de trabalhadores, dos povos pensados e inferiorizados como primitivos, incultos, sem valores –, foram obrigadas a reconhecer que crianças, adolescentes, jovens e adultos chegam como sujeitos de cultura, de valores, de saberes. Os docentes foram obrigados a repensar os currículos, a dar centralidade ao direito à cultura, às artes, à literatura, à diversidade de linguagens culturais. Dar centralidade ao conhecimento socialmente produzido, mas também à cultura socialmente produzida. Dar centralidade à tensa história de imposição-resistência no campo da cultura tão persistente em nossa história no passado e no presente. Avanços reprimidos pelas políticas de avaliação nacional. As escolas e seus profissionais vinham reinventando outro paradigma pedagógico.

Os movimentos sociais, repolitizando o sempre tenso campo da cultura, afirmando-se sujeitos de cultura e sujeitos de direito à cultura, vêm levando

---

21. Trabalho esses reducionismos na função docente-educadora no artigo "Tensões na condição e no trabalho docente – tensões na formação". *Movimento – Revista de Educação* (FEUFF-PPGEUFF), v. 2, 2015.

coletivos de docentes-educadores/as a recuperar a concepção constitucional do direito à educação como direito à formação humana plena, formação intelectual, cultural, ética, estética, corpórea, identitária. Tempos propícios a reconhecer os educandos como sujeitos de cultura, de culturas. De direito à cultura e à diversidade cultural. Tempos de retomar uma herança que marcou a Pedagogia do Oprimido e o Movimento de Cultura e Libertação Popular, já desde o final dos anos de 1950. Reconhecer o povo, os oprimidos, os jovens e os adultos como sujeitos de cultura, de valores, de saberes e leituras de si e do mundo significou um outro paradigma para o pensamento pedagógico, e especificamente para a educação de jovens e adultos populares, trabalhadores. Esses avanços vinham levando os coletivos de docentes-educadores/as a repensar e a disputar os currículos, os conteúdos de cada disciplina e do material didático para incorporar o direito dos educandos à cultura.

Que temas aprofundar na formação dos docentes-educadores?

• Começar por reconhecer os mestres e os educandos como sujeitos do direito à cultura. Desconstruir representações ainda fortes no imaginário político, social e pedagógico, que continua a pensar o povo e seus coletivos sociais, raciais como INCULTOS, sumidos no senso comum, à margem da cultura nacional. Pesquisar se as áreas do conhecimento e o material didático ainda passam essa visão do povo como inculto. Analisar os significados segregadores dessa visão e a função política que teve e tem em nossa história.

• Reconhecer os mestres e os educandos não apenas sujeitos do direito à cultura produzida, mas sujeitos de produção de culturas. Reconhecer a diversidade de coletivos sociais, raciais, de gênero e de trabalho como produtores de uma rica diversidade de culturas. Reconhecer a diversidade de identidades culturais coletivas em nossa sociedade como uma riqueza a enriquecer os currículos.

• Reconhecer a rica diversidade cultural da nação, dos grupos sociais, raciais e étnicos. Valorizar a cultura popular que inspira seu viver, suas resistências à opressão. Pesquisar no material das áreas do currículo se a cultura popular é reconhecida. Superar a dicotomia ainda presente nos currículos e no material didático entre a cultura nobre, letrada – a "Alta Cultura" – e a baixa cultura popular.

• A cultura popular que as crianças, adolescentes e jovens-adultos trazem para as escolas, à EJA, não tratá-la como um apêndice, reconhecida apenas em tempos à margem das áreas do conhecimento: em festas, comemorações, extraturno. Mas incorporá-la como um direito à formação humana plena, componente tão central dos currículos e da formação docente-educadora quanto o conhecimento. Questões a merecer dias de estudo. A merecer disputas de espaços nos currículos e no trabalho docente.

• Incorporar dimensões da cultura inerentes a cada área do conhecimento. Explicitar os valores e as culturas próprias à produção de cada dimensão do conhecimento. Não há conhecimento, ciência ou tecnologia isentos de valores, que não tragam as marcas da cultura de cada grupo, de cada produtor. Que na formação de licenciados em cada área do conhecimento seja garantido o direito a entender que valores, que culturas marcaram a produção desses conhecimentos.

14
Direito à cultura como direito à formação humana

Uma das críticas feitas com frequência a uma visão alargada do direito à Educação Básica é que, incluindo como responsabilidades da escola dimensões da formação humana como a socialização, a ética, a cultura, estaríamos desvirtuando o que é a função específica da escola e da docência: informar, capacitar, instruir, garantir o direito ao conhecimento acumulado. O direito ao saber escolar. Defender esse direito tem sido uma constante desde os anos de 1970. Um avanço. Mas avançamos até aí e paramos? Por que não incluir no direito à educação básica o direito à cultura acumulada? O conhecimento acumulado não faz parte da cultura? Volta a pergunta: O "C" do MEC deixou de ser "C" de Cultura e virou "c" de conteúdos de aprendizagem?

Os debates sobre o direito de todo cidadão à cultura e sobre as relações entre direito à educação e à cultura como direito fundamental da formação humana têm continuado no pensamento social, político e pedagógico. Como o direito à cultura é colocado no direito à educação, à formação humana das crianças nas escolas e dos jovens-adultos na EJA? Tentemos trazer alguns pontos para a formação inicial e continuada dos seus profissionais.

Direito à cultura: direito básico de todo ser humano

Os profissionais da educação básica não têm ficado à margem dos debates e dos avanços ocorridos no sentido de reconhecer o direito à cultura como um dos direitos básicos de todo ser humano, como um direito à formação humana e, consequentemente, como um dever do Estado, do sistema educacional e da docência. Daí que a cultura tornou-se um dos campos das políticas públicas e de estudo nos encontros de professores. O Estado deve garantir a todo cidadão os direitos culturais previstos na Constituição, o acesso à produção cultural, à criatividade artística, à memória, ao patrimônio. Deve dar, a todo cidadão, instrumentos e oportunidades de cultivar suas capacidades como produtor e sujeito de cultura. O direito de cada cidadão à formação como sujeito cultural é, hoje, aceito como direito humano universal. Cabe ao Estado fomentar essa formação cultural de todo cidadão. As políticas educativas não têm ficado alheias a essa tarefa. Nela nos inserimos como educadores e docentes. Somos profissionais da cultura, da formação cultural. Há como separar educação de cultura? A escola é um dos espaços e tempos culturais marcantes nas sociedades modernas. Quando ignorada essa função, a escola, os currículos e adolescência se empobrecem.

Estudos nas ciências humanas vêm mostrando que cultura e educação são inseparáveis, pois "a educação é a porta da cultura", da formação da mente, e nos proporciona a caixa de ferramentas através da qual construímos não apenas nossos mundos, mas nossas próprias concepções de nós mesmos e nossos poderes (BRUNER, 1997, p. 12). Como equacionar essas estreitas relações? Na última década encontramos, nas escolas mais do que na EJA, um pipocar de projetos que trazem como marca a procura dos vínculos entre educação, formação e cultura. Projetos que partem de ações culturais para chegarem ao ensino ou que fazem do ensinar-aprender um processo cultural. Jogos, música, capoeira, *rap*, teatro etc. são articulados ao ensino de matemática ou de história, à alfabetização, à aceleração dos desacelerados e defasados ou ao conhecimento do patrimônio cultural nos estudos do espaço, reconhecendo e trabalhando seu universo simbólico etc. As propostas de educação integral estimularam esses projetos culturais, ao menos no extraturno. Em outra linha, aparecem projetos culturais que visam a inclusão social e a diminuição da violência e da criminalidade juvenis, por exemplo. A escola é pensada e chamada a participar em políticas culturais que procurem criar oportunidades para crianças, adolescentes e jovens engajarem-se em formas diversas de expressão cultural, a fim de tirar ou se prevenir do narcotráfico, da violência, da criminalidade... Tem sido frequente apelar à arte e às diversas manifestações culturais para a promoção social e até para promoção dos alunos-problema, sejam problemas de aprendizagem ou de disciplina. Abrir a educação a essas expressões culturais para resolver problemas de aprendizagem e para promoção social está sendo uma maneira de fazer da educação a porta da cultura? Ou fazer da cultura um recurso de moralização, em lugar de vincular direito à cultura e direito à formação humana? Essas formas de articular cultura-educação exigem posturas críticas.

Mas há escolas e projetos político-pedagógicos de escolas e de redes públicas que vão além. O direito à cultura como direito à formação humana é muito mais do que usar a cultura como recurso didático e como corretivo social. É assumir que a escola pode e deve ser uma das instituições de acesso à produção e às realizações artísticas. Que a cultura vivenciada na escola pode ser um processo de socialização e de formação da criança, do adolescente, do jovem e do adulto como sujeitos culturais. Humanos. Assim como a cultura escolar pode destruir a socialização cultural dos educandos ou pode ignorar a cultura política dos mestres. Nessa direção, a educação pode ser a porta da cultura, usando-a apenas como corretivo, antídoto ou recurso moralizante, didático. Por aí estaremos muito longe da vinculação que historicamente tiveram a cultura, a educação e a formação humana. Coletivos docentes buscam outros vínculos entre cultura e formação, e discutem, nos dias de estudo, as estreitas relações entre conhecimento, ciência, tecnologia e cultura, vendo todas as expressões, avanços e usos dos conhecimentos como produtos culturais, marcados pelos valores e pela cultura de cada tempo e de cada grupo social. Tentam explicitar esses valores com análises críticas. Vão além, reconhecendo que a mente é cultural. A cultura amplia o conhecimento, ultrapassa o que vemos pelos sentidos e pensamos pelo raciocínio. A cultura amplia nossas capacidades mentais ou destaca outros significados para além do que vemos e pensamos. Aprendemos a ler e a pensar o que já lemos e o que já pensamos pela cultura. Uma visão de extrema relevância na educação da infância e de jovens-adultos tão marcados pela cultura popular, sendo até mesmo agentes de culturas nas vilas, nos movimentos sociais, sujeitos de leituras de mundo através de suas culturas.

Nos processos de pensar, raciocinar, de ler e de alfabetizar entramos com nossas culturas. Com nossa mente cultural, com nosso universo simbólico. O material a ensinar-aprender é marcado por valores, representações de mundo, de ser humano, de sociedade. Como separar cultura e aprendizagem, cultura e ciência, conhecimento e docência? Ao trabalhar as relações entre cultura-conhecimento, um ponto passa a ser objeto de pesquisa e entendimento: as diferenças entre os saberes da cultura e do conhecimento, da lógica científica e do real. O saber da cultura é outro saber – sobre outras dimensões, diferentes do saber do conhecimento e das ciências. Há dimensões do real que a cultura capta – expressando-as em símbolos e em uma diversidade de expressões culturais que as ciências não captam. Quando a cultura e as artes são secundarizadas nos currículos, dimensões do conhecimento humano são secundarizadas. Dimensões da formação humana são ignoradas. Articular conhecimento e cultura garantirá uma formação humana mais completa dos educandos e dos educadores.

Como trabalhar o direito à cultura como formação humana?

O ponto de partida será reconhecer que avança a consciência profissional de que o direito à cultura e à diversidade cultural é inerente ao direito à educação, à formação humana. Nos cursos de formação deve-se dar a centralidade para os docentes reconhecerem-se não apenas profissionais do direito ao conhecimento, mas profissionais do direito à cultura, à formação humana dos educandos. Essa poderá ser uma questão obrigatória a ser aprofundada nos currículos de formação inicial e continuada de educadores/as de jovens e adultos. Iniciar por levantar projetos, práticas que já propõem trabalhar o direito à cultura. Analisar essas práticas, entendendo que concepções e que dimensões da cultura privilegiam. Avançar aprofundando como articulam o direito à cultura com o direito ao conhecimento e à formação humana. Reconhece-se ou ignora-se a educação como porta da cultura? Que manifestações culturais têm lugar na educação fundamental, e especificamente nos tempos da EJA? Com que função pedagógica? Resolver problemas de aprendizagem? Moralizar? Trabalhar valores, identidades culturais? As áreas do conhecimento introduzem a cultura e as artes como formas de conhecimento sobre o mundo, sobre a realidade social vivida pelos jovens-adultos?

Um traço forte em nossa história cultural que adquire atenção especial nos cursos de formação profissional e nos projetos com os educandos jovens-adultos: Como trabalhar a história da cultura e de nossa formação cultural como uma história extremamente tensa, segregadora, hierarquizante de culturas e de imposição de uma cultura como *a cultura nacional*? Como manter uma postura crítica às tendências que trazem para as escolas diálogos multi e interculturais, que ignoram essa história de segregação de culturas e imposição de uma única cultura? Reconhecendo que a maioria dos educandos/as jovens e adultos são populares, impõe-se o trato político e pedagógico do direito à cultura popular. Deve-se conhecê-la e abrir espaços nas áreas do conhecimento e em temas geradores para trazer a história da cultura popular. Lembremos que o movimento de Educação de Jovens e Adultos, tão defendido por Paulo Freire, parte do reconhecimento da cultura e da libertação popular. A cultura popular como resistência a opressões históricas e como libertação. Uma visão político-pedagógica da cultura popular, de seu papel formador e humanizante dos grupos populares, dos trabalhadores que vêm do trabalho para a EJA. Uma história da cultura popular a ser trabalhada com os jovens-adultos populares como didática de autoconhecimento e como forma de garantir sua formação humana. Uma dimensão político-pedagógica da cultura trazida e aprofundada na formação de educadores/as: Que sujeitos político-culturais repõem essa função político-pedagógica de mostrar o povo e seus coletivos como sujeitos de cultura?

Relacionar o direito à educação, ao conhecimento e à cultura exigirá repensar a história das políticas, das diretrizes, dos currículos e até do nosso sistema escolar nessa relação. O direito à cultura teve lugar central ou marginal? Esses espaços políticos não se afirmaram exclusivamente como espaço de garantia do direito ao conhecimento, ignorando o direito à cultura? A EJA reproduzirá a mesma história de secundarizar o direito à cultura dos jovens-adultos? O sistema escolar, os currículos e as diretrizes não terminaram reproduzindo cultura, valores e ideários únicos? Os Parâmetros Curriculares Nacionais e, agora, a Base Nacional Comum não ignoram a diversidade cultural? Não impõem uma cultura nacional, conhecimentos nacionais únicos? A cultura escolar e docente e a cultura predominante no material didático reconhecem a rica cultura popular?

Aprofundar essas interrogações sobre o direito à cultura e o direito ao conhecimento poderá ser um caminho para entender como a segregação da cultura popular levou à segregação de crianças, adolescentes, jovens e adultos populares. Levou a segregá-los como sem cabeça para as letras, com problemas de aprendizagem, incultos, logo reprovados. Candidatos a tentar de novo na EJA. Pensar os trabalhadores, os povos indígenas, os negros e os camponeses como incultos e sem cultura tem sido, em nossa história política, um instrumento para segregá-los, subalternizá-los. Têm direito a conhecer essa tensa história de segregação como sujeitos de culturas. Conhecê-la será uma forma de desconstruir essas identidades negativas e de construir identidades positivas. Afirmarem-se humanos.

A tensa história de imposição-segregação de culturas

Walter Benjamin lembra-nos que jamais se deu um documento cultural que não tenha sido, ao mesmo tempo, de barbárie. Adverte-nos para não esquecer de que a produção cultural não esteve isenta das hierarquias de classe, de raça e das classificações de culturas nobres e comuns. Nas oficinas e dias de encontro-estudo dos professores/as tem sido aprofundada a tensa relação entre educação, cultura e civilização. O avanço do conhecimento, das ciências e da educação tem sido pensado como processos da história da civilização. Humanização. Mas como têm sido pensados? Nas dicotomias entre civilização-barbárie-culturas-inculturas? Coletivos cultos e incultos? Letrados e iletrados? À EJA e às escolas públicas chegam os "incultos", porque iletrados, para serem tirados da barbárie e levados à civilização?

A escola e a docência são pensadas tarefas civilizatórias de maneira um tanto triunfalista e dualista. Internalizamos a tal ponto nossa função civilizatória dos incivilizados que perdemos a sensibilidade para o horror da nossa civilização, o horror de tantos processos de violência e das condições de violência em que os alunos reproduzem suas existências. Esquecemos que esses documentos de civilização têm operado ao mesmo tempo como instrumentos de barbárie. Avança a consciência, nos estudos e projetos culturais, dessas contradições no campo da cultura. Avançam estudos na formação inicial e continuada dos profissionais da educação e da cultura para interrogar: Os processos ditos civilizatórios são neutros? Para todos? Deles se têm beneficiado as crianças, os jovens com que trabalhamos? Nós, docentes, vemos nossa docência, o conhecimento e a cultura no contexto civilizatório, mas possivelmente os alunos se veem excluídos desse processo, e veem a nós e ao conhecimento escolar no contexto da violência que sofrem e da sobrevivência em que se debatem. Estaria aí um dos desencontros entre docentes e discentes? Por vezes, levamos tão a sério nossa função civilizatória para com os setores populares que nos tornamos violentos para garantir a função civilizatória de socializar o conhecimento escolar. A história do processo civilizatório e da cultura é uma história de violências, e a escola, enquanto instituição civilizatória, é parte dessas violências. A começar pela violência de estigmatizar trabalhadores, pobres e negros como incivilizados ou de ver suas culturas como inculturas.

Justificamos as múltiplas violências da reprovação-retenção e da separação de adolescentes de seus pares pela seriedade de nosso compromisso com a socialização do conhecimento escolar, com o processo civilizatório. Posição ambígua. Estranhamentos docentes que estão levando professores a descobrir também a violência por trás de tantos gestos e sentimentos nobres de democratizar o saber socialmente acumulado para todos. De socializar a cultura nobre letrada, para nela incluir os incultos iletrados. Parecidos desencontros podemos ver em alguns discursos sobre o respeito e a sensibilidade para a cultura e a diversidade cultural dos educandos. Nossa sensibilidade civilizatória e igualitária vem incorporando a cultura como um direito. Mas direito a que herança cultural, a que símbolos culturais, a que linguagens, a que memória e identidades culturais? A cultura faz parte do processo de formação humana, mas, na medida em que se impõe uma cultura como única, outras culturas são segregadas, inferiorizadas. A história de tantas segregações culturais tem operado como processos de bloquear a formação humana.

Trabalhar o direito à cultura como direito à formação humana coloca-nos diante de como entender e trabalhar essa tensa história da imposição, segregação de culturas. De desumanização. Obriga-nos a aprofundar as virtualidades formadoras, humanizadoras da cultura, mas também a nos aprofundar sobre os processos de desumanização na segregação, destruição de culturas na história e, especificamente, em nossa história. Obriga-nos a ter sensibilidade pedagógica para a violência da segregação, do racismo, da reprovação e retenção de milhões de crianças negras, de rua, ou para a sua exclusão da universidade, do poder, da justiça, da terra, do trabalho, dos espaços culturais. Nem temos a mesma sensibilidade com a segregação de outras heranças culturais. Uma questão a ser aprofundada na formação de educadores/as de crianças, adolescentes, jovens e adultos populares marcados por outras heranças culturais segregadas.

Os educandos populares, membros de coletivos culturais segregados, vítimas de destruição de suas culturas étnicas, raciais, populares, têm direito a entender os significados desumanizantes de que foram e continuam vítimas. Não será suficiente abrir espaços para a diversidade cultural como tema transversal nem abrir espaços no contraturno. Essa história tão tensa exige ter centralidade no turno e nas diversas áreas do conhecimento, para que, ao menos nas escolas e na EJA, entendam os processos de segregação cultural de que são vítimas. Que sejam fortalecidos para resistir e afirmar suas culturas.

Os diálogos interculturais superarão a segregação cultural?

A pedagogia e a docência vêm somando forças nas tentativas de superar a história de segregações culturais. Como? Vêm aderindo ao reconhecimento do multiculturalismo e dos diálogos interculturais. Nos encontros docentes, essas questões estão presentes com uma nova sensibilidade, talvez porque nos seus coletivos docentes há cada vez maior diversidade cultural. A sensibilidade docente para a cultura é um avanço, mas pode significar que nos é mais fácil ser sensíveis nesse campo um tanto gelatinoso da cultura do que no campo duro da violência social e da exclusão e segregação culturais. É mais fácil navegar no campo fluido da interculturalidade do que nos campos malhados da segregação institucional, dos vestibulares meritocráticos e seletivos, das reprovações, retenções, das grades curriculares monoculturais. Nestas, não há lugar para a diversidade cultural, a não ser como um tema transversal.

A nova sensibilidade para a cultura leva a que se pensem os encontros onde não falte uma representativa temática sobre interculturalidade, multiculturalismo. Há coletivos que avançam e levam a esses encontros uma crítica a tratos despolitizados das relações entre culturas em nossa história. Como ocultar nos diálogos interculturais os culturicídios, a extinção e a inferiorização de culturas, das tradições, das línguas, das crenças e religiões dos colonizados? A dominação cultural? Por que nesses gestos nobres de respeito às diversidades culturais avançamos com voos mais ligeiros do que no campo dos estudos sobre segregação, sexismo e racismo cultural e a intolerância religiosa institucionalizados na sociedade, na escola, nos currículos, nos vestibulares, nas avaliações e reprovações na mídia e até no Congresso? Há consciência de que é um avanço o fato de que a pedagogia se abra à interculturalidade e à centralidade dos vínculos entre cultura-educação, porém sem esquecer e trazer à análise os horrores da violência e segregação cultural, social, racial, étnica e de gênero instituídas na sociedade e no próprio sistema escolar, enquanto sistema cultural, e na nossa cultura política e mediática. Questões de especial relevância no trabalho com adolescentes, jovens-adultos marcados pela segregação cultural, social, racial.

Na medida em que nos encontros de docentes-educadores essas questões são trazidas e aprofundadas, elas vão penetrando nas diversas disciplinas e áreas do conhecimento; seus profissionais levam o saber dessas tensas relações entre cultura e educação às salas de aula, ao material didático, aos debates entre os educandos. Por aí, as escolas se reinventam por dentro, reinventam o direito dos mestres e alunos a se entenderem na diversidade cultural que levam às escolas. Trazer com centralidade as relações entre cultura, conhecimento, ciência e diversidades é uma forma de alargar e enriquecer o direito ao conhecimento. Direito a saberem-se produtores de culturas e até segregados em suas culturas. Uma maneira de formarem-se sujeitos culturais, de resistências e de lutas nesse campo da cultura. Por aí a escola e a EJA passam a se afirmar como um espaço de cultura, com seus professores-profissionais da cultura. Da formação humana.

O multiculturalismo já entrou no território do currículo oficial ao menos como tema transversal. Tem entrado com maior destaque na diversidade de projetos pedagógicos das escolas, sobretudo no extraturno. Seria necessário perguntar-nos como vai entrando, sob que pressupostos e com que visão de cultura. Nos currículos de formação de educadores e de educandos, abrir espaços para debater que visão tem o multiculturalismo das culturas. Há um ponto extremamente positivo: reconhecer que somos uma sociedade multicultural, não monocultural, o que representa uma crítica a-histórica à imposição de uma monocultura nacional. Deve-se investigar se os currículos e o material didático reconhecem essa diversidade de culturas. Mas ir além: aprofundar o entendimento de como tem sido tratada essa diversidade. Trazer para o estudo a história de inferiorizações e extermínios de umas culturas, e a imposição de uma cultura como hegemônica. Entender a história – que vem da colonização – de classificar povos originários, indígenas, negros, camponeses, pobres e trabalhadores como incultos, e os colonizadores e as elites como cultos. Classificações que persistem. Aprofundar o estudo do papel do pensamento pedagógico colonial, republicano e até democrático na reprodução dessa classificação.

Uma pergunta se impõe e deve ser aprofundada na formação inicial e continuada. Que diálogos multi-interculturais são possíveis nessa persistente história? A tendência tem sido pressupor e não questionar a existência de uma cultura nobre, de uma herança cultural legítima que tolera, reconhece como inferiores e até valoriza outras manifestações culturais dos coletivos tradicionais, populares, primitivos, inferiores. Incultos. Quando essa hierarquia de povos, de coletivos, de cultos e incultos, de culturas, de valores não é questionada, torna-se difícil educar no multiculturalismo. Até quando se tenta superar essas dicotomias e hierarquias culturais, mas não se questionam as segregações sociais, raciais, étnicas, de gênero, campo, classe, periferia, fica ingênuo esquecê-las e pretender uma proximidade dialogal tolerante e respeitosa de outras culturas e tradições. Os grupos sociais e raciais segregados e subalternizados como incultos exigem mais do que tolerância e diálogos interculturais.

A segregação cultural nos padrões culturais escolares

Chegam à EJA aqueles jovens-adultos segregados desde crianças como sem cultura porque iletrados, sem cabeça para as letras, incultos, de famílias, coletivos sociais, raciais inferiorizados como sem capital social, intelectual, cultural. São vítimas de padrões *culturais escolares* segregadores? Uma questão a aprofundar: Há segregação cultural no sistema escolar? As estruturas escolares, a organização dos conhecimentos etapista, as exigências de percursos lineares, de avaliação, reprovação e retenção materializam valores, padrões culturais segregadores hegemônicos na sociedade. Têm direito a entender-se e entender esses padrões de segregação cultural que os reprovaram nos processos escolares de ensino-aprendizagem. Como aprofundar o entender desses processos nos cursos de formação dos docentes--educadores/as e dos educandos/as?

O avanço no reconhecimento da diversidade cultural e as tentativas de pôr em diálogo essa diversidade leva a EJA, as escolas e a docência a tocarem em pontos do currículo e da estrutura escolar marcados pelos padrões culturais segregadores da diversidade cultural. Obriga a um debate e a uma análise da história da produção dessa diversidade. Dessas hierarquias. Leva a questionar o papel do nosso sistema escolar e de sua cultura única. Por exemplo: a imposição incondicional ao letramento da infância popular ou dos jovens-adultos, porque catalogados como pertencentes a coletivos e comunidades "iletradas", pode ser uma violência cultural contra a diversidade de linguagens e universos simbólicos. A resistência e as dificuldades tão proclamadas dessas infâncias e comunidades "iletradas" ao letramento nos tempos e etapas escolares podem ser uma reação à violência cultural que cai sobre elas, logo, desde o pré-escolar, na ANA e na Provinha-Brasil, e durante seu percurso escolar e social: iletrados, analfabetos, logo sem cultura. Incultos. Não é essa a visão que pesa sobre os jovens-adultos? Incultos porque iletrados. São as vítimas de históricas classificações entre cultos e incultos e de padrões de aprendizagem que internalizam essas hierarquias sociais.

O reconhecimento da diversidade cultural poderá chegar ao reconhecimento dos modos e dispositivos sociais e escolares concretos através dos quais o conhecimento, a cultura, os valores e as formas de pensar são transmitidos nesses coletivos pensados incultos porque sem recurso à escrita e à leitura usadas nos coletivos letrados, reconhecidos como os cultos. Crianças, adolescentes que chegam às escolas socializados em comunidades onde predomina a cultura da oralidade exigem o aprofundar sobre a diversidade cultural e os processos de aprendizagem. Ser socializado na cultura da oralidade tem um grande impacto na produção do conjunto de conhecimentos e de formas de pensar, nos sistemas de pensamento e de cosmovisão, não apenas de expressar-se, comunicar-se. O processo escolar de letramento mexe e até desestrutura essas lógicas de pensamento, de produção de conhecimento, de cultura e até de organização social. Passar por cima no trato dessa diversidade cultural é uma violência a que reagem pensados com "problemas de aprendizagem", que os jogaram para a EJA.

Este poderia ser um ponto a aprofundar nos currículos de formação: As crianças, os jovens-adultos seriam vítimas das tensões culturais, da violência cultural de processos da mesma aprendizagem que não reconhece as outras culturas dos educandos? O pensamento pedagógico foge de colocar os ditos problemas de aprendizagem e de letramento nesse campo tenso de culturas – cultura oral inferiorizada como inculta e cultura letrada como síntese da cultura nobre. Por que ignorar essa dualidade, essa hierarquia segregadora de culturas nos processos de ensino-aprendizagem e de alfabetização? A monocultura letrada tão predominante nos processos escolares de ensino-aprendizagem, de leitura de mundo e de sociedade ignora a cultura oral que desde crianças até jovens-adultos levam aos processos de educação, de formação humana. Chegam passageiros do trabalho, da socialização oral popular com suas leituras de mundo, do trabalho, do espaço, da cidade ou do campo. Chegam com suas leituras de si mesmos nas relações sociais. Leituras ignoradas pela cultura letrada escolar. Nessa monocultura letrada dominante nas escolas será possível o multiculturalismo, a interculturalidade? Os Parâmetros Curriculares Nacionais e, agora, a Base Nacional Comum nos alertam: seu lugar é apenas como temas transversais.

As reações estão postas nas escolas e na EJA: retomar as tensões históricas no campo da cultura. Garantir o direito dos jovens e adultos a entenderem-se nessa história cultural, segregadora. Reconhecer que, repolitizando a cultura, seus coletivos sociais, raciais mostram-se cultos. Humanos. Exigindo espaços e reconhecimento na cultura nacional.

Os coletivos populares repolitizam o direito à cultura

A forma mais radical de reconhecer a cultura como formação humana vem dos próprios educandos trabalhadores em seus movimentos: repolitizam a cultura, seus direitos a serem reconhecidos sujeitos, produtores de culturas, valores, identidades coletivas culturais. A cultura como uma das matrizes de sua afirmação como humanos. A cultura popular tem sido pensada e tratada pela cultura hegemônica política e até pedagógica como despolitizada, símbolo do atraso e da despolitização. Símbolo de ainda não humanos plenos. Os movimentos sociais são movimentos culturais que reagem a essa visão segregadora da cultura popular e trazem afirmações políticas da dignidade da diversidade cultural. Os movimentos sociais culturais recuperam imagens dignas dos coletivos que representam: imagens de mulheres, de negros, indígenas, quilombolas, camponeses e ribeirinhos carregadas de dignidade, valores, coragem e lucidez nas leituras de mundo e de si mesmos. Imagens perdidas. Houve tempos em que essas imagens carregadas de força moral, social e cultural foram estampadas em quadros, pinturas, retratos de artistas. Por exemplo: *Caipira picando fumo*, tela de Almeida Júnior, no século XIX; *Os retirantes*, de Portinari. Tempos em que ao menos as artes reconheciam a riqueza da cultura popular.

Os movimentos sociais recontam a história de nossa formação social, moral e cultural a partir do viver popular. Vivências classificadas como de deformação nas concepções hegemônicas de cultura-educação. Seus coletivos sempre silenciados e ridicularizados: jecas. Nas histórias oficiais e até no material didático não aparecem todos os grupos envolvidos, mas apenas alguns: os bandeirantes, os missionários, os intelectuais, os educadores. Os pequenos lavradores, os agregados, os índios, os escravos, as mulheres, sempre silenciados. Quando aparecem, estão como coadjuvantes ou vítimas dos senhores das terras, do poder e da cultura. Visão repetida no imaginário social, político, cultural e escolar. Nessa história, as imagens desses coletivos estão sempre infantilizadas, descaracterizadas para justificar o silenciamento a que intencionalmente foram reduzidos. Estudos não faltam tentando revelar esses coletivos, buscando mostrar sua exclusão ou inclusão-excludente, sua desclassificação e as tentativas oficiais de incluí-los, de civilizá-los e educá-los. As políticas de civilização e de elevação cultural, até pela escolarização, alimentam-se desse estigmatizar os outros como incultos. Uma estigmatização cultural que vem de longe e exige estudos aprofundados nos currículos de formação de educadores e educandos.

Os movimentos sociais reforçam o que muitos estudos já vinham mostrando: uma historiografia carregada de interpretações culturais viciadas desses coletivos. Interpretações viciadas que terminarão viciando as próprias interpretações e políticas oficiais. Uma historiografia cultural e educacional viciada não tanto porque partia de uma interpretação parcial da cultura e da educação, mas porque partia de uma visão viciada, segregadora e preconceituosa dos setores populares como incultos, primitivos, irracionais e imorais. Visão tão pesada sobre as crianças e adolescentes nas escolas públicas e sobre os jovens-adultos na EJA. Visão que destrói suas identidades pessoais e coletivas. Com que artes trabalhar essas identidades culturais tão negativas com que a cultura hegemônica destrói suas identidades culturais coletivas? Pensar a cultura como direito à formação humana exige educadores capazes de dominar essas artes.

Programas de formação de docentes-educadores reagem a essas visões viciadas, inferiorizantes. Exigem que os cursos de formação aprofundem as políticas e programas educativos, culturais, civilizatórios, que partem dessas visões viciadas, reducionistas e preconceituosas, o que leva a programas e políticas de cultura-educação para o povo viciadas, reducionistas, preconceituosas. A construção lenta, fraca e deficiente de nosso sistema de educação e cultura traz as marcas da representação do povo que carregamos desde a colonização e de sua empreitada catequizadora, educativa, civilizatória, que continuou no ideário republicano e democrático. A hierarquização das culturas legitimou e continua legitimando as hierarquias sociais, raciais, de lugar. Continua legitimando as hierarquias escolares e as violências e reprovações por baixo capital cultural das famílias, das crianças, dos adolescentes, jovens e adultos populares. A EJA é o lócus privilegiado da chegada dos decretados iletrados, incultos porque com percursos trancados no domínio da nobre cultura letrada.

Como ser profissionais das crianças, dos adolescentes, jovens e adultos populares sem conhecer e desconstruir essas hierarquias culturais e segregadoras? Sem desconstruir essa visão da escola pública e da EJA como lócus dos incultos? Reconhecendo a rica cultura popular e as culturas de libertação que levam e que os leva a fazer itinerários pelo direito a uma vida justa. Por serem reconhecidos sujeitos de culturas. Humanos.

15
O direito à diversidade resistente

Se os diversos – os outros – chegam às escolas públicas, se são maioria na EJA, que centralidade deverá ter nos currículos e especificamente na formação dos seus profissionais entender essa diversidade que chega às escolas e à EJA? Como trabalhar seu direito à diversidade, sua diferença cultural? Algumas dimensões desse direito merecerão especial destaque. Na medida em que se reconhece que o direito à cultura é inseparável do direito ao conhecimento, do direito à educação, o direito à diversidade cultural passa a ter um lugar central no direito à educação da diversidade dos grupos sociais. Como aprofundar, como trabalhar o direito à diversidade?

Um diálogo intercultural?

Pode se começar pelo reconhecimento de um dado que se tornou frequente nas escolas e redes públicas: projetos de trabalho, temas geradores sobre a diversidade cultural. Percebemos que essa é uma forma concreta de reconhecer e de trabalhar a diversidade cultural dos educandos, dos educadores e de seus coletivos diversos.

Nos currículos de formação, será necessário aprofundar uma primeira questão: Por que privilegiar projetos nas áreas da cultura? Diante do peso sufocante das ciências e matemáticas que durante as últimas décadas vem caindo sobre mestres e alunos (aí estão a maior carga horária e as maiores reprovações que vitimam os destinados à EJA), surge, desde a década de 1990, uma reação. Coletivos de professores descobrem que sua respiração passa pela cultura, pelas artes etc. Por dar maior espaço às humanidades. Até onde cultura e artes trarão o oxigênio que falta nas escolas e especificamente na EJA? Essa aproximação da cultura reflete, como vimos, um momento mais global na sociedade, as tensões culturais, a defesa das diversidades culturais, o apelo ao multiculturalismo. A politização da cultura. A questão que se coloca é por que a percepção da diversidade social, racial, de gênero, da desigualdade passou a ser tão marcada pelo cultural, e por qual visão da cultura e da diversidade cultural. Um olhar crítico sobre privilegiar projetos de cultura poderá constatar que predomina um olhar culturalista. A defesa de diálogos interculturais. A questão poderá ser se as ferramentas conceituais do culturalismo são capazes de aprender essas diversidades e desigualdades sociais, raciais, culturais tão arraigadas em nossa história. Se um diálogo entre culturas é possível em uma longa história de segregação das outras culturas e da imposição de uma cultura única como "A cultura". Na medida em que propostas que pretendem um trato pedagógico do direito à diversidade cultural espalham-se pelas escolas, teremos de colocar-nos essas questões. Dos conflitos no Iraque, no Oriente Médio aos conflitos nos povos indígenas ou nas escolas, tudo parece encontrar explicação na diversidade cultural. Será esse o melhor caminho para tratar o direito à diversidade cultural?

Um diagnóstico culturalista reduz todos os conflitos e soluções à cultura. Como se cultura fosse um universo à parte da economia, da realidade social e política. Algo estático, como uma perene volta às origens, aos valores, às crenças religiosas, às representações de mundo e da vida. Assim falamos da cultura islâmica, africana, indígena, dos povos do campo, dos afrodescendentes, da cultura juvenil e popular como algo estático e isolado das complexas relações sociais, econômicas, políticas. Assim tem sido interpretada a diversidade cultural por alguns orientalistas, africanistas, indigenistas, ruralistas. Como se esses povos, vistos como diversos, estivessem parados no tempo, reproduzindo suas origens à margem de qualquer impacto mercantil, industrial, cultural, globalizado. Como se a cultura se renovasse por si mesma, à margem dos processos de produção, de trabalho, de sociabilidade, de informação... De classe.

Essas análises mais críticas abrem espaço nos currículos de formação, aprofundando como essa abordagem da cultura é demasiado ingênua e pode nos levar a tratos ingênuos da diversidade cultural, da diversidade de classe, social, racial e sexual que chega às escolas, à EJA especificamente. Termina sendo uma abordagem preconceituosa, contaminada por interesses políticos: os diversos são assim mesmo, giram em torno de valores estáticos, do passado, fechados no seu universo. Logo, não são assim porque a sociedade os trata como desiguais, porque os exclui. Eles se excluem e se fecham em seus mundos culturais. O que uma sociedade e uma pedagogia multiculturalistas podem fazer é respeitar, tolerar suas culturas, abrir espaços marginais, no extraturno, nos dias festivos, para suas diversas manifestações culturais, suas danças, crenças, músicas, penteados, comidas, sua história e sua memória. Se a segregação e o isolamento são próprios de suas culturas, a nós, cultos, cabe respeitar esse isolamento, abrir alguns espaços na já ocupada agenda das escolas para falar da *contribuição* dos povos indígenas, africanos, camponeses em nossa cultura, na culinária, nas crenças, na música, na língua. Na cultura nacional. Diálogos ou monólogos interculturais persistentes no pensamento político e pedagógico que os diversos contestam. Não apenas os educandos, mas também os educadores reagem a esses diálogos interculturais na mídia, na sociedade e nas escolas. O trabalho pedagógico com a diversidade cultural exige maior profundidade política.

Uma postura crítica exigirá trabalhar com os educandos questões históricas. O diálogo intercultural pressupõe igualdade entre as culturas. A nossa história social, cultural tem reconhecido essa igualdade? Não tem sido uma história de hierarquização das culturas? Não tem sido uma história de inferiorização das culturas camponesa, indígena, negra, popular? Mais ainda: uma história de destruição e de extermínios das suas línguas, suas artes, suas crenças? Uma história de culturicídios? Nossa história cultural tem sido segregadora das outras culturas. Ocultar isso dos jovens e adultos vítimas dessa história não é formador. Os currículos escolares têm contribuído nesse ocultamento e na manutenção de uma história cultural falsa.

Um diálogo intercultural crítico terá de partir dessa história real. Não ocultá-la, mas trabalhá-la nas escolas e com os adolescentes, jovens e adultos que chegam carregando um passado e um presente de extermínios, segregações das culturas de seus coletivos. Que ao menos na escola, na EJA, seja-lhes garantido o direito a conhecer essa história. Como avançar? Trazendo estudos sérios da diversidade das áreas do conhecimento sobre essa história. Os estudos culturais, a antropologia, a sociologia, a ciência política, os estudos do espaço, as artes, cinema, músicas... Saber como tratam e analisam a tensa história cultural; tratos, análises a merecer centralidade nas áreas dos currículos. A merecer centralidade no direito dos educadores e educandos a saberem-se.

Exaltar os vultos das culturas diversas?

Há tentativas de superar essa história através dos vultos-personagens de nossa história, mas ainda prevalece contar a história dos diversos trazendo alguns dos vultos de suas culturas. Uma forma de trabalhar a diversidade cultural tem sido trazer alguns expoentes de suas culturas ou algumas manifestações positivas. Trazer suas memórias. Esse exaltar os vultos das culturas diversas exige posturas críticas. Trazer a vida de personagens situados acima do comum não é trazer a memória comum de um povo. Ainda: trazer a memória de suas lutas, glórias e destaques não é toda a memória de suas lutas inglórias[22]. Trazer o positivo pode mudar o imaginário tão negativo; porém, sem ocultar toda a memória negativa que pesa sobre esses povos, essas culturas e identidades que ocultam seus patrimônios. Memória que pesa tanto no seu presente e que também deverá ser trabalhada.

Mas como explorar a pedagogia de memórias negativas sem cair no cultivo de imaginários negativos? Como não fazer uma ficção da memória positiva centrada em fatos e figuras célebres, destacadas? Uma ficção que pode bloquear os educandos e especialmente as crianças, adolescentes e jovens-adultos negros e indígenas trabalhadores, camponeses para chegarem a explicações de sua história real. Para entenderem o inaceitável no trato sofrido tão condicionante quanto suas identidades e culturas, quanto o presente de suas vidas, quanto os feitos de alguns destaques de sua classe, de sua raça e de sua etnia. O inaceitável sofrido faz parte da história e memória da sociedade e condiciona de maneira pesadíssima sua história e sua memória, sua identidade e sua cultura. Têm direito a conhecerem essa história-memória. Como garantir esse direito? Ao menos, que as áreas do conhecimento incorporem esses conhecimentos. Que o material didático não oculte ou desfigure essa história real que é até negativa.

O que as propostas tentam é não ficar numa polarização entre representação negativa desses povos e culturas e representação positiva. Não ficar entre esquecer e superar a representação negativa tão presente na sociedade e até nas escolas e trocá-la por uma representação positiva centrada em fatos e em histórias de personagens célebres. Não é um problema apenas de representações positivas *vs* negativas. As culturas e identidades "diversas" não são fruto apenas de representações. Não será suficiente mostrar que alguns venceram o inaceitável da condição social, humana a que esses povos foram e continuam submetidos, quando a maioria está entre os vencidos. As culturas chamadas diversas pertencem a povos vencidos. Os outros patrimônios culturais não reconhecidos pertencem aos povos vencidos. Construí-

---

[22]. Poderia ser trabalhada a música-letra de João Bosco, *Mestre-sala dos mares*: "Glórias a todas as lutas inglórias que através de nossa história não esquecemos jamais".

ram-se em suas identidades com as vivências de vencidos, de submetidos ao inaceitável[23].

Nada fácil tratar pedagogicamente essas culturas sem revelar às crianças, adolescentes, jovens e adultos a ordem monstruosa de que foram e continuam vítimas. Por vezes, ressaltar como alguns membros desses povos sobressaem nas artes, nas letras, no esporte, nas ciências oculta, em lugar de revelar, essa ordem monstruosa a que a grande maioria continuou submetida. Essa condição inferiorizada marcou as culturas "diversas".

São culturas de povos vitimados

Esses traços continuam e têm de aparecer. Do contrário, estaremos com tratos pedagógicos desfocados. Se não aparecem as vítimas e a ordem-desordem social que as vitima, difícil é revelar essas culturas. Mais difícil ainda avançar em diálogos interculturais. A questão que essas propostas colocam à pedagogia é como mostrar essa realidade que produziu essas culturas subalternizadas. Tarefa ainda mais difícil para educadores/as bem-intencionados/as que trabalham na instituição escolar, onde nem os livros didáticos nem os livros de texto e os currículos ocupam-se dessa realidade. Fogem de tocá-la ou, quando dela se aproximam, é na ideologia da democracia racial, do convívio harmonioso e do diálogo intercultural.

Tratar pedagogicamente essas culturas exigirá ir atrás de estudos sérios que mostrem o contexto monstruoso em que foram reprimidas. Quebrar o silenciamento sobre as formas monstruosas de tratar os outros povos e culturas. Podem ser trazidas as trajetórias bem-sucedidas de alguns de seus membros; porém, não para cultuá-los no que possam ter de excepcionalidade, mas para ver, em suas lutas e êxitos, o destino não dado, negado a seus povos. Para destacar no trato pedagógico não tanto a admiração pelo esforço, o êxito de alguns, quebrando frestas para sair da condição dos seus povos, mas trabalhar o destino dado a povos inteiros. Aqueles que sobressaíram apenas tornam mais trágica a condição dos seus povos. É nesse ponto que o trato pedagógico deve trabalhar sob pena de, criando uma simpatia pelos poucos que sobressaíram, levar os educandos a esquecer a própria condição dos seus povos. Em outros termos, o trato pedagógico tenta evitar o destaque dos poucos que se destacaram, e evitar, igualmente, que seja secundarizada e até esquecida a monstruosidade de uma ordem social, eco-

---

23. Cf. os textos: *Sujeitos do direito à memória* e *Humanas memórias* neste livro.

nômica e cultural que condenou esses povos e suas culturas à condição de vencidos e silenciados.

Dar forma pedagógica ao trato dessas culturas e de sua produção e manutenção não é fácil em instituições como a escola. A tendência é o silenciamento, o sentimentalismo. Mais recentemente, a propensão tem sido ao heroísmo de alguns para sair da condição de seus povos. A mesma lógica no sistema escolar: destacar o heroísmo dos poucos bem-sucedidos nos percursos escolares, no ENEM, e o fracasso dos malsucedidos com percursos de derrotas sociais e escolares obrigados a voltar, a tentar de novo na EJA. Não é essa a imagem que carregam? Esses tratos antipedagógicos terminam produzindo o efeito contrário ao desejado, fortalecendo a imagem negativa desses povos e culturas. Fortalecendo a imagem negativa que carregam. Se alguns conseguiram sair e destacar-se, e a maioria está ralando no mesmo lugar, é porque não tem valores, não tem cultura empreendedora, não se esforça. Porque carrega em suas culturas populares essa falta de valores. Se as propostas bem-intencionadas não tiverem cuidado, podem terminar reforçando velhos e cruéis imaginários sobre esses povos e suas culturas, e sobre os próprios educandos. Para superar esse olhar preconceituoso, vimos que um recurso será recuperar a história, trazer o passado com sua cruel monstruosidade. Mas como? Mostrar que os que sobressaíram representam esforços coletivos por resistir, por libertar-se dessa monstruosidade. Representam, sintetizam essas culturas de resistência e de libertação que exigem reconhecimentos. Representam as resistências de sua etnia, de sua raça, desses coletivos.

Buscar explicações aceitáveis do inaceitável?

Um caminho será que a escola e a EJA assumam sua responsabilidade de garantir o direito à memória garantindo seu direito ao conhecimento das verdades de nossa história de culturicídios e de resistências. Diversas ciências avançaram em pesquisas e análises críticas sobre a nossa história real. Como trazer esses conhecimentos críticos para os currículos de formação docente e dos educandos? Uma tendência pode ser ir aos estudos históricos, sociológicos, antropológicos, aos documentos, trazê-los para as salas de aula de história, geografia, por exemplo; buscar e encontrar razões para a diversidade das culturas, para os processos históricos de exterminar culturas, mas também de resistências. Buscar as causas para entender a segregação das suas culturas. Passar aos alunos explicações razoáveis. Que se convençam intelectualmente para, convencidos, entenderem e se entenderem como culturas vencidas. Este caminho é difícil. Porque não é fácil tentar uma explicação aceitável do inaceitável. Do inexplicável da escravidão e do extermínio dos povos indígenas e das condições a que são submetidos até hoje os trabalhadores camponeses e das cidades. A procura de explicações históricas não encontrará nunca justificativas para tais monstruosidades. Para tantos culturicídios.

Talvez a melhor forma de tratar pedagogicamente as condições a que foram submetidos esses povos e suas culturas é não buscar explicação do inexplicável, e deixar essa monstruosidade histórica falando por si mesma. Ouvir as falas de suas vítimas, de seus movimentos. Mostram outra história. Essa pode ser a melhor postura, sobretudo quando se trabalha com educandos membros dos povos vencidos, negros e indígenas, trabalhadores empobrecidos nas periferias e nos campos, que teimam em voltar à EJA, à escola para entender-se. Outra forma de aproximação poderia ser através dos sujeitos, com palavras dos sobreviventes, do povo comum, com as resistências oriundas não tanto nas artes, nas letras, no esporte... Mas na produção e reprodução das suas existências em condições tão cruéis. Trazer a memória e a história do cotidiano da mulher e do homem comuns. As culturas enraízam-se aí nesse chão da reprodução mais comum da existência, e não tanto em algumas figuras e produtos culturais. Ver a cultura prática, material. Ver a cultura na história desses povos como a dimensão simbólica dos seus comportamentos mais cotidianos: produzir, trabalhar, criar e procriar, manter redes de sociabilidade, socializar e educar as novas gerações, articular a experiência individual e a ordem cultural, celebrar, cultuar, comemorar na produção, na colheita, na construção da casa, no trabalho... Sua cultura material colada aos processos de produção de suas existências. Celebradas.

Deve-se criar temas geradores de estudo para entender como essas formas de viver mais básicas da existência humana foram submetidas a condições sub-humanas e como foram destruídas, entender o que condicionou radicalmente os traços de suas culturas. Mostrar como essas culturas foram engendradas e como se perpetuam não apenas em monstruosos preconceitos, mas, sobretudo, na manutenção de processos de segregação econômica, social, racial e cultural. Docentes-educadores/as cuidam de que encontrar razões para essa monstruosidade histórica e sua permanência não seja uma forma de tentar justificar o injusto[24]. Os programas que tratam da diversidade cultural tentam partir do reconhecimento de seus limites; a função

---

24. Destaco essa relação entre a produção do viver, a terra, o trabalho, os desenraizamentos e os deslocamentos como processos de destruição-resistência das culturas no livro *Outros sujeitos, outras pedagogias*. Op. cit.

da escola é dar a conhecer os fatos sociais, o trato da diversidade especificamente, porém, sem esperar que, esclarecendo essa realidade, trazendo razões históricas para sua compreensão, poderá evitar que se reproduzam esses tratos. Seria ingênuo pensar que, sabendo mais sobre a diversidade cultural dos diversos povos, teremos outros comportamentos. Sabendo que os povos negro e indígena têm suas culturas, valores, representações do mundo e delas, como seres humanos, têm suas identidades, o convívio entre os povos será de respeito e diálogo? Essa parece ser a esperança ingênua da dita educação intercultural e multicultural.

Os senhores de escravos, os exterminadores de índios e os imaginários de nossa sociedade sempre reconheceram que esses povos têm suas crenças, línguas, culturas. Em certo ponto, tinham tanta clareza dessa realidade que tiveram políticas conscientes de sua destruição cultural. Mantemos tantos preconceitos exatamente porque reconhecemos essas diversidades culturais. Por medo da força política dessas culturas resistentes. A justificativa para essas condutas será, então, buscada na "representação" que se tinha dos povos negros e indígenas, vistos como inferiores, pré-humanos, e nas suas tradições, valores, culturas, cultos, vistos como inferiores e pré-humanos. Partindo de que o não reconhecimento da diversidade cultural estaria nessas "representações" tão negativas dessas culturas e de seus povos, as propostas de educação tentariam reverter esses imaginários negativos e substituí-los por imaginários positivos. Educar para trocar essas representações. Ver positividade nessas culturas, valores, tradições, cultos, artes, estéticas etc. Reconhecidas essas positividades, será possível o diálogo intercultural, o respeito e o enriquecimento mútuo? Pela democracia intercultural será possível pensar em uma sociedade multicultural? Deixar essas monstruosidades falando por si mesmas, revelá-las tem sido a pedagogia dos coletivos sociais, juvenis em suas marchas, suas músicas, em seus grafites... Outras pedagogias dos oprimidos.

Como trabalhar as vítimas de monstruosidades históricas?

Essas outras pedagogias que mostram as monstruosidades históricas vão além do raciocínio que orienta muitas propostas de educar para a diversidade cultural. Nesta opção há vários pressupostos em jogo: pensar que as monstruosidades cometidas contra os povos "diversos" deviam-se a uma má "representação" de suas culturas; que a permanência de preconceitos racistas se deva basicamente à má representação que se mantém dos negros, dos camponeses e dos indígenas. Se os brancos colonizadores e escravocratas tivessem assistido a nossos programas de respeito à diversidade, se tivessem trocado sua representação negativa por outra positiva da diversidade cultural, não teríamos tido extermínio de indígenas nem escravidão de negros? Nem teríamos a permanência por séculos de tão perversos preconceitos raciais, sociais, sexuais?

É importante reconhecer o peso das representações e trabalhá-las pedagogicamente; porém, sem colocar as representações como a justificativa da história e, se mudadas, como a esperança de uma nova história. Relativizar a força explicativa das representações negativas das culturas e de seus povos e relativizar a espera das representações positivas será uma postura pedagógica aconselhável. Buscar outras explicações históricas pode significar um avanço. Explicações de classe, econômicas, políticas, de desapropriação-apropriação de suas terras etc. Entretanto, onde essas propostas de trato pedagógico das diversidades terão de avançar é em abandonar o pressuposto de que, conhecendo as razões do extermínio e esmagamento de culturas e de seus povos, estaremos educando para o respeito à diversidade. Onde as propostas terão de chegar é a que os educandos e educadores avancem no sentido de não buscar razões para fatos históricos irracionais, monstruosos, como a escravidão, o extermínio de povos, os preconceitos racistas e sexistas. Como o extermínio de milhares de adolescentes e jovens, em sua maioria negros, pobres, em cada fim de semana, pelas forças da ordem, e milhares mantidos em penitenciárias, campos de concentração e de extermínios de jovens-adultos, em sua maioria pobres, negros. Condenar esses fatos históricos será mais pedagógico. Mais educativo.

O que educadores/as tentam expor e explorar com os educandos, vítimas, é o caráter monstruoso de qualquer processo de destruição, subjugação, extermínio dos seres humanos e de suas identidades, valores e culturas. As vítimas vivenciam, padecem e têm consciência dessas monstruosidades. Saber trabalhar pedagogicamente a consciência e a vivência dessas monstruosidades será mais educativo do que encontrar razões explicáveis do inexplicável. Preocupar-nos por desocultar essas monstruosidades do passado e do presente será mais pedagógico do que buscar explicações dessas representações, sejam econômicas ou mercantis. A preocupação pedagógica não pode reduzir-se a encontrar novas maneiras mais respeitosas de falar das culturas diversas, nem poderá reduzir-se a trazer novos esclarecimentos ou a construir representações mais positivas. Tudo isso poderá ser bom, mas tendo consciência de que não foi por falta de esclarecimento nem por representações negativas que os povos indígenas foram exterminados e os povos negros escravizados, nem foi por falta de esclarecimento e por falta de uma representação positiva que por séculos suas culturas são silenciadas e preconceituosamente tratadas. Todas as pedagogias religiosas e até escolares optam por tentar mudar representações para mudar relações e estruturas sociais, raciais, sexuais. De classe. Conscientizar, moralizar para mudar condutas, representações, e mudarão as pessoas, mudará o mundo!

Há outras pedagogias que tentam aprender com as pedagogias dos oprimidos, dos vitimados. Pedagogias de resistência a essas bondosas pedagogias históricas. De denunciar essas monstruosidades e ir além: exigir justiça. Às escolas cabe reforçar essas resistências, educar para que as monstruosidades contra seres ou grupos humanos sejam vistas e punidas como inexplicáveis, inaceitáveis. Como monstruosidades humanas que exigem políticas de Estado. Exigem justiça[25]. A força educativa tem de ser buscada na nossa exposição como humanos ao choque dessa monstruosidade humana. A educação nas escolas e na EJA pode contribuir para que crianças, adolescentes, jovens e adultos entendam-se vítimas dessas monstruosidades humanas. Que aprendam que seus coletivos reagiram, resistiram a essas monstruosidades e se afirmaram humanos. Encobrir essa monstruosidade sob o manto da tolerância ou do esquecimento ou até sob o manto da riqueza da nossa diversidade cultural ou do diálogo multicultural terminará por ser deseducativo.

Uma diversidade cultural resistente

Há outro dado que vem sendo trabalhado nas escolas e, particularmente, na EJA: as culturas como expressões políticas de resistências às inferiorizações, às segregações sociais e às culturais. É preciso desconstruir imagens da cultura popular como passiva, conformista, e avançar na compreensão de uma cultura de resistências, de libertação, de tensas afirmações nos terreiros, nos quilombos, nos movimentos sociais, políticos e culturais. Outra história a ser reconstruída e contada. Nas lutas dos oprimidos por libertação, descobre Paulo Freire as verdadeiras pedagogias dos oprimidos. Abrir espaços para que os adolescentes, jovens e adultos sujeitos dessa outra história possam narrá-la. Seus itinerários de volta à EJA pelo direito a um digno e

---

[25]. Os persistentes extermínios de adolescentes e jovens pobres, negros, a sua reclusão e extermínio em penitenciárias, verdadeiros campos de concentração dos extermináveis, revelam a urgência de vincular a diversidade social, racial, cultural com a justiça.

justo viver não são indicadores dessa cultura resistente por justiça? Que pedagogias trazem? Haverá lugar para seu reconhecimento?

O universo cultural desses grupos humanos está conectado a esses processos históricos. Que os coletivos de educadores e educandos deem ênfase a revelar essas conexões entre história e cultura, justiça-injustiça; que tentem rechear com fatos históricos o trato da diversidade cultural, que incorporem no trato da diversidade cultural sentimentos antiopressão, pró-terra, pró-modos de produção, pró-outra memória histórica que faça parte dessas culturas. Uma história de resistências até culturais. Essas culturas aprenderam e incorporaram estratégias de sobrevivência, de luta e resistência, de inovação de valores, de concepções da terra, da vida, do poder, da justiça, das opressões, das outras culturas. Resistências culturais que os afirmam sujeitos de culturas. Que reafirmam um traço de suas culturas: serem culturas de resistências afirmativas.

Toda essa história de resistências faz parte dessas culturas, o que as torna históricas, dinâmicas, e não paradas às voltas com a preservação de suas origens. No trato da diversidade cultural, um dado não pode ser esquecido: são *culturas e vivências coletivas*, inseparáveis de experiências singulares da sociedade e de povos que se reproduzem e dinamizam em processos sociais, coletivos, inclusive de uma longa história de resistências a serem marginalizados como coletivos. O que exige trabalhar esses fatos históricos coletivos como, por exemplo, falar dos movimentos sociais que vêm atualizando e politizando a diversidade social, racial, sexual, a diversidade cultural. A cultura, os valores, as concepções de mundo, as identidades não podem ser apresentadas aos educandos como opções e construções individuais. Apresentá-los como experiências coletivas não significa que cada indivíduo simplesmente as reproduza mecanicamente.

Avança-se no trabalho desse diálogo e até das rupturas com essas experiências coletivas de resistências. Diálogo e rupturas que se dão nas formas concretas como convivem hoje com outras culturas. As crianças, adolescentes ou jovens que frequentam as escolas públicas e os jovens-adultos da EJA carregam suas culturas de classe, de raça, de campo, de imigrantes. Vivem estigmatizados, marginalizados social e culturalmente, mas resistentes. Nesses choques sociais e culturais dos grupos a que pertencem vão construindo e redefinindo suas culturas. Daí a dificuldade de tratar as culturas diversas como algo monolítico, saudosista. Esses jovens e adultos podem manter traços das culturas redefinidos ou reafirmados nessas condições de resistências à marginalização e estigmatização social e cultural. Reconhecer e dar toda centralidade a essa diversidade cultural resistente será a pedagogia mais formadora, mais respeitosa no trabalhar seu direito à diversidade cultural. Trazer as artes e a literatura pode ser um recurso pedagógico para saber de sua história de resistências.

Coletivos de docentes-educadores/as junto aos educandos buscam como politizar o trato da diversidade cultural. Além da procura de estudos na sociologia, na antropologia, na história ou na ciência política e nos estudos culturais, buscam referências na diversidade das artes, da literatura, nas letras e músicas, na pintura, no cinema. Buscam como se pensam esses adolescentes e jovens, diversos nas suas manifestações culturais, nas suas letras, músicas, grafites, linguagens corpóreas... Revelam a consciência de sua produção como diversos? Como se revelam nas suas resistências coletivas? Haverá lugar nas áreas do currículo ou em temas geradores de estudo para incorporar essa riqueza de conhecimentos que garanta seu direito a saber-se? Diversos? Resistentes.

Com os professores/as de Literatura podem ser levantadas e trabalhadas obras como *Vidas secas*, *Morte e vida severina*, *Capitães de areia*. Orientar leituras que os ajudem a entenderem-se nos personagens mulheres, homens, jovens e crianças condenados a formas de opressão e de resistências tão radicais. Destacar as diversas formas de resistências, de libertação. Junto aos professores/as de Artes, identificar filmes, fotografias, vídeos, pinturas que tenham como sujeitos os coletivos diferentes: trabalhadores, camponeses, negros, indígenas: *Os retirantes* (Portinari), *O exodus* (Sebastião Salgado), *Crianças no exodus* (Sebastião Salgado). Levantar e trabalhar músicas/letras que destacam as diferenças, os coletivos diferentes segregados em nossa história e resistentes. João Bosco, *Negro drama* – Poemarius MC's, *Minha dança*.

Sujeitos do direito à memória; humanas memórias

Letras/músicas a serem trabalhadas

Canción por la unidad latinoamericana
Autor: Pablo Milanés (música)
Chico Buarque (versão)

[...]
E quem garante que a História
É carroça abandonada
Numa beira de estrada
Ou numa estação inglória
A História é um carro alegre
Cheio de um povo contente
Que atropela indiferente
Todo aquele que a negue
É um trem riscando trilhos
Abrindo novos espaços
Acenando muitos braços
Balançando nossos filhos

[...]
E enfim quem paga o pesar
Do tempo que se gastou
De las vidas que costó
De las que puede costar
Já foi lançada uma estrela
Pra quem souber enxergar
Pra quem quiser alcançar
E andar abraçado nela (bis)

O mestre-sala dos mares
João Bosco
Compositores: Aldir Blanc e João Bosco

Há muito tempo nas águas da Guanabara
O dragão do mar reapareceu
Na figura de um bravo feiticeiro
A quem a história não esqueceu
Conhecido como navegante negro
Tinha dignidade de um mestre-sala
[...]

E a exemplo do feiticeiro gritava então
Glória aos piratas, às mulatas, às sereias
Glória à farofa, à cachaça, às baleias
Glória a todas as lutas inglórias
Que através da nossa história
Não esquecemos jamais
Salve o navegante negro
Que tem por monumento
As pedras pisadas do cais.

Pequena memória para um tempo sem memória
Autor: Gonzaguinha

Memória de um tempo onde lutar
Por seu direito
É um defeito que mata
São tantas lutas inglórias
São histórias que a História
Qualquer dia contará
De obscuros personagens
As passagens, as coragens
São sementes espalhadas nesse chão
[...]
Dos humilhados e ofendidos
Explorados e oprimidos
Que tentam encontrar a solução
São cruzes sem nomes, sem corpos, sem datas
Memória de um tempo onde lutar por seu direito
É um defeito que mata
[...]
São vozes que negaram liberdade concedida
Pois ela é bem mais sangue
É que ela é bem mais vida
São vidas que alimentam nosso fogo da esperança
O grito da batalha
Quem espera nunca alcança

Ê ê, quando o Sol nascer
É que eu quero ver quem se lembrará
Ê ê, quando amanhecer
É que eu quero ver quem recordará
Ê ê, não quero esquecer
Essa legião que se entregou por um novo dia
Ê eu quero é cantar essa mão tão calejada
Que nos deu tanta alegria
E vamos à luta.

Canto das três raças
Mauro Duarte e Paulo César Pinheiro

Ninguém ouviu
Um soluçar de dor
No canto do Brasil
Um lamento triste
Sempre ecoou
Desde que o índio guerreiro
Foi pro cativeiro
E de lá cantou

Negro entoou
Um canto de revolta pelos ares
No Quilombo dos Palmares
Onde se refugiou
Fora a luta dos Inconfidentes
Pela quebra das correntes
Nada adiantou

E de guerra em paz
De paz em guerra
Todo o povo dessa terra
Quando pode cantar
Canta de dor

E ecoa noite e dia
É ensurdecedor
Ai, mas que agonia
O canto do trabalhador
Esse canto que devia
Ser um canto de alegria
Soa apenas
Como um soluçar de dor
Ô, ô, ô, ô

Outras músicas/letras a serem trabalhadas
- *PV ao vivo no passado* – Paulinho da Viola
- *Vai passar* – Chico Buarque
- *Nada será como antes* – Milton Nascimento
- *Soy loco por ti America* – Gilberto Gil

Filmes a serem trabalhados
- *Quilombo* – Cacá Diegues, 1984. Cf. texto de Nelson Inocêncio no livro *Outras terras à vista*. Op. cit., 2010.
- *Central do Brasil* – Walter Salles, 1998.

16
O direito à memória proibida

O direito à memória é um direito humano pouco trabalhado nas escolas. Chegam adolescentes, jovens-adultos com trajetórias densas desde a infância gravadas em suas memórias; chegam carregando passados pesados, persistentes de opressão, segregação. Até chegam resistentes a um passado escolar negativo. Não teriam direito a que os currículos lhes garantissem o direito a entenderem-se nessas memórias? Como desconstruir tantas memórias negativas, desumanizantes? Como valorizar memórias de resistências humanizantes? Um tema gerador ou uma experiência formadora a ser trabalhada nos currículos de formação inicial e continuada de profissionais da educação de pessoas jovens e adultas. Destaquemos alguns pontos que poderão ser objeto de estudos e de formação. Pontos que exigem tratos pedagógicos na desconstrução de memórias e identidades negativas e de construção de memórias e identidades positivas[26].

Repondo a centralidade da memória na formação humana

Há coletivos docentes que se empenham em implementar projetos que tentam trabalhar o direito à memória. O que mostra que esta dimensão vem sendo tratada nas aulas de História, mas que precisa ser assumida com maior centralidade nos currículos. Os mestres e alunos, a sociedade como um todo e, especificamente, alguns coletivos estão repondo a centralidade do direito à memória em nossa formação. A disciplina de História tem ajudado os educandos a tomarem consciência de sua memória coletiva, da memória histórica. Entretanto, a estreita vinculação da pedagogia moderna com o progresso e o futuro desprestigiou o conhecimento do passado e até do presente. Além do mais, a história privilegiada nos currículos traz a memória dos grandes vultos da história, não as memórias do povo "comum" que chega às escolas públicas e à EJA.

---

[26]. Pode servir de referência para esse tema de estudo o capítulo "Sujeitos de direito à memória" no livro *Currículo, território em disputa*. Op. cit., p. 288-305.

Críticas estão postas no campo da história sobre que história é passada nos currículos e no material didático. Essa poderia ser uma atividade de estudo: pesquisar nos livros de História e no material didático das diversas áreas qual memória é privilegiada e qual memória é ignorada. Até mal-contada, inferiorizada. Que coletivos são reconhecidos sujeitos de memórias legítimas, nacionais, e que coletivos são pensados sem memória. Que memórias são passadas como a memória nacional e que memórias são tidas à margem da memória nacional? Sobretudo, pesquisar nas áreas do conhecimento, no material didático, e até nas avaliações, que coletivos sociais, raciais e de gênero são afirmados como sujeitos dessa memória nacional e que coletivos são postos à margem dessa memória. Um trabalho de pesquisa, análise, estudo que garanta seu direito a saberem-se. Inventar novas formas pedagógicas de trabalhar a memória até ocultada e marginalizada como uma pedagogia de formação humana das crianças, dos adolescentes, dos jovens e dos adultos mantidos à margem da memória nacional e lutando por afirmarem-se sujeitos de memórias. De história.

Nas escolas, na EJA, avança-se para outras pedagogias da memória como formação humana: pesquisar em coletivos sobre as lutas dos movimentos sociais, na variedade de suas manifestações e frentes por afirmar suas histórias. A consciência do seu passado, de suas culturas, de suas resistências afirmativas na história da nação tem sido uma das pedagogias afirmativas dos coletivos segregados em seus movimentos[27]. Os movimentos sociais e os coletivos excluídos do progresso e sem horizontes de futuro voltam-se para o passado para encontrar as persistências de sua exclusão e opressão. Para entenderem-se. A consciência das ausências alimenta-se do passado e do presente e projeta-se na descrença de promessas de futuro. A história e a memória levamos todas em nosso passado, e inevitavelmente tratamos de projetá-las para o futuro. Nessa memória enraíza-se nossa identidade pessoal ou coletiva. Que identidades positivas serão possíveis se a memória de seus coletivos é narrada como uma memória negativa? A memória e a história narradas nas escolas ajudarão na formação de identidades pessoais e coletivas positivas ou negativas. Serão formadoras ou deformadoras.

Têm sido os movimentos sociais os mais sensíveis a esse peso negativo ou positivo da memória. Os movimentos feminista, indígena, negro, do

---

[27]. Destaco o peso formador das memórias de suas lutas por libertação no artigo "Pedagogias em movimento – O que temos a aprender dos movimentos sociais?" *Currículo sem fronteiras*, v. 3, p. 28-49, 2003.

campo, quilombola vêm reivindicando que, nas escolas, trabalhe-se a história e a memória das mulheres, dos jovens, indígenas; a história da África e cultura negra, a história e memória das lutas pela terra e pelos territórios. As lutas pelas culturas identitárias. Movimentos pelo direito à memória. À sua memória coletiva. À sua identidade. Movimentos de resistências e de libertação de tantas memórias negativas que pesam sobre eles. Como coletivos de classe, étnicos, raciais, de gênero, de campo, das periferias. A escola será um espaço de formação humana e de identidades positivas se as memórias que trabalha forem positivas. Se a escola se presta, nos currículos, no material didático, a reproduzir memórias racistas, sexistas, segregadoras, estará sendo um tempo não de formação, mas de deformação. Muitos dos projetos e oficinas de memória que aparecem nas escolas recolhem e trabalham pedagogicamente essas sensibilidades coletivas para o problema da consciência da memória. Sempre devemos deixar falar a memória, por mais doloroso que nos resulte sua escuta. Por que alguns coletivos mais do que outros precisam conhecer o passado, rememorá-lo? Por narcisismo cético? Para confirmar que todas as esperanças de futuro têm um encontro marcado com alguma frustração do passado? Encontro marcado com "tantas lutas inglórias que através de nossa história não esquecemos jamais"? Para descobrir que não faltam em seu passado resistências por libertação? Trazer as fortes e trágicas memórias por libertação terá dimensões formadoras positivas de suas identidades. Trazer a memória traz dimensões políticas. Libertadoras.

Recuperar a memória proibida

Uma tarefa a merecer um tema gerador. Reconstruir a memória é uma das formas de reconstruir a realidade pessoal, coletiva, social. Apagar a memória ou silenciá-la é uma forma cruel de barrar ou de desconstruir a realidade social e política. Por que as vítimas lutam tanto por recuperar a memória proibida? É preciso trabalhar com os educandos os significados políticos de recuperar a memória proibida. Toda ditadura política, social, cultural ou pedagógica tem como primeiro objetivo extirpar a memória dos vencidos, negar-lhes o direito a ter memória, porque, dessa maneira, extermina-se uma parte de sua identidade. Igualmente, um dos primeiros gestos dos coletivos que tentam resistir a qualquer forma de ditadura ou de golpe e de silenciamento é recuperar a memória proibida. É o que vemos nos movimentos sociais silenciados em sua identidade. O movimento feminista dando tanta importância à recuperação da história das mulheres nas artes, nas letras, nas ciências, na vida cotidiana ou o movimento negro, exigindo a inclusão nas escolas da história da África e da memória e cultura negra. O movimento docente exigindo a inclusão, nos currículos de formação, da memória de suas lutas pelos direitos do trabalho. Os movimentos juvenis gravando suas identidades e lutas em grafites, músicas, danças. Nos seus corpos. Deve-se aprofundar os significados de tantas lutas coletivas por recuperar a memória proibida.

Coletivos de docentes-educadores-educandos propõem-se trabalhar nas áreas do conhecimento ou em temas geradores a história da diversidade de movimentos sociais como guardiães da memória, de suas memórias coletivas por afirmação, libertação. Por tirar suas memórias do silenciamento, por revelá-las e revelarem-se sujeitos de memórias. De história. Partícipes na produção intelectual, cultural, moral da humanidade como indígenas, negros, mulheres, camponeses. Trazer educadores e educandos, movimentos sociais em luta por recuperar a memória proibida carrega dimensões políticas que exigirão ser trabalhadas no tema gerador. Por que os coletivos marginalizados em nossa história e memória nacionais se propõem, como ação política, formadora, recuperar as memórias proibidas? Porque proibir suas memórias tem sido uma forma de não reconhecê-los sujeitos de história. Reagem aos significados políticos da história de sua segregação social, cultural.

Essa diversidade de coletivos dá tanta centralidade a afirmar e desocultar suas memórias e sua história porque uma das formas de segregação, de tratá-los como sub-humanos, subcidadãos passou e passa por considerá-los à margem da história. Destruir suas memórias, suas linguagens, sua produção cultural, seus valores ancestrais. Suas culturas, síntese de suas memórias. Seu patrimônio memorial. Esse "tentar apagar" sua história, suas culturas, suas memórias passou e passa por desenraizá-los de seu lugar, de suas comunidades, de suas terras, e deixá-los sem terra, sem lugar, sem antepassados, sem memória. Sem patrimônio cultural. Processos brutais desumanizantes contra os quais reagem e resistem afirmando, repondo, no novo lugar e nas periferias urbanas, suas memórias, rituais, culturas. Sua história. Seus terreiros. Na cultura popular, as lembranças do passado, de família, do coletivo, da terra, do trabalho, das festas, das celebrações-com-memorações têm a centralidade pedagógica de transmissão da cultura, dos valores pela memória. A memória teve sempre, em todas as culturas, a função pedagógica, educativa, formadora das identidades coletivas.

Como esquecer essa função pedagógica da memória na pedagogia escolar? De maneira especial, como não dar toda a centralidade à dimensão pedagógica, formadora da memória na educação de jovens-adultos carregando histórias-memórias tão tensas, tão radicais? Tem todo o sentido que, nas escolas públicas, e na EJA mais especificamente, organizem-se dias de estudo para recuperar as memórias proibidas. Têm direito a saberem-se, saber por que suas memórias têm sido silenciadas. Proibidas.

Com que artes recuperar a memória proibida?

Nessas tentativas de recuperar a memória, tudo vale. As artes têm um papel destacado. Podemos buscar essa memória proibida e torná-la visível em obras literárias, músicas, teatro, cinema, pintura, fotos que emancipem traços dessa história reprimida. Buscar essa memória coletiva no patrimônio histórico, cultural, material e imaterial. Tivemos um exemplo eloquente de recuperação da memória do povo negro na exposição *Negras memórias*. Outros exemplos: Museu de Arte Afro-brasileira, Museu das Artes e Ofícios, Museu da Língua Portuguesa, Museu da História dos Professores, Museu do Professor... Rico material a ser incorporado nos currículos para a garantia do direito à memória. Para recuperar memórias proibidas. Abrir os currículos para essa pluralidade de espaços das memórias proibidas. Garantir aos docentes-educadores/as e aos educandos/as o direito ao saber de suas memórias proibidas, ocultadas, inferiorizadas na memória hegemônica. Há muita riqueza a ser incorporada para garantir o direito a saber-se.

Exemplos que mostram as artes e múltiplas linguagens estéticas, arquitetônicas, revelando e reconstruindo uma memória positiva, emancipada. Linguagens estéticas que abandonam as marcas estéticas conservadoras e preconceituosas com que essa memória foi desfigurada. Uma memória mais do que doída, humana. Uma estética que dá lugar às diferenças, que poderá garantir aos diferentes que chegam às escolas e à EJA seu direito à memória. Nas escolas de Educação Infantil, Ensino Fundamental e Ensino Médio, no diurno, vão se abrindo espaços de memórias no segundo turno, na educação integral, na comemoração do Dia da Consciência Negra, e até nas praças das cidades. No noturno, ainda não há espaços para jovens-adultos trabalhadores garantirem seu direito à memória. Que espaços de memória são possíveis nos currículos para recuperar as memórias proibidas? Trazer suas memórias positivas.

Nas oficinas sobre a memória, tanto as crianças quanto os adultos gostam de lembrar traços e fatos positivos: a figura da mãe, da avó, das brincadeiras, de amizades e lealdades... Como se essas lembranças positivas ajudassem a combater as imagens tão negativas que pairam sobre eles na mídia, nas ruas, na cidade, nas favelas e até nas escolas. Nas oficinas de memória fica explícito um choque de autoimagens positivas e de imagens sociais tão negativas que sobre eles pesam. Um choque pedagógico formador, de autoidentidades, de recuperar imagens positivas em uma memória tão carregada de imaginários negativos de sua classe, raça, etnia, gênero, lugar. Memórias deformadoras que padecem e também memórias formadoras que perguntam: Como trabalhá-las? Com que artes pedagógicas? Nada fácil aos educadores trabalhar memórias que mexem em suas feridas históricas e, sobretudo, de seus coletivos. Volta a lembrança de ir às artes que têm tratado essas feridas históricas com realismo artístico. Trazer a literatura latino-americana com seu realismo mágico afirmativo.

O direito à memória coletiva

Há um dado que merece aprofundamento no trato pedagógico das memórias dos educandos. Nas suas narrativas, nas oficinas, fica explícito que os alunos não se limitam a uma imersão na própria memória individual. Sua memória é coletiva: todos os fatos lembrados são em coletivo – da mãe, avó, amigos, familiares, vizinhos, do campo, da vila, do bairro. Memórias da classe, da raça, do gênero. Trata-se de imersão na memória de seu coletivo como mulheres, negros, negras, do campo, da favela, das periferias, pobres. Trabalhar essas memórias de coletivos diversos exige sensibilidade e perícia pedagógica. Exige, dos currículos de formação, conhecer, aprofundar os significados políticos, pedagógicos dessas memórias. Uma das intenções das propostas que trabalham as culturas é trazer a história e a memória dos grupos sociais, raciais e étnicos para descobrirem sua identidade, sua cultura. Coletivas. Para que suas identidades e suas culturas diversas sejam reconhecidas e respeitadas no diálogo intercultural. Inclusive na escola. Especificamente na EJA, espaço da diversidade.

No coletivo de educadores e educandos é fácil abrir um debate sobre como trabalhar a memória coletiva. A prioridade vem sendo posta em trabalhar diversidade cultural, multiculturalidade, interculturalidade. A ideia parece ser mudar a representação que se tem das diversas culturas na cultura e memória nacional e escolar. Sobretudo das culturas inferiorizadas. Das memórias proibidas. Parte-se do suposto de que a representação negativa que se tem, por exemplo, da cultura indígena ou da cultura negra, da cultura popular e camponesa tem tudo a ver com a memória negativa cultivada na nossa história. Espera-se que trazer outra história, mostrar outra memória ou construir uma boa representação mudará a visão negativa que se tem dessas culturas e memórias dos seus sujeitos coletivos. Várias propostas se esforçam por trazer documentos, fotografias, personagens, negros, indígenas que transmitam uma imagem positiva dessas culturas-memórias coletivas.

Mas será necessário ir além e fazer uma crítica às razões ou à sem-razão da visão negativa ou de má representação criada pela história, inclusive transmitida e legitimada pela escola, pelo livro didático, pelos livros de História ou pelo simples silenciamento da presença e do papel desses grupos sociais na história de nossa formação. Aprofundar o entendimento sobre as relações de classe, sociais, raciais, econômicas que levaram à imposição de uma cultura como "A cultura", "A memória" e a negação e até o extermínio de outras culturas e de outras memórias. A preocupação passa a ser desconstruir essa história negativa a partir de razões ou de provas, remetendo a um encadeamento de causas e efeitos. A metodologia de muitas propostas é outra, vai além. A preocupação passa a ser levar os alunos a uma certa familiaridade com pessoas concretas, com personagens representativos das raças, etnias e regiões trazidos perto em suas histórias, em sua produção musical e artística como sujeitos de cultura, de artes... Espera-se que trazendo uma memória positiva supere-se a representação negativa desses povos e de suas culturas.

Essas propostas do trato das culturas-memórias coletivas tentam tirar uma dimensão pedagógica da memória: que outro passado esteja presente por meio dos próprios povos ignorados, silenciados e representados de maneira tão negativa. São eles e elas, com seus movimentos de libertação, com seus rituais, seus valores, suas artes e sua presença na história e na vida nacional em tantos campos, nas ciências, nas artes, que vão permitir trocar uma representação negativa por uma representação positiva. Projetos que vêm referendando avanços, mas que exigem avançar mais, com uma postura crítica. Há debates nos coletivos de docentes-educadores e educandos sobre como trabalhar as memórias coletivas.

Educar através da memória de exemplos do passado?

Lembrávamos que a memória é usada na pedagogia escolar, no material didático, na literatura infantil, nas histórias de Monteiro Lobato, de Chapeuzinho Vermelho. Memórias com uma intenção pedagógica, mas, por vezes, com efeitos antipedagógicos. Uma pedagogia da memória sempre foi usada na educação: a memória do passado ensina o presente, "a memória é a mestra da vida". Lembrar o negativo para não repeti-lo. Lembrar o positivo para imitá-lo. Um estudo moralizante da memória. Uma pedagogia da memória tão presente na frase "moral das histórias, dos contos e das narrativas". Presente na educação das crianças e até dos príncipes, dos monges e cavaleiros. Educar através da memória, dos exemplos do passado. Propostas corajosas que exigem tratos cuidadosos. Exigem perguntar-nos, mas que exemplos e que memórias foram privilegiados e quais foram segregados? Sobretudo no trato do direito à memória dos coletivos diversos, negados no seu direito à memória, que pressionam por outras memórias e por serem reconhecidos sujeitos de histórias-memórias. Como trabalhá-las?

Docentes-educadores/as assumem uma postura crítica para tratar, reconstruir a memória dos coletivos diversos. Não será a melhor forma ignorá-los como coletivos e destacar alguns personagens que superam a inferioridade desses coletivos. Machado de Assis, negro nas letras, Cartola e tantos compositores negros no samba... Trabalhar as culturas e identidades coletivas dos direitos através da memória das lutas gloriosas e dos personagens que se destacaram sempre exigirá cuidados. Os fatos gloriosos, positivos, os personagens destacados nas ciências ou nas artes poderão criar uma imagem positiva dos destacados. Não tanto como representantes da cultura e da identidade desses povos, mas como destaques. Até como exceções. Sobressaindo da história comum dos seus povos, de sua raça e sua etnia. Uma visão que faz parte da visão negativa desses povos e que muitas propostas pretendem superar. Mostrar que *alguns* sobressaem, que alguns se destacam, ou mostrar alguns fatos positivos na negatividade dessa memória não reverte essa representação negativa das culturas-memórias desses coletivos sociais, raciais, de gênero. Podem reforçá-la. Apenas os esforçados sobressaem-se, porque se esforçaram por sair da incultura de seus coletivos.

As lutas pelo direito a suas memórias positivas, até através dos vultos de sua raça, de seu gênero, têm outras radicalidades políticas e afirmativas quando destacadas com orgulho pelos próprios coletivos em lutas por afirmação, libertação. Não lembram seus vultos históricos com intenção moralizante, nem como exemplos raros a imitar, mas como produtos de suas culturas e de seus valores coletivos. Nas músicas, nas histórias sobre esses "vultos", não se destacam os valores, a coragem de pessoas, mas os valores dos coletivos que os formaram nas letras, nas artes, na música. Para seus coletivos, esses "vultos" lhes *representam*. Sintetizam seus valores, suas culturas, suas persistentes lutas-memórias de libertação. Zumbi é a síntese dessa representação de uma raça, de uma memória coletiva de libertação não acabada. é comemorado como símbolo da consciência negra celebrada, comemorada. Celebrar essa representação coletiva revela a força pedagógica da memória quando vai além de um recurso moralizante. Quando vai além do culto a um vulto personalizado e se eleva a uma pedagogia da memória coletiva de libertação.

Por aí avançam tantos projetos pedagógicos da memória nas escolas, superando o uso moralizante das memórias dos exemplos dos vultos. Para além de um uso moralizante das memórias, avançar por aprender com os movimentos sociais a explorar seus significados políticos, emancipadores. Outras pedagogias das memórias que vão sendo incorporadas na pedagogia escolar.

Oficinas de memórias

Na medida em que avança a consciência coletiva do direito à memória, avançam as respostas pedagógicas por garantir o direito à memória. Trabalhar a memória tem sido familiar à pedagogia escolar. Desde a educação na infância trabalham-se músicas, festas, os dias da Criança, da Pátria, da Bandeira, do Índio, da República, da Consciência Negra... Como avançar para garantir o direito à memória dos próprios coletivos que vão chegando às escolas, à EJA?

Cresce o número de propostas educativas que apostam na importância formadora da redescoberta da memória. Uma memória colada às passagens vividas pelos sujeitos. Não reduzida às festas cívicas épicas, mas que privilegia as passagens da infância, da adolescência e da juventude e vida adulta misturadas com passagens de trabalho, de pobreza vivida com dignidade. As formas de trabalhar a memória nas escolas são múltiplas. Um exercício que ouvi em um de tantos congressos e relatos de experiências trabalhava com textos biográficos de políticos, músicos, artistas, romancistas, em que se relembravam suas memórias, suas passagens da infância, adolescência e juventude (Drummond, Bandeira, Neruda, Garcia Marques. Exemplos clássicos: Walter Benjamim e Graciliano Ramos – Infância). O relato destacava como esses autores relembram suas memórias através das passagens vividas. A passagem nos mira e nos revela mais do que os espelhos. As diferenças de infâncias ou juventudes vividas e relembradas estão nas diferentes passagens onde foram vividas. A realidade nos marca, nos com-forma. Realidades tão diversas, tão belas para poucos, tão duras para tantos. O trato da memória exige cuidados com os sentimentos tão diversos que pode provocar, tanto de orgulho como de melancolia nesse olhar das passagens. Cuidados pedagógicos com as reações que podem provocar nas crianças, nos jovens e nos adultos as lembranças dos lugares vividos, do peso das condições tão diversas e adversas.

A pedagogia só consegue acompanhar a infância se regressar às vivências da infância, se regressar àquelas passagens, àquelas condições materiais, àqueles espaços para entender a diversidade de suas trajetórias. O passado aparece em todos os autores como uma luz cinzenta, estranha. Só a magia das palavras e das narrativas para recriá-lo. Às vezes, magia para desfigurá-lo. Falando e escrevendo, a memória volta. Deixar que os educandos falem e escrevam. Que sua memória volte. Que exerçam o direito à memória pessoal e coletiva. Sem romantismos. Com o duro realismo do seu viver. Nas oficinas de memórias trabalhadas são trazidos retalhos desconexos de vivências, o que ficou e o destacado são as perenes formas de vivê-los. Uma professora trouxe a frase de um aluno jovem: "Tenho irmãos crianças, me olho neles. Vivem como eu vivi quando criança. Na mesma necessidade. A vida de meus pais foi a mesma coisa, na mesma dignidade". Essa é a passagem que não passa, que nos mira e reflete de nós mais do que os espelhos. As passagens vividas recuperam o mais perene no passado e no presente. Nas memórias dos alunos não há saudade da infância perdida, do paraíso perdido. Retornar ao passado e retornar às feridas da memória que parecem que nunca irão cicatrizar. Reconhecia uma professora: "Nada fácil o retorno à memória, o caminho de regresso. Tudo lhes parece tão igual...". O passado na necessidade não consegue recriar nem dar vida ao presente. Nem seu presente recria o passado. Reforça-o.

Mas há memórias do passado de lutas por trabalho, por terra, por teto, por justiça e dignidade que conseguem recriar, dar sentido ao presente. Continuar fazendo que essas memórias de libertação no passado – dos seus coletivos no passado – deem sentido a lutas por libertação no presente. Há memórias do passado que reforçam as lutas por libertação no presente. Como trazê-las com destaque? É a força político-pedagógica das memórias de libertação de que desde crianças são sujeitos com suas mães, suas famílias, sua classe, sua raça. Como trabalhá-las? Há coletivos de docentes-educadores que se propõem dar, ao reconhecer e ao trabalhar suas memórias e as memórias dos educandos, a devida centralidade política e formadora. Haverá lugar nos currículos? Ao menos em temas geradores de estudo?

Estudar a história, o espaço, a língua, a natureza não seriam tempos de captar as memórias que carregam? Essas memórias não deveriam encontrar tempos-espaços nas diversas áreas do conhecimento? Como ignorar as memórias da desapropriação de suas terras, as memórias de retirantes, obrigados a deixar seu lugar, sendo jogados em lugares precarizados nas cidades. Como ignorar memórias tão coladas aos processos de apropriação--expropriação da terra, do espaço, até das linguagens nas áreas de geografia, história, ciências da natureza ou nos estudos da língua pátria? Como formar os docentes-educadores das diversas áreas para fortalecê-los nas tentativas de abrir tempos-espaços para o direito às memórias coletivas?

Tensões entre a memória e o permanente

Uma pergunta, ao abrir espaços para o direito à memória das crianças, adolescentes ou dos jovens-adultos populares: O que aflora? O que aflora nessas oficinas de memória não é nem saudades do passado nem o fio perdido idealizado de uma história a ser curtida. É o permanente, o repetido na infância, adolescência e juventude. São personagens tão os mesmos em seus pais, parentes, em seu povo. Afloram indagações sem resposta: Por que para nós sempre é o mesmo? Trabalhar memórias negativas fragmentadas e tão contínuas não é fácil à pedagogia. É reviver dores e resistências tão antigas. Remexer na humilhação e segregação histórica. Incomoda. Um jovem negro desabafava: "A escola somente nos lembra que fomos escravos. Como se esse fato tivesse de explicar tudo o que hoje somos e o que seremos". Difícil uma proposta que se remeta às lembranças doídas do passado. Difícil uma oficina de memória que leva a esse subsolo de suas histórias. Oficinas que levam mestres e alunos a um percurso tão luminoso quanto obscuro.

Um dos professores comentou sobre a oficina: "Nos autores que trouxemos dá para sentir uma certa celebração da memória, entretanto, quando os alunos vão abrindo suas memórias, o clima nada tem de celebração". A pergunta pairou no ar: Como trabalhar pedagogicamente essas memórias? Os alunos e as alunas populares, pobres, negros, assim como os professores/as, têm direito a sua memória de trabalhadores, de classe, etnia, gênero, raça. Têm direito a seu percurso íntimo pessoal e coletivo. A suas passagens. Porém, a imagem que nós fazemos da memória é sempre de com-memoração, de celebração de histórias, identidades, percursos, travessias. E quando a memória é só dos vencedores? E quando seu passado está apagado em uma luz cinza? E quando foi desconstruído ou reprimido? E quando a memória só guarda passagens que machucam? Lembro-me de uma professora que deu seu depoimento: "Iniciamos uma oficina de memória com os alunos. Eram momentos demasiado tensos. Não sabíamos como trabalhá-los. A oficina acabou".

De fato, uma oficina de memória tal como revelada nas memórias de poetas e literatos é como voltar a um paraíso não vivido nem em sonhos. Porém, uma oficina de memória com crianças, jovens, adolescentes ou adultos populares pode se converter em mexer nas sombras do real. Mas essas também são memórias. O paraíso perdido ficou distante, sobretudo para coletivos que nunca estiveram no paraíso, no progresso, na riqueza. Nem toda lembrança é florida, paradisíaca. A memória pode ser também feita de sombras, de resistências e persistências, de tentativas de percorrer outras passagens ou de assumir as vividas e delas tirar lições de liberdade. De dignidade. De humanidade. Os setores populares podem ter sido reprimidos em suas memórias, porém nunca eles mesmos as reprimiram. Encontraram formas de cultivá-las e celebrá-las. Nos cultos afro, nas festas populares, no contar de histórias e causos, nas rodas do trabalho e de família. Até nos velórios. O povo não tem sua amnésia coletiva revivida. Reagiram a seu ocultamento. A maioria das músicas populares que persistem são relatos, memórias tão mais fortes do que os textos da história oficial. Mas por que memórias dos vencidos não farão parte da história oficial? Apenas da história popular. Nas celebrações da cultura popular é onde aprendem suas memórias.

O sentido pedagógico de uma oficina dessas memórias será encontrar sentido nessa zona oculta, menos luminosa do real. Até nas reações à perene repressão de sua memória. Dar a essas memórias a condição de memórias humanas. Não se trata de cair numa idealização ingênua da diversidade de percursos e de memórias. Cada indivíduo e cada grupo celebram o seu.

com-memora nas linguagens de sua cultura. Nenhum povo autorreprime sua memória. A marca do trato pedagógico pode estar em reconhecer as marcas dessas memórias: a fusão entre experiência e memória, a permanência das mesmas vivências, a dificuldade de se tornarem memória oficial, a consciência dessa cercania e inseparabilidade. O orgulho de sua identidade.

Mas também uma das funções do trato pedagógico da memória será aproximar-nos e redescobrir e trazer as múltiplas linguagens, às vezes reprimidas linguagens com que cada coletivo celebrou e reproduziu sua memória. Não é fácil uma oficina que tente penetrar nessa mazela de obscuridade e luminosidade dos trajetos das crianças, adolescentes, jovens e adultos que frequentam as escolas públicas populares e dos mestres que nelas trabalham. Cada vez se abrem mais espaços nos currículos de formação dos mestres e dos educandos para trabalhar essas tensões entre suas memórias e seu presente. Afirmando-se sujeitos do direito a memórias afirmativas. Não proibidas nem silenciadas.

17
Humanas memórias

Lembrávamos, no texto *O direito à memória,* que as escolas vêm reconhecendo esse direito e inventando formas de trabalhar a memória na formação humana dos educandos e dos educadores. As oficinas de memória tornaram-se um recurso pedagógico. Que significados explorar? A memória como um processo de formação humana? Destaquemos algumas dimensões para trabalhar as memórias como pedagogias de formação de educandos e educadores.

Memórias de coletivos que se perguntam por suas origens

O que importa nessas oficinas de memória é criar um clima que permita aos participantes a possibilidade de viver uma experiência que provavelmente não lhes seja oferecida de maneira pedagógica em outro lugar: encontrar-se com sua identidade pessoal e grupal. Encontrar-se com a tensa história de sua formação humana. Construir um clima humano para um percurso íntimo que os leve até suas origens grupais e pessoais, sua infância, a infância de seus pais, familiares, irmãos, sua adolescência, juventude e vida adulta. Memórias de trabalho, sem trabalho, sem teto, sem terra. De lutas por direitos. Reviver essas origens e essas passagens vividas será mais do que um recurso de informação. Será um processo de formação. Memórias do viver, de formar suas diversidades e suas permanências. Que aflorem os sentimentos, as surpresas, as incertezas e precariedades das passagens, das relações sociais nas quais se desenvolveram e desenvolvem essas vivências memorizadas.

Tentar chegar ao cerne das formas de viver dessas crianças e adolescentes, jovens ou adultos populares com quem trabalhamos será ir à procura de suas experiências humanizadoras e desumanizadoras. Não se prender ao anedótico. Ir além dos conceitos de memória e identidade e focar as crianças concretas, os adolescentes, as adolescentes, jovens-adultos em suas condições reais, pobres, sobreviventes, negros, marcados por preconceitos históricos, mulheres marcadas por sexismos. São memórias de sujeitos concretos que se interrogam por suas origens e trajetórias. Que têm direito a saber-se, afirmando-se humanos.

O foco privilegiado serão seres humanos em processos de humanização relembrados. *Humanas memórias*. Olhando para sua história, ver como desde um longo passado esses adultos, jovens, adolescentes, crianças têm lutado por um futuro melhor, mais digno, desde seus antepassados. "O que levamos da vida é nosso nome e nossa dignidade", repetia uma mãe negra para seus filhos. A pergunta inevitável quando trabalhamos essas memórias é em que medida esse futuro lutado por seus avós, seus antepassados pobres, negros, mulheres, camponeses, em que medida o sonho-luta, conquista de um futuro melhor, mais digno se realiza no presente dessas crianças, adolescentes, seus netos, bisnetos ou filhos. O futuro sonhado tornou-se presente nos herdeiros de sua memória? Questões a trabalhar nos temas geradores e nas áreas de conhecimento. Sobretudo as vivências de humanização de que são sujeitos.

Podemos trazer à memória as formas de trabalho, sem trabalho, do emprego-desemprego, de moradia, de saúde-doença, de produção da existência, de migração do lugar, da saída do lugar à procura de um lugar digno. Memórias tão relembradas nas músicas (*Asa branca*) e nas artes (*Os retirantes*, de Portinari). As formas de ser mulher, criança, adolescente, a alimentação, o vestuário, a escolarização, as músicas, as letras, as festas, as incertezas e certezas... Os sonhos de futuro depositados nos filhos: "que ao menos eles tenham outra vida menos sofrida". É a trama de vivências em que se humanizam. São as humanas memórias.

A memória de vidas sofridas é uma constante na cultura popular. É a memória confirmada no presente. A música popular traz os sons de um lamento e, nas letras, o sofrimento é uma lembrança persistente: "tristeza não tem fim, felicidade sim". "Barracão de zinco... pobretão infeliz". Memórias ausentes na memória oficial pedagógica. Crianças, adolescentes, jovens-adultos carregam essas memórias para os encontros com seus professores e professoras. Vão às escolas na esperança aprendida com as mães: que eles tenham outra vida menos sofrida. Que a experiência escolar, até na EJA, seja uma experiência de aprofundar essas vivências.

Memórias dos valores humanos

Por aí nos aproximamos do que há de mais denso na memória e chegaremos à *memória dos valores*: a vida, o esforço, a honradez, a persistência, os cuidados, o trabalho, a terra, a solidariedade, o nome, a dignidade. É preciso trazer à memória esses valores mais humanos que os acreditavam dignos de uma vida melhor para seus descendentes. Ao trazer à memória desses educandos/as seus descendentes, descobrir que esses valores de seus antepassados tornaram possível sua sobrevivência e sua dignidade humana. Mas foram suficientes para garantir o seu futuro esperado tão lutado? Como conseguiram sobreviver em passagens tão adversas, apesar de fiéis a esses valores? Sobreviveram por causa desses valores? Esses valores inspiraram suas lutas por libertação? Esses valores são os que levam à EJA e às escolas. Nos temas de estudo sobre essas humanas memórias, trazer um olhar pedagógico, de educadores/as: Que significados formadores, humanizadores revelam as memórias desses valores? Que valores passam as mães, as avós e os ancestrais para os filhos, relembrando essas memórias de trabalho, de busca de lugar, de lutas por uma vida menos sofrida, por levar da vida dignidade...? A pedagogia familiar e popular acredita na força formadora dessas memórias de dignidade, trabalho, justiça que vêm de longe. *Memórias humanas que humanizam*. O que tem a pedagogia escolar a aprender dessa pedagogia popular que tanto explora as memórias humanas dos valores mais humanos? Os valores da escola reforçam ou ignoram essa tensa trama de valores que levam da memória de suas origens?

Quando as oficinas de memória tocam nas memórias do "fazer-se de seres humanos" são formadoras, educativas para educandos e mestres. Não fazer dessas oficinas um teatro vazio de atores concretos. Não há histórias e memórias sem sujeitos nem sujeitos sem valores. A força pedagógica de toda segregação é celebrar-inculcar-reafirmar os valores dos coletivos: dos movimentos sociais, da nação, da república, das religiões, das escolas. As perguntas nas oficinas de memória com crianças, adolescentes, jovens-adultos populares serão: Que valores celebrar? Nas celebrações oficiais há lugar para celebrar os seus valores coletivos ou lhes são impostos os valores hegemônicos, sendo seus valores segregados-inferiorizados? Que celebrações da memória nas escolas os reconhecerão sujeitos de valores a serem celebrados? Nas oficinas de memórias, como nos acercar de suas vidas – de crianças ou de adultos – como sujeitos da história? Como trabalhar os valores, as dimensões formadoras de suas trajetórias humanas? Éticas?

Remexer em memórias é remexer em vidas, vivências, autoimagens, nem sempre luminosas e memoráveis. Mas éticas. Trajetórias nem sempre certas, lineares, seguras, realizadas. Com final feliz. Ao contrário, vulneráveis, sem direção certa, por vezes regredindo. Incertas. Memórias de dor, fracassos, migrações, sem lugares, mas que repõem valores de resistências, de superação, de dignidade. Humanidade. As lembranças descoladas de lugares vividos perdem-se com facilidade. Difícil de serem trazidas à memória. Nossa memória está colada a lugares. Memória de lugares. Para muitos alunos/as e para seus familiares, as memórias ficaram perdidas em tantos lugares de passagens rápidas. Ou em vidas sem direito a lugares. Para outros, essas memórias de lugares são de luta por teto, por terra. Terra... Teto é mais do que terra. São lugares colados a memórias de lutas coletivas. Memórias do campo, dos acampamentos assentamentos, da pequena cidade, da mediana até as periferias das grandes cidades.

Trazer a memória dos múltiplos espaços de passagem dificultando as memórias, ou deixando a única lembrança: a infância, a adolescência passando por tantos lugares, não lugares de dignidade. Não tendo tempo de enraizar. Como formar identidades em processos de desenraizamento? Como passar a vida em espaços sociais fechados, onde as pessoas têm poucas possibilidades de escapar de suas vidas? Os espaços da pobreza e da sobrevivência são espaços sociais fechados. E as favelas? Que valores são reaprendidos e reafirmados colados a essas passagens de lugares?[28]

Será necessário levar a análise para as relações sociais, econômicas e políticas que produzem esses lugares fechados, segregados, inumanos. Que valores são exigidos para sobreviver nesses não lugares de dignidade e de justiça? Das memórias pessoais e coletivas, avançar para essas memórias sociais, políticas; para os padrões de poder, de apropriação-expropriação do espaço, da terra, da renda, do trabalho. As memórias da história como determinantes das memórias de um injusto viver e dos valores de resistência e de dignidade por um justo viver. Nesse momento, a função da oficina de memória poderá ser recolher esses valores, tão humanos, essas passagens, esses lugares, e montar cenários que ajudem os educandos a reconstruir seus lugares, para que possam reconstruir suas memórias e identidades, pessoais e coletivas, reconstruindo essa história. Aprendendo-se sujeitos de memórias de valores humanos. *Humanas memórias*.

---

28. As memórias humanas entrelaçam-se com essa produção material-espacial de sobreviver. Trabalho esse peso da materialidade do viver no livro *Outros sujeitos, outras pedagogias*. Op. cit.

Os lugares da memória

Os docentes-educadores/as estão forçando as grades curriculares e os cercos das disciplinas e saindo das escolas à procura de espaços de formação. Um grupo de professores/as e de adolescentes montou uma oficina de memória visitando o museu da cidade, completando a visita com fotografias de família. Uma oficina difícil de montar com jovens-adultos trabalhadores. Passageiros da noite não terão direito à memória guardada nos museus? Será ao menos possível trazer para a oficina o material da memória que o museu guarda? Um exercício sem dúvida fecundo para trabalhar não apenas como era a vida no passado, mas como se trabalhava, com que ferramentas, como eram as moradias, como se cozinhava, se vestia, se divertia ou amava.

Com toda essa riqueza de memórias é possível ir às memórias dos educandos e dos mestres. Suas memórias do trabalho, do viver. Podemos percorrer a história do passado em abstrato ou nas vivências do seu, do nosso passado. Podemos cultuar o passado dos fundadores da cidade mantido no patrimônio, no museu da cidade. Formas de sonhar, idealizar e romancear o passado dos heroicos fundadores. Mas apenas podemos satisfazer curiosidades. Será necessário abrir um debate, um olhar crítico, e despersonalizar essa história-memória heroica. Só eles construíram a cidade? Podemos levar aos adolescentes, jovens-adultos suas trajetórias, memórias, identidades pessoais e grupais. Suas famílias de trabalhadores também construtores da cidade. Da história. Do patrimônio. Reconhecidos ou ignorados? Uma pergunta a aprofundar em práticas que vão se tornando frequentes: vincular educação-memória e patrimônio[29]. Abrir as escolas, também a EJA, para o encontro da memória materializada no patrimônio material e imaterial é um direito dos educadores e educandos. Contudo é preciso trabalhar até onde esses patrimônios reconhecidos reconhecem ou ignoram os patrimônios-memórias dos grupos sociais mantidos à margem da história. Uma das formas de manter memórias proibidas é ignorar seus patrimônios. A visita a esses museus da cidade e o material da história do museu podem ser um rico processo de saberem-se como trabalhadores. Predomina nesses museus da cidade uma memória do trabalho, tão forte na memória popular. Podemos ficar e passar pelos objetos, fotos, ferramentas, vestes, ou podemos chegar

---

29. Podem ser encontradas análises sobre cidade, patrimônio, cultura pública e educação. In: ARROYO, Michele. *A diversidade cultural na cidade contemporânea*: o reconhecimento da Pedreira Prado Lopes como patrimônio cultural. Belo Horizonte: PUC Minas, 2010 [Tese de doutorado].

aos personagens que as usavam, que com elas trabalhavam, se alimentavam, ou nem se alimentavam, vestiam, amavam e se construíam em suas vivências humanas concretas. Podemos tentar penetrar nessas vidas e na escuridão centenária para intuir como viveram esses rostos de camponeses, de mulheres, crianças, enquanto esperavam a colheita ou, como crianças, acompanhavam os pais na lavoura ou, enquanto mulheres, trabalham na lavoura, na casa, na criação dos filhos. Esses museus – casas da memória – tendem a cultuar uma memória seletiva, elitizada, épica; podem desfigurar a memória real, idealizando aspectos, personagens e ignorando a diversidade de construtores da cidade. Mas podem também trazer a memória do trabalho, das ferramentas, do viver de cada um dos grupos sociais. Memória da diversidade de ofícios. Humanas memórias[30]. Nessas visitas aos lugares da memória será possível a mestres e educandos se entenderem com direito ou sem direito a estar presentes nos lugares da memória, sobretudo questionarem seu lugar na cidade, no campo. Oficinas de memória. Visita aos museus como exercícios de alargar o direito a saber-se.

Dependendo de como forem conduzidas essas oficinas de memória, com fotos ou com visitas ao patrimônio, ao museu, as possibilidades de viver uma rica experiência da memória poderão ser múltiplas. Além do cuidado em escolher os lugares da memória, os instrumentos, os materiais, as fotos etc., será necessário escolher, planejar os objetivos formadores que, como educadores, pretendemos obter. Discutir esses objetivos com os educandos. Preparar os ânimos para mais do que uma visita ao museu ou ao palácio: para visitar-nos a nós mesmos. Para um diálogo crítico com memórias privilegiadas e ocultadas. Para abrir as gavetas dos guardados oficiais e dos nossos "nunca guardados". Esquecidos.

Para visitar-nos e não ficar em apenas uma visita ao museu, ao patrimônio, será necessário pensar em momentos nos quais esqueçamos do museu, do palácio, e foquemos nossa visita a nós mesmos. Será necessário educar-nos para ver além das peças de vestuário, além das fotos, dos objetos, dos instrumentos, e ver os sujeitos humanos que os elaboraram, usaram, fabricaram. Ou nem tinham direito nem condições de usá-los. Ver sujeitos históricos, nossos antepassados, vivendo nessas passagens, produzindo-se, humanizando-se na produção de todo esse acervo de memória. Humanizando-se pelo trabalho, pela construção da cidade. Que valores destacar?

---

30. Museu de Artes e Ofícios de Belo Horizonte.

Que lições tirar? Nós, construtores da cidade, do campo, pelo trabalho. Os nossos antepassados construtores da cidade e do campo tiveram direito à cidade, ao campo? E os jovens-adultos? Constroem a cidade, mas sem direito à cidade? Lutam pela terra sem direito à terra? Questões a aprofundar na oficina sobre os lugares da memória, principalmente com educandos sem lugar, à margem. Periféricos.

Sujeitos da memória

Trazer os lugares da memória leva-nos aos sujeitos da memória. Deixemos por alguns momentos a história da cidade em abstrato e perguntemos por que grupos humanos viviam nessas moradias, cozinhavam nesses fogões a lenha, usavam essas vestes, lavravam a terra com esses arados, fabricavam aquelas mobílias e palácios. Não eram todos os moradores da cidade nem dos povoados. É uma história de um espaço, de uma cidade hierarquizada em estruturas de classe, de poder, de prestígio, de propriedade, de gênero, de mulher, de criança, de negro/a, de pobre ou rico. Esses trabalhadores/as tinham direito à terra, à liberdade? Em que relações de trabalho? As lutas pela terra contra a exploração do trabalho vêm do passado, fazem parte das memórias do presente. Uma oficina sobre memórias de cidades abstratas, de espaços idealizados, mas sem sujeitos, pouco contribui para nosso ofício de formar. Pode deformar. Ocultar mais do que revelar o passado. Ou reproduzir um passado seletivo e excludente de sujeitos, grupos. De determinados grupos. Reduzir as possibilidades de entender-se no seu presente. No nosso presente ainda tão seletivo, tão classista, racista, sexista.

Tudo vai depender da leitura pedagógica que fazemos do patrimônio, do museu, dos lugares ou dos álbuns da memória. Podemos, por exemplo, chamar a atenção para a frugalidade, rusticidade dos objetos com que reproduziam suas existências: o fogão a lenha, as panelas, os assentos, as camas, as ferramentas, a divisão das moradias, o poço, o lavar a roupa, teares etc. Formas de viver precárias. Dos trabalhadores? Superadas ou ainda presentes? As formas precárias de trabalho centrado no trabalho-força humana, muscular foram superadas? As relações sociais de trabalho foram superadas? Podemos ver as tecnologias inventadas, simples ainda. Os seres humanos sempre produzindo ciência, técnicas para livrarem-se do esforço, aliviarem o trabalho, para melhorar as técnicas de construção, de alimentação, de moradia e vestuário... O trabalho como princípio pedagógico, de formação do ser social. Os jovens-adultos trabalhadores veem-se nessas memórias do trabalho? Como fruto dessa visita, seremos obrigados a levar para os currículos algumas questões: Essas tecnologias e essa história da ciência são conhecidas ou ignoradas nos currículos? As disciplinas científicas trazem uma visão exclusiva dos grandes avanços tecnológicos? Aquelas tecnologias de sobrevivência foram superadas? Os coletivos humanos dos educandos ainda sobrevivem com tecnologias parecidas àquelas? As tecnologias vistas no museu pertencem ao passado? São memória ou presente? Para que trabalhadores/as? Para que grupos sociais, raciais? Para os mesmos de cem, duzentos anos?

Voltamos à persistência das relações sociais do passado no presente de determinados grupos sociais, raciais, étnicos, do campo, das periferias urbanas. A leitura de um museu nos traz do passado para o presente. Para melhor entender sua teimosa persistência segregadora em relação aos mesmos coletivos sociais, raciais. A visita ao museu e ao patrimônio leva-nos ao coração da história passada persistindo no presente. Orientemos os adolescentes e jovens-adultos a percorrer as salas do museu, do palácio, ou a ver as ferramentas, as formas de viver, as fotos dos álbuns sob o olhar das mulheres, homens, crianças e adolescentes que confeccionaram aqueles objetos, que se arrumaram para tirar aquelas fotos, que ocuparam seu lugar nas fotos, seu lugar na ordem social e sexual, racial, que vestiram aquelas roupas com que produziram, afirmaram seus corpos de mulher, de criança. Por que inventaram aquelas ferramentas de trabalho? Por que cozinhavam, fiavam, trabalhavam, criavam os filhos? Por que se arrumavam para as fotos? Para registrar o orgulho de seu corpo, de seu gênero, de sua raça, de sua família? O desejo de uma vida melhor, de um futuro que, em parte, nós, os visitantes, representamos agora, rememorando sua memória na visita? Os professores de história tentam reconhecer essas memórias e incorporá-las na história oficial. Ao menos precisamos confrontar essas memórias com a memória oficial nos currículos.

Humanas memórias

Na oficina de que participei sobre o museu como lugar da memória, a preocupação era explorar as memórias, as identidades humanas dos educandos e educadores. Havia um clima de provocação para que os mestres e os educandos, seus herdeiros, questionassem se nós representamos mesmo o futuro idealizado que eles esperavam e por que lutaram e se sacrificaram. A resposta poderá vir, apenas, em parte. Por vezes, as infâncias e adolescências vividas nas periferias urbanas, nas favelas e nos acampamentos são tanto ou mais precárias; a fome e a miséria são maiores. O trabalho de onde os jovens-adultos chegam pode ser mais explorador. O futuro sonhado e pelo qual tanto se sacrificaram não chegou às vidas das crianças, dos adolescentes, jovens e adultos que percorrem as memórias do passado.

Um olhar é trabalhado na visita aos lugares da memória, aos monumentos e aos museus da cidade: superar o olhar formal, que vê apenas objetos, para ir além e ver as posturas, condutas, valores dos sujeitos, dos coletivos que os protagonizaram. Ver sua dedicação, trabalho, convívio; ver sua angústia, insegurança, dependência da natureza incerta; ver sua escassez, precariedade e singeleza de suas vidas. Ver as hierarquias de classe nas quais a sociedade se articulava, os preconceitos de gênero, raça, as relações cidade--campo, homens, mulheres, adultos-crianças, jovens, brancos, negros, indígenas. Os objetos do museu não podem ocultar, mas devem, antes, revelar que são espaços de humanas memórias. As hierarquias de classe, sociais, raciais, sexuais permanecem? Constatações trabalhadas na função educadora, formadora da escola, da EJA. Todo museu ou lugar de memória ou todo álbum de fotografias é uma memória de vidas diversas, articuladas ou submetidas, igualadas ou hierarquizadas por valores e preconceitos nas formas de vestir, na divisão de classes, do trabalho, nas diferenças de alimentação, de moradia, de acesso ao poder, à escolarização. Ver as vidas diversas, os valores que ainda habitam no museu, que nos falam e interrogam tanto o passado quanto o presente dos visitantes. O museu, os monumentos, os lugares da memória não são um palco vazio de pessoas e apenas cheio de objetos velhos. As oficinas de memória, se bem conduzidas, poderão ser um exercício de reeducação do olhar de educandos e educadores para ressignificar o passado e o presente. Para entender os seres humanos e a história construída e destruída por eles mesmos. Para entender os limites e as resistências por sermos humanos. Por dignidade humana.

Lembro-me de uma visita a um museu de uma cidade do interior. Duas escolas estavam lá. Salas apertadas e os alunos e mestres percorrendo aqueles espaços abarrotados de objetos dos fundadores da cidade, das primeiras famílias, de objetos de produção e vida na agricultura familiar. Cada grupinho de crianças e adolescentes detendo-se na observação dos objetos que despertavam sua curiosidade. Pensei: Que sairão desses olhares? Satisfarão sua curiosidade? Sairão com a clássica imagem de que o passado é apenas um amontoado de curiosidades? Terão sido preparados para olhar as vidas dos seus antepassados em cada detalhe? Farão interrogações sobre suas vidas no presente?

Aproximei-me de uma professora e de um grupo de alunas e alunos que olhavam para umas fotografias dos fundadores da cidade. Acompanhei com atenção como a professora mostrava as roupas das crianças meninas, das adolescentes e das mães e avós, seus corpos cobertos de longo, de cores obscuras, seus cabelos recolhidos, seus olhares tímidos, seus gestos recatados, seus corpos controlados. Sempre sentadas, os homens em pé, cobrindo-as, cercando-as. Os olhares tímidos das mulheres confrontam os olhares agressivos, seguros dos homens que as cercam em pé. Surpreendem mais as diferenças de olhares do que as diferenças de roupas e de posturas. Dos objetos, das fotos, das vestes e da ordem nas fotos a professora levava o olhar daqueles/as adolescentes às relações de gênero. Uma adolescente comentou: "Hoje, nossas roupas são mais alegres, mais soltas, mas os machinhos ainda tentam nos proteger e controlar".

Lições dessas memórias humanas do passado tão persistentes no presente. Como são trabalhadas? Uma forma de acercar-se das vidas passadas e presentes e vê-las com detalhe. Quem está mais seguro de si mesmo, os homens, as mulheres? Por que crianças, adolescentes sempre aparecem em família? As meninas ao lado das mães, os adolescentes meninos ao lado dos pais? Relações de gênero, de idade e dependência das crianças, adolescentes e até jovens do coletivo familiar? O comentário da menina mostra que lutam por outras relações de gênero. Por libertação. Depois da visita terá havido lugar para aprofundar esses comentários? Essas lições?

Podemos imaginar como seriam as relações de idade, gênero no cotidiano da família e da vida? Poucas ou nenhuma fotografia de famílias negras? Não existiam? Não trabalhavam? Não foram construtores da cidade? Seu silenciamento no museu o que revela? Revela seu silenciamento na nossa história, na nossa memória? Como reconstruir uma memória de um coletivo social e racial sempre silenciado e excluído da memória até dos museus das nossas cidades interioranas? Uma adolescente negra encontrou uma única fotografia onde aparecia uma adolescente negra vestida de longas roupas, de touca branca, com uma criancinha branca no colo numa foto de família branca. "Sempre fomos babás", comentou a adolescente negra, mas sua observação interessou pouco ao coletivo de colegas e professores. Lembrei-me das histórias racistas de Monteiro Lobato que destacam a mulher negra como empregada da senhora branca e como babá das crianças brancas do sítio. Histórias racistas com as quais as adolescentes negras aprenderão qual foi e qual é e talvez será seu papel na sociedade (SILVA, 2015). A memória do passado persistente no presente. Volta a pergunta: Há lugar nos currículos para encontrar respostas para tais perguntas dessas adolescentes?

Na quantidade de peças amontoadas nas salas do museu abundavam utensílios dos ofícios do passado: pedreiros, marceneiros, sapateiros, barbeiros, dentistas, alfaiate, costureiras, boticários, serralheiros... Apareciam algumas fotos desses mestres de ofícios. Uma de um sapateiro, outra de um alfaiate em sua oficina de trabalho. Seu olhar altivo, sua roupa simples, gasta, suas ferramentas primárias revelam como eram suas vidas, seu lugar na sociedade. Revelam as representações sociais sobre esses ofícios. O orgulho de seu saber pode ser percebido no seu olhar altivo e seguro. Aparecem poucas fotografias da gente comum, como a nos dizer que a história da cidade pertence apenas às famílias de bem e corajosas que a fundaram. Essa visão se repete nos museus das cidades, assim como nos monumentos das praças públicas aos seus fundadores. A história do povo "comum" silenciada antes e agora. Memórias de que humanos? Silenciamentos de grupos não reconhecidos como humanos? Um dado a ser explorado pedagogicamente: Como reconstruir a memória do povo comum se ela sempre foi ignorada, silenciada e reinterpretada no olhar dos "fundadores" da cidade? Dos heróis da pátria, da república? A negação do direito à memória é tão perniciosa quanto a negação do saber socialmente construído. No saber do núcleo dos currículos aparece a história do povo comum? Até na Base Nacional Comum aparecerá a história dos humanos comuns? Aparece a memória nacional dos cidadãos comuns mantidos à margem da nação? No museu fica exposta a cor da cidade, o gênero da cidade, a classe da cidade. Qual a cor, o gênero, a classe da nação na Base Nacional Comum? No material didático de cada área do currículo?

As oficinas de memória, cada vez mais frequentes nas escolas, serão uma oportunidade de garantir o direito dos silenciados a sua memória? Nada fácil, mas, a cada dia, mais coletivos docentes tentando garantir o direito à memória e às identidades negadas à infância, à adolescência, aos jovens-adultos do povo comum que chegam à procura de saber-se. De seu direito a suas humanas memórias.

As lições das humanas memórias

A pedagogia acredita que a história é mestra da vida, que a memória é carregada de belas lições; cada objeto e fotografia foi selecionado pela lição que carrega. Na procura dos significados guardados nos museus e lugares da memória podemos chamar a atenção das crianças, adolescentes ou jovens e adultos sobre os olhares dos personagens das fotografias e quadros. Olhar para seus olhares: quantos acontecimentos devem ter visto, devem ter mirado no futuro com interrogação. Passar perante seus olhos é passar perante suas vidas, suas experiências. Falamos em visitar um museu, um monumento, como se os antepassados estivessem esperando a visita dos que vivem no presente. Para aprendermos suas lições de vida. Seus objetos, seus olhares nos esperam para rememorá-los com suas glórias e suas lutas inglórias. Fundadores ou alfaiates, com olhar de mulheres tímidas ou de varões arrogantes, hoje, todos são lembranças. Continuam os mesmos olhares? Como interpretar o lugar social, as relações de gênero, classe, raça nessa diversidade de olhares? Fortes lições da memória a merecer tratos pedagógicos.

Não falta, entre os objetos celebrados, uma pequena estante com velhos livros. Como merecer o culto de fundador de uma cidade sem demonstrar cultura, sem amor à leitura e às letras? Nas fotografias dos ofícios não aparece nem estante nem livros, apenas objetos de trabalho de cada ofício. Em uma fotografia de bom tamanho aparece um jovem de família, bem trajado, com um livro na mão e olhar concentrado na distância – recorda que a instrução leva ao futuro? Entre as virtudes que adornam as famílias fundadoras e que a cidade deverá cultuar como seu legado está a cultura letrada, ao lado da coragem, bravura e dedicação do trabalho. O museu pretende que todas as crianças, sobretudo das escolas públicas, aprendam esse legado de virtudes. As escolas levam com certa frequência crianças e adolescentes populares a esses museus para lembrar-lhes os valores do trabalho, da coragem e da cultura letrada. A professora destacava essas lições, mas a maioria dos adolescentes estava mais para brincadeiras do que para surpresas.

Por que a adolescentes e jovens pouco surpreende ver ou rever essa memória? Talvez porque o que lá está celebrado como memória não seja tão diferente do que vivem em seu cotidiano. Devem ter ido a um *shopping*, assistem às aulas de Ciências e convivem com tecnologias avançadas, porém a maioria dos objetos de trabalho, construção e alimentação com que vivem seu cotidiano nas periferias e favelas não é tão diferente dos objetos do passado. Tem sido vivido pelas gerações passadas e continua sendo vivido por milhões nas gerações presentes. Uma memória ainda tão presente não causa surpresas. Não é memória. A surpresa e as lições poderiam vir de sua permanência, apesar de tanta celebração do progresso, que se faz eco nos currículos escolares. Por que para nós – poderão perguntar-se esses jovens, adolescentes e crianças – a memória do passado continua tão presente? Difícil trabalhar pedagogicamente e tirar lições de memórias tão enredadas.

Para eles, mexer na memória é mexer no tempo, em concepções e, sobretudo, em vivências de tempos enredados. Memórias tão contemporâneas que desmontam qualquer suposta linearidade do tempo: o passado a ser rememorado, o presente a ser vivido e o futuro a ser sonhado. Uma forma tão familiar à pedagogia escolar de ver o tempo. De trabalhar as lições da memória. O tempo que aparece nesses museus e lugares da memória é outro? A repetição com poucas surpresas de parecidas formas de viver, morar, trabalhar, procriar, sofrer, morrer? Esses museus e monumentos costumam exaltar uma visão estoica da vida: trabalho, dureza e dor com que os fundadores tornaram possíveis as cidades. Mas revela, ao mesmo tempo, que essa visão estoica é, ainda, a lei da vida de tantos grupos sociais das cidades e dos campos. Seriam essas as lições a aprender dessas memórias? Reforçam a cultura popular, os valores que inspiram suas lutas por uma vida justa? Através de uma visita ao museu, ou aos monumentos, ou aos lugares da memória, podemos adentrar não tanto no anedótico, no passado, mas no que o passado e o presente nos interrogam, esperando que revelemos seus significados às crianças e jovens-adultos que se perguntam sobre seu presente. As oficinas de memória podem ser uma das experiências mais questionadoras dos currículos e da função da docência.

A memória toca na parte mais personal do ser humano. Mostra as verdades mais persistentes, o lugar de cada um, de cada grupo social, racial, sexual, nas relações sociais, econômicas, políticas, culturais. Nos processos de produção, de trabalho. Na construção e vida das cidades e dos campos. Mostra que essas relações persistem. Lições da memória a aprender, a explorar nas oficinas da memória. Na garantia do direito à memória dos educandos e educadores. Persiste a pergunta: Como trabalhar vivências tão humanas, com interrogações humanas, políticas, pedagógicas tão radicais? Os docentes-educadores/as inventam respostas: fortalecer essas experiências em que tantos coletivos investem. Organizar temas geradores de estudo sobre cada uma dessas instigantes vivências e questões sobre o direito à memória. Abrir espaços nos currículos de formação dos mestres e dos educandos para que esse direito à memória, para que o direito a suas memórias humanas e inumanas encontre centralidade nas áreas dos currículos. Que o direito a memórias e as suas memórias humanas seja reconhecido como direito a sua formação humana. Humanos valores, humanas memórias que nos humanizam.

Memórias de tantas lutas não esquecidas jamais

Docentes-educadores/as, em dias de estudo com os educandos/as, priorizam trazer e trabalhar as memórias humanas coletivas mais radicais de cada grupo social, étnico, racial, de gênero. Trazer as memórias de cada movimento social por libertação. Trazer, trabalhar as memórias de tantas lutas não esquecidas jamais. O que há de mais radical, formador e libertador nas memórias de cada grupo social são suas memórias de lutas por suas identidades coletivas, por não ser oprimidos, silenciados, até por continuar existindo como coletivos. São as memórias mais guardadas, celebradas, passadas pelos mais idosos, pelos ancestrais. "Somos pobres, mas temos uma história para contar. Para nos contar". Fala repetida pelas mães pobres a seus filhos. As avós e as mães são as guardiãs dessa história a contar, e contam-na desde as cantigas de ninar. Cada coletivo social passa o orgulho de sua memória de resistências feita.

Trabalhar oficinas, temas geradores dessas memórias é frequente na educação do campo, dos assentamentos, na educação indígena, quilombola. É a pedagogia das marchas, dos Trabalhadores Sem Terra, das Margaridas, dos trabalhadores/as sem teto. É a pedagogia das humanas memórias de suas históricas resistências postas nas faixas, nas letras das músicas, nas bandeiras, nos hinos, nas palavras, gritos de ordem... Lembro-me de um tema gerador na EJA que propunha pesquisar essas linguagens de tantas memórias de lutas nessa pluralidade de movimentos sociais e de lutas por justiça, terra, teto, igualdade de raça, gênero, orientação sexual... Formas mais radicais de chegar a humanas memórias, completando as memórias da visita ao museu da cidade, ao patrimônio ou ao Museu de Artes e Ofícios.

Importante destacar e explorar a pluralidade de didáticas, de pedagogias que os próprios grupos sociais insistem em não perder. Manter e radicalizar as suas memórias identitárias como coletivos. Mostrar que, se suas memórias foram proibidas, ignoradas, na memória hegemônica resistiram. Os movimentos sociais mostram outras pedagogias de com-memorar, ensinar, afirmar suas memórias. Suas inumanas memórias como segregados. Mas também, e sobretudo, guardar, celebrar suas memórias de humanização. Os tempos de educação escolar e os currículos ficam mais ricos, mais pedagógicos; a própria área de história se amplia incorporando essas inumanas memórias; incorporando as memórias de tantas lutas não esquecidas jamais.

Os povos indígenas relembram a história de extermínios (mais de 40 milhões na colonização das Américas); a história de expropriação de seus territórios, que persiste até o presente; a história de sua reclusão nas reservas e áreas indígenas. As comunidades negras e quilombolas mantêm, relembram a história da África, da cultura, a história de resistências dos milhares de quilombos. Contam, celebram o Dia da Consciência Negra com-memorando a memória de Zumbi – símbolo de suas lutas –, o quilombo de Palmares. Coletivos de docentes-educadores/as e educandos/as trazem essa riqueza de humanas memórias para temas geradores de estudo, de formação. De garantir o seu direito à memória, trazendo reportagens, músicas, histórias guardadas nas memórias dos ancestrais, das famílias. Das expressões culturais.

Outros temas geradores de estudo e de formação trazem as memórias guardadas e não perdidas dos milhões de retirantes-migrantes dos campos para as cidades. Memórias guardadas no artesanato – síntese de memórias de resistências; nas músicas – *Asa branca*; na literatura – *Morte e vida severina*; nas Artes – Portinari, *Os retirantes*. Sobretudo, guardadas nas memórias de tantas famílias lutando por outro lugar nas cidades, desenraizados, à procura de enraizar suas identidades nas cidades, nas periferias, nas margens-identidades periféricas que levam às escolas públicas, à EJA. Mas identidades, memórias cultuadas, não perdidas do lugar de origem. Culturas, memórias, comemorações, histórias de retirantes desenraizados passadas para as novas gerações. Também, e principalmente, memórias guardadas de tantas lutas não esquecidas jamais. Pesquisar onde guardam essas memórias, como a celebram, comemoram, como as passam nas histórias, músicas, cultos, rituais... Pesquisar que força pedagógica tem esse celebrar e passar essas lutas. Outras pedagogias de outras memórias.

Aprender com os estudos da juventude

Letras/músicas a serem trabalhadas

Coração de estudante
Autores: Milton Nascimento
e Wagner Tiso

Quero falar de uma coisa
Adivinha onde ela anda
Deve estar dentro do peito
Ou caminha pelo ar
Pode estar aqui do lado
Bem mais perto que pensamos
A folha da juventude
É o nome certo desse amor

Já podaram seus momentos
Desviaram seu destino
Seu sorriso de menino
Quantas vezes se escondeu
Mas renova-se a esperança
Nova aurora a cada dia
E há que se cuidar do broto
Pra que a vida nos dê flor e fruto

Coração de estudante
Há que se cuidar da vida
Há que se cuidar do mundo
Tomar conta da amizade
Alegria e muito sonho
Espalhados no caminho
Verdes, planta e sentimento
Folhas, coração, juventude e fé.

E vamos à luta
Autor: Gonzaguinha

Eu acredito é na rapaziada
Que segue em frente e segura o rojão
Eu ponho fé é na fé da moçada
Que não foge da fera e enfrenta o leão
Eu vou à luta com essa juventude
Que não corre da raia a troco de nada
Eu vou no bloco dessa mocidade
Que não tá na saudade e constrói
A manhã desejada (bis)

Aquele que sabe que é negro o coro da gente
E segura a batida da vida o ano inteiro
Aquele que sabe o sufoco de um jogo tão duro
E apesar dos pesares ainda se orgulha de ser
Aquele que sai da batalha, entra no botequim,
pede uma cerveja gelada
E agita na mesa uma batucada
Aquele que manda o pagode
E sacode a poeira suada da luta e faz a
brincadeira
Pois o resto é besteira
E nós pelaí

Eu acredito é na rapaziada...

Clube da esquina nº 2
Autores: Milton Nascimento,
Lô Borges e Márcio Borges

Porque se chamava moço
Também se chamava estrada
Viagem de ventania
Nem se lembra se olhou pra trás
Ao primeiro passo, aço, aço,
Aço, aço, aço, aço, aço, aço,

Porque se chamavam homens
Também se chamavam sonhos
E sonhos não envelhecem
Em meio a tantos gases lacrimogênios
Ficam calmos, calmos, calmos,
calmos, calmos, calmos, calmos

E lá se vai mais um dia

E basta contar compasso
E basta contar consigo
Que a chama não tem pavio
De tudo se faz canção
E o coração na curva
De um rio, rio, rio, rio, rio

E lá se vai mais um dia

E o rio de asfalto e gente
Entorna pelas ladeiras
Entope o meio-fio
Esquina mais de um milhão
Quero ver então a gente, gente, gente,
gente, gente, gente.

Outras músicas/letras a serem trabalhadas
- *Porta-estandarte* – Geraldo Vandré
- *Disparada* – Geraldo Vandré
- *Alegria, alegria* – Caetano Veloso
- *Cordão* – Chico Buarque

Filmes a serem trabalhados
Uma diversidade representativa de filmes comentados pode ser encontrada no livro *A juventude vai ao cinema*. Op. cit., 2009.

18
Como os estudos da juventude veem os jovens[31]

Partimos da hipótese de que, para trabalhar com adolescentes-jovens--adultos, exige-se conhecê-los; conhecer quem são, como se pensam e afirmam, como são pensados nas políticas, diretrizes. Os estudos da juventude avançaram nas diversas áreas do conhecimento: sociologia, antropologia, história, artes, literatura... Nos cursos de formação dos profissionais de sua educação não será obrigatório trazer esses estudos sobre a juventude? Ajudam-nos a entender esses adolescentes-jovens passageiros da noite do trabalho? Ajudam-nos a redefinir a EJA e a docência? Destaquemos algumas dimensões da condição juvenil que esses estudos mostram e que merecem ser trabalhadas nos currículos de formação dos jovens-adultos e dos seus profissionais.

Nova condição juvenil?

Os estudos da juventude têm enfatizado que estamos em tempos de uma nova juventude, de uma nova condição juvenil. Uma chamada importante é não ver a adolescência, a juventude nem a vida adulta como categorias estáticas, mas como construções históricas, sociais, culturais. As transformações sociais afetam as formas de viver, de ser crianças, adolescentes, jovens ou adultos. Afetam as formas de ser e de pensar-se, e afetam – deveriam afetar – as formas como o pensamento pedagógico, escolar, docente vê os educandos que chegam às escolas e à educação de jovens e adultos. Mas quem são? Que autoidentidades constroem de ser criança, adolescente, jovem ou adulto? Os estudos da juventude podem ser um referente para entender essa outra adolescência, outra juventude e outros adultos. Entender como são afetados pelas transformações sociais, políticas, culturais. Nos cursos de formação de profissionais da EJA avança-se em ter uma postura

---

31. Os estudos sobre juventude poderão trazer contribuições valiosas para entender os jovens na EJA e na educação básica. Cf. DAYRELL, J.; CARRANO, P. & MAIA, C.L. (orgs.). *Juventude e Ensino Médio*: sujeitos e currículos em diálogo. Belo Horizonte: Editora UFMG, 2014.

crítica sobre como afetam e se afetam essas transformações o ser adolescente, o jovem trabalhador empobrecido, negro, das periferias, dos campos. Essas "transformações" mudaram sua condição social, racial, de trabalho, de oprimidos? Não são vítimas históricas das persistências dos padrões de poder, de apropriação-expropriação da terra, do trabalho, da renda, do espaço e da própria educação? Que diferenças substantivas, sociais entre sua condição adolescente-juvenil-adulta e a condição social, racial, sexual de seus pais, mães? De seus coletivos? Esses outros jovens se reconhecem nessa nova condição juvenil? Teríamos de reconhecer uma diversidade de novas condições juvenis?

Reconhecer a condição juvenil como uma construção histórica obriga-nos a entender que essa história nunca reconheceu uma única condição juvenil, nem adulta nem infantil ou adolescente. Os profissionais das escolas públicas, populares têm consciência dessa diversidade não só de formas de viver a condição juvenil, adolescente, infantil, mas das estruturas sociais, raciais, sexuais que produzem e reproduzem essas diferentes condições juvenis-adolescentes e infantis com que trabalham. A rica diversidade de estudos da juventude traz análises sobre como as transformações sociais, políticas e comunicacionais afetam a condição juvenil e os diversos tempos geracionais. Mas também esses estudos se veem interrogando sobre as persistências históricas que mantêm jovens e adolescentes nos limites do sobreviver, em espaços precarizados, sem trabalho ou em trabalhos instáveis, em vidas provisórias. Aproximando-nos desses estudos, somos obrigados a nos perguntar: Que vivências da condição adolescente-juvenil são possíveis nesses limites? Que diversidade de valores, de culturas juvenis? De resistências e de lutas por libertação desses pesados padrões e estruturas?

A lição a aprofundar nos cursos de formação e no trabalho de educação de jovens-adultos é a necessidade de conhecer essa condição adolescente-juvenil e sua diversidade como o referente da formação dos seus profissionais e da função da EJA. Esses adolescentes, jovens-adultos são outros, vivem de outra maneira seu tempo? Sobretudo, resistem às formas opressoras de tratá-los em nossa história? Os cursos de formação perguntam como as transformações – mas também, e sobretudo – como as persistências históricas afetam sua condição juvenil, seu viver-sobreviver ainda tão precários. Como passageiros da noite do trabalho, vêm de outra condição adolescente-juvenil ou vêm da persistente condição de sobreviventes? Aprofundar essas vivências específicas da condição adolescente-juvenil será uma precondição para entender os significados de seus itinerários para a EJA e para entender seus percursos escolares truncados, que os condenam a voltar-tentar de novo uma retomada. Mas deve-se dedicar tempos a não os ver apenas vítimas dessas persistências. Ainda que as condições sociais de que são vítimas persistam, suas resistências mudaram, construindo-se outros. Sujeitos de outra condição juvenil.

Juventude, transição, passagem?

Uma característica desses estudos é superar a visão da juventude como transição-passagem para a vida adulta. A estrutura do sistema escolar ainda tende a preservar essa visão: juventude e Ensino Médio, um nível transitório ou preparatório para o Ensino Superior. Cada tempo escolar seria transitório, preparatório para o próximo nível: o nível da Educação Infantil avança para o pré-escolar; este para o Ensino Fundamental; este para o Ensino Médio e, este, para o Ensino Superior. O sistema escolar reproduzindo os níveis geracionais pensados transitórios-preparatórios: da infância para a adolescência, para a juventude, para a vida adulta, síntese da condição humana plena. Weller (2014) sintetiza essa visão dos tempos humanos e da juventude em transição.

> A noção de *transição* está profundamente enraizada no modelo de Ensino Médio atual e muitas vezes a juventude também é reduzida à ideia de que se trata de uma fase passageira, provisória entre a infância e a vida adulta. O termo transição está relacionado à saída de um lugar para outro. A saída de uma determinada posição ou condição no presente implica projetar-se para o futuro. Estar em condições de projetar-se constitui um elemento importante para a organização da identidade individual e coletiva (p. 137).

Os jovens-adultos populares são as vítimas dessa transição escolar não feita. São pensados como parados nessa transição. Logo, a EJA atua como retomada do curso, percurso do trânsito não feito. Essas críticas à visão da juventude como transição nos ajudam a entender melhor as lógicas de transição escolar que os vitimaram e que lhes prometem uma nova passagem certa. Esses estudos da juventude nos alertam para superar essas representações, sobretudo diante dos adolescentes e jovens-adultos que vêm do trabalho para a EJA. Passageiros em trânsito ou repetentes não apenas de níveis de ensino, mas de tempos de viver tão iguais desde a infância-adolescência? Como lembra Weller, citando Paes (2009), o trabalho e a própria volta à escola são, para eles e elas, não "ritos de passagem", mas "ritos de impasse".

As fronteiras geracionais, pensadas como passagens para eles e elas, estão cada vez mais barradas. A saída para um trabalho autônomo ou a autonomia residencial e o teto próprio não constituído são os ritos de impasse, os ritos de passagens não passadas, sobretudo para os jovens da EJA. Esses estudos da juventude nos ajudam a superar visões românticas das passagens de níveis geracionais, sociais e das passagens de níveis escolares, e nos obrigam a ver os jovens-adultos como sujeitos de repetidas passagens de ritos de impasses, de volta dos mesmos percursos de trabalho que iniciaram bem cedo na infância, e de percursos escolares iniciados bem cedo, no pré-escolar. Percursos uns e outros não de transição, mas de repetências, nos mesmos lugares, nos mesmos trabalhos, nas mesmas séries. No mesmo lugar social, racial.

A condição de repetentes, lentos e defasados com que chegam confere à EJA a anti-imagem do lugar de transição, de passagem, seja na lógica progressiva do sistema escolar, seja na lógica de transição de gerações. O termo popular "repetentes" é a síntese de como se pensam e pensam seus filhos e seus coletivos: repetentes dos mesmos lugares, das mesmas experiências de espaço, de pobreza, de lugares desde a infância. Essas repetências diluem até as idades, os tempos geracionais e os tempos escolares. Os adolescentes-jovens-adultos e a própria EJA são a síntese dessas vidas sem direito a viver a especificidade de cada tempo humano. Os estudos vêm mostrando que essas transições-passagens não ocorrem de maneira linear para todos e, para os jovens populares, nem de maneira linear ou circular: não há transição. Quando são condenados a ficar no mesmo lugar social, racial, ou quando são obrigados a saídas escolares de emergência, não vivenciam ritos de passagens, mas ritos de impasses. Impasses que afetam as lógicas de nosso sistema escolar, as lógicas do pensamento pedagógico e até as lógicas das teorias do desenvolvimento humano. Os dados sobre para onde "transitam" os jovens-adultos que passam pela EJA mostram que não fazem grandes saltos no trabalho, na renda, na ascensão social. Nem no percurso escolar. Nem no desenvolvimento humano. Até a EJA é um rito de impasse. Uma professora de um curso de pedagogia à noite lembrava: "Entre 25 alunas, apenas uma tinha tirado o diploma na EJA".

Que lições tirar desses estudos que criticam essas representações da juventude nas lógicas de passagem, de transição? *Primeiro*: não repetir, mas superar essas representações, tanto no pensar cada geração-tempo humano quanto no pensar cada nível-escolar. *Segundo*: desconstruir as lógicas escolares únicas que pressupõem que todas as crianças, adolescentes-jovens-adultos transitam de um nível geracional para outro, obrigando-os a ter de transitar de um nível-série escolar para outro. *Terceiro*: que os mestres e os próprios jovens-adultos tenham uma visão crítica dessas lógicas-passagens nas quais foram segregados como passageiros frustrados-desacelerados-repetentes nesses trânsitos escolares e geracionais, sociais, humanos. *Quarto*: que o novo tempo escolar não repita essas mesmas lógicas de transição nos currículos, nos agrupamentos, nas avaliações. Repetências até na EJA?

Uma análise crítica dessas lógicas deverá fazer parte dos currículos de formação de educadores/as dos jovens-adultos. Que formação necessária para acompanhar esses estudos sobre juventude, ritos de transição-passagem ou ritos de impasse? Com que artes garantir aos jovens-adultos o direito a saber como são pensados? Sobretudo, com que artes pedagógicas reconstruir identidades negativas de retardados, defasados, repetentes, incapazes de fazer as passagens esperadas? Essas lógicas de transição escolar-geracional-humana-social, quando quebradas, terminam quebrando passagens mais profundas de identidades pessoais e coletivas. Encontrarão educadores/as que os ajudem a recompor suas identidades de passageiros resistentes? Reforçarão esses ideários de transição-passagem quebrando ainda mais suas identidades quebradas por não terem dado conta dos percursos geracionais e escolares? O novo tempo de educação será uma oportunidade de entenderem-se vítimas dos ritos de impasse-repetência-não passagens a que a sociedade e o sistema escolar os condenam?

Adolescentes-jovens sujeitos de valores, saberes, identidades

Há uma constante nos estudos da juventude: reconhecer os jovens-adolescentes como sujeitos já, não em construção, em um devir a ser. Uma mudança radical para as políticas da juventude, da adolescência, para o pensamento pedagógico e para as formas de pensar as instituições educativas. O pensamento pedagógico e docente pensou-se com a tarefa de fazer humanos, cidadãos, sujeitos de valores e saberes as crianças, adolescentes e jovens pensados como *ainda não* sujeitos humanos, não cidadãos, sem saberes, valores, identidades. As formas de pensar as escolas públicas e a EJA sintetizam essas formas de pensar os setores populares como ainda-não prontos como sujeitos de valores, de saberes, porque sem o percurso escolar regular ou por motivos sociais, políticos mais radicais: porque, em nossa história, esses coletivos sociais, étnicos, raciais, de gênero não foram reconhecidos sujeitos nem cidadãos, nem humanos.

O reconhecimento como sujeitos vindo da diversidade de estudos da condição juvenil é um avanço para o reconhecimento dos adolescentes, jovens e adultos em itinerários do trabalho, do sobreviver provisório à procura do direito a serem reconhecidos humanos, cidadãos. Os tensos segregadores processos de seu reconhecimento ou não reconhecimento como sujeitos de valores, saberes e identidades, como humanos ou sub-humanos, como cidadãos ou subcidadãos, tiveram em nossa história endereços certos. Os estudos nos advertem dos processos que vêm dos próprios adolescentes-jovens por reconhecimentos autoafirmativos de serem e exigirem ser reconhecidos sujeitos de valores, saberes, identidades, incondicionados porque já humanos-cidadãos. Reconhecê-los resistindo a não serem reconhecidos sujeitos e afirmando-se sujeitos já de cidadania, de humanidade, de valores e saberes traz exigências radicais para o repensar da EJA, da docência, dos currículos. Esses adolescentes, jovens-adultos fazem parte de grupos sociais-raciais não reconhecidos, em nossa história política, cultural e pedagógica, como sujeitos nem como cidadãos e humanos plenos. Não esqueçamos de que, em nossa tradição, um pré-requisito para ser reconhecido cidadão, humano tem sido fazer um percurso exitoso de escolarização. O que os estudos da juventude mostram é que, escolarizados ou não, afirmam-se sujeitos de valores, de cidadania, de humanidade, sem condicionantes. Esses adolescentes, jovens-adultos desconstroem as representações segregadoras, como têm sido e são pensados em nossa cultura social, política e escolar. São eles os verdadeiros educadores de outra cultura, até pedagógica.

Mais um motivo para que a riqueza dos estudos da juventude seja obrigatória nos currículos de formação inicial e continuada dos profissionais da educação. Mais um motivo para capacitá-los a aprofundar em coletivos de diálogos com esses adolescentes-jovens-adultos, de que valores são sujeitos, que saberes de mundo, de sociedade, de si mesmos aprenderam em suas longas e tensas lutas por viver, sobreviver, trabalhar desde crianças. Que saberes levam acumulados por seus coletivos de gênero-mulheres de orientação sexual, de raça, espaço, trabalho, classe. Chegam vidas humanas curtidas com saberes, valores de experiências extremas feitos. Ricos processos de formação porque resistentes a processos extremos de desumanização. Essa riqueza torna a EJA um tempo denso, diferente, de tensos processos de formação, reconhecendo e reforçando a formação acumulada que levam como jovens-adultos. Como vidas humanas curtidas.

A EJA terá de ser outra, e seus profissionais terão de ser outros se partirem do que os estudos da juventude vêm mostrando: esses adolescentes, jovens-adultos pensados analfabetos, iletrados, sem leituras de si e de mundo, pensados sem valores, sem humanidade mostram-se humanos, com valores, culturas, saberes, leituras e identidades. Sua educação, seus profissionais e seus currículos não serão pensados para passá-los da ignorância, do iletramento, da incultura e sub-humanidade, mas para acompanhá-los, reforçando saberes, leituras, valores, culturas que, como humanos, já levam do trabalho. O pensamento pedagógico tem muito a aprender da educação dos jovens-adultos.

Adolescentes e jovens produtores de culturas

Os estudos da juventude destacam as culturas juvenis; destacam as presenças dos adolescentes e jovens nos campos simbólico e cultural (DAYRELL & CARRANO, 2014). A música, a dança, o vídeo, o corpo e seu visual, dentre outras linguagens culturais como expressões das culturas juvenis (p. 115). Reconhecer os adolescentes, jovens e adultos em seus itinerários para a EJA como sujeitos de culturas exige redefinir os olhares tão negativos com que os pensam a sociedade, o pensamento escolar e até as diretrizes e políticas. São pensados como seus grupos sociais, raciais, dos campos e das periferias: como incultos, sem história, sem cultura ou atolados na cultura popular distante da nobre cultura, a cultura letrada. De volta à EJA porque iletrados; logo, incultos. A sua educação carregou sempre essa visão negativa não só de analfabetos, iletrados, não escolarizados, mas a visão negativa mais inferiorizante: incultos. Distantes da nobre e única cultura letrada.

Aproximar-nos dos estudos da juventude será uma rica oportunidade de superar, de criticar essa representação de incultos e reconhecê-los sujeitos de cultura, de linguagens culturais. Como entender, reconhecer e valorizar essa diversidade de linguagens culturais nos currículos de formação de seus profissionais e nos currículos de educação desses adolescentes, jovens e adultos? Os currículos de sua educação seriam outros se reconhecidos em suas culturas adolescentes-juvenis. Lembremos da lição de Paulo Freire: a educação dos jovens e adultos populares foi outra porque os reconheceu sujeitos de culturas não incultos. O Movimento de Cultura e Libertação Popular encontra sua radicalidade política no reconhecimento da cultura e libertação popular dos grupos sociais, raciais, camponeses, trabalhadores empobrecidos, pensados em nossa história como incultos. Os estudos da juventude destacam um traço já presente no Movimento de Cultura e Libertação Popular: esses adolescentes e jovens são produtores de culturas, e não apenas consumidores da cultura hegemônica. São produtores de Outras culturas, de Outras linguagens, de Outros significados políticos.

> Nas periferias dos grandes centros urbanos, mas não só, podemos constatar essa efervescência, como jovens vivenciando formas próprias de lazer, muitos deles se colocando como trabalhadores da cultura inserindo-se em um circuito cultural alternativo que envolve produtores culturais, produtores musicais e seus pequenos estúdios, inúmeras rádios comunitárias [...] (DAYRELL & CARRANO, 2014, p. 115).

Volta a pergunta: Haverá lugar nos currículos, nas políticas, nas diretrizes e no material didático para reconhecer os educandos produtores de culturas? Haverá lugar para suas produções culturais? Há propostas de EJA que trabalham a riqueza da produção cultural da qual os adolescentes e jovens populares são produtores. Valorizam essa diversa produção e fazem dela objeto de estudos, de temas de análise sobre as linguagens, as letras, as artes, os grafites. Que temas sociais, humanos privilegiam? Que análises, denúncias dessa realidade social, racial que vivenciam? Coletivos docentes, educadores e educandos destacam essa realidade e se propõem aprofundá-la como temas geradores de estudo e de formação.

Adolescentes e jovens produtores de outras identidades

Os estudos da juventude e seu destaque das culturas juvenis e do reconhecimento dos jovens como protagonistas, como produtores de outras culturas, de outras linguagens e de outras leituras de sociedade enfatizam um ponto da maior importância para o pensamento pedagógico e docente-educador: os jovens buscam demarcar-afirmar uma outra identidade adolescente-juvenil. Uma constatação extremamente instigante para a formação dos seus docentes-educadores, cuja função social e pedagógica é reforçar identidades, valores, saberes, culturas dos educandos. Difícil trabalhar e reforçar essas outras identidades sem reconhecê-las. Consequentemente, os adolescentes e jovens não são apenas produtores de outras culturas, mas são produtores de outras identidades. Produtores de outros olhares sobre si mesmos, sobre os outros, sobre sua classe, raça, gênero, tempo humano. Logo, outras identidades da EJA e dos profissionais.

Que identidades produzem ao se afirmarem produtores culturais? Não apenas identidades individuais, mas sociais, coletivas. Levam sua produção cultural para a diversidade de espaços sociais, produzindo-se e afirmando-se como *atores sociais*. Uma identidade que não lhes foi reconhecida – sobretudo aos adolescentes e aos jovens populares, maioria nos itinerários para a EJA. Não reconhecidos como cidadãos porque ainda iletrados ou não reconhecidos como atores sociais porque sem documento-atestado de um percurso escolar regular. Os estudos da juventude mostram que, como adolescentes-jovens, reagem a essa negação-não reconhecimento de uma identidade social, cidadã ou de atores sociais. Ao reagirem, reafirmam suas identidades sociais. Raciais, de maneira particular (GOMES, 2006a).

Lembrando que entre os adolescentes, jovens, adultos, passageiros do trabalho para a EJA – predominam negros/as –, merecerá destaque entender como os estudos da juventude veem a questão social, a construção de identidades étnico-raciais[32]. Gomes nos lembra que a dimensão étnico-racial ocupa um lugar de destaque nas trajetórias e identidades dos sujeitos que delas participam. Ser negro/a e agente cultural juvenil na periferia carrega uma dimensão identitária específica que se articula com as múltiplas identidades construídas pelos jovens. As vivências, as representações e as visões de mundo construídas por esses sujeitos articulam-se não somente com a dimensão geracional e de classe, mas também de raça e de gênero (p. 91). Os jovens negros/as demonstram um profundo interesse em conhecer mais sobre a trajetória e história do negro no Brasil. Manifestam o desejo de compreender os processos de resistência negra e se mostram fortalecidos na sua identidade étnico-racial quando passam a conhecer a história de luta dos negros desde a época da escravidão... Processos educativos vivenciados pelos/as jovens que desencadeiam uma série de mudanças identitárias na forma de ver, lidar e se posicionar diante do mundo, de se identificar na

---

32. Cf. o texto de Nilma Lino Gomes, "Educação de jovens e adultos e a questão racial" no livro *Diálogos na educação de jovens e adultos*. Belo Horizonte: Autêntica, 2006.

estética corporal, na valorização dos símbolos étnico-raciais inscritos no corpo (p. 91-92).

Os estudos da juventude mostram que esses adolescentes e jovens não esperaram o atestado de escolarização para afirmarem-se sujeitos sociais. Dayrell (2006) lembra-nos que

> [...] esse processo (de produção como atores sociais) não está presente apenas entre os jovens de classe média. Na periferia da cidade de Belo Horizonte (e de tantas cidades) podemos constatar uma efervescência cultural protagonizada por parcelas dos setores juvenis. Ao contrário da imagem socialmente criada a respeito dos jovens pobres, quase sempre associada à violência e à marginalidade, eles também se colocam como produtores culturais (p. 56).

Dayrell mostra esses processos de construção de identidades sociais dos adolescentes e jovens como produtores culturais-musicais na periferia da cidade (p. 57-62). Na leitura de sua análise podemos encontrar significados e dimensões dessa construção a serem destacados nos tempos de formação inicial e continuada dos profissionais da EJA. Os temas de sua produção cultural, os estilos, linguagens, a dança, os corpos... Que identidades sociais revelam? Revelam-se em sua consciência de jovens pobres, negros. Uma identidade social, racial e espacial tida na cultura social, política, urbana e até pedagógica como marginal. Diante desses imaginários, tratos e lugares sociais tão pesados em nossa história, afirmam-se com uma identidade social, racial, espacial *positiva*. Adolescentes e jovens que contestam tantos imaginários inferiorizantes, segregadores da sociedade e até do pensamento pedagógico.

Que temas de estudo aprofundar?

Destaquemos alguns que interrogam a docência:

• Um significado de extrema relevância para repensar a imagem social, racial, espacial dos próprios adolescentes-jovens-adultos passageiros do trabalho: Não foi e continua sendo essa imagem inferiorizante, segregada que os acompanhou e acompanha? Não é essa a imagem segregada da própria EJA na estrutura e no pensamento escolar? Na medida em que, como adolescentes e jovens, reagem a essas representações afirmando outras identidades sociais, raciais, espaciais, exigem outras representações como educandos e outras representações dos tempos de sua educação. Exigem outras autoidentidades dos seus profissionais docentes-educadores/as. Exigem outra formação.

• Esses jovens-adolescentes produzem um discurso de denúncia da injustiça e da opressão a partir de seu enraizamento nos guetos negros urbanos... Valorizar seu papel de denunciantes conscientes da opressão que sofrem.

• O conteúdo de suas denúncias reflete o lugar social no qual se situam esses jovens pobres. Reflete, sobretudo, a postura de denúncia das condições em que vivem: a violência, a discriminação racial, as drogas, o crime, a falta de perspectivas, quando sobreviver é o fio da navalha. Reeducam a cultura política e pedagógica para reconhecer essas violências.

• Mas também cantam a amizade, o espaço onde moram, o desejo de paz e de uma vida melhor... Uma crônica da realidade da periferia, espaço de valores, de culturas e de identidades coletivas positivas. Nesse processo, vão tomando consciência de si como jovens pobres e negros... Porta-vozes da periferia (p. 58).

• A volta à escola não deveria ser o tempo-espaço onde essa rica construção de identidades sociais, raciais, espaciais seja reconhecida e trabalhada? Outros currículos. Outra docência, porque outros adolescentes e jovens produtores de outras identidades sociais, raciais exigindo outra identidade da EJA e dos seus profissionais?

19
Juventude coragem, juventude medo?

As culturas, valores e identidades juvenis contestam as representações com que a juventude tem sido narrada nas letras, nas artes, no imaginário cultural e pedagógico. Os estudos da juventude nos deixam uma interrogação: Haveria uma representação única da juventude ou representações tão diversas quanto os jovens que vivem a juventude? Esses adolescentes, jovens que vêm do trabalho para a EJA – passageiros da noite – que experiências carregam? Haverá tempo-lugar para reconhecer essas experiências, para analisá-las nas áreas do conhecimento ou em temas geradores? Os percursos escolares os ajudaram a entender-se? Ao menos o novo tempo de educação os ajudará a entender-se? Destaquemos alguns traços que os estudos da juventude destacam e que merecem ser aprofundados nos coletivos de mestres-educandos como temas de estudo e de formação.

Juventude medo?

Kafka narra que saiu cedo de casa para aprender a ter medo. Seria essa a história de tantos jovens que saíram crianças de casa para aprender a ter medo? A juventude tem sido cantada como a idade da coragem, da ousadia, da força. Nunca do medo, da fraqueza e da ternura. Nas entrevistas com jovens pobres, desempregados, biscateiros, alguns sobreviventes a qualquer custo, até da violência e do tráfico, o medo aparece como uma constante em suas vidas. Saíram bem cedo de casa para sobreviver, para aprender a ter medo. Guardam imagens dolorosas de sua infância e adolescência, de sua família pobre, de pais desempregados, desesperados, de mães em trabalhos penosos. Uma filosofia da vida construída com o medo. Um medo a que muitos não sucumbiram, que não lhes fechou a visão e o empenho por sair. Mas medo que os torna pensantes, com posturas precoces de adultos. O medo lhes dá uma visão diferente da vida, do mundo e de sua condição juvenil. Como trabalhar esses percursos humanos marcados pelo medo desde a infância? Carregam que formas de pensar-se e de pensar o mundo, até de pensar a escola, a EJA?

Quando a vida é perpassada pelo medo, o viver deve ter outro sabor. Outra sabedoria. A vida é um presente de cada dia. Talvez o único presente esperado. Conquistado. E quanto vale a vida em cidades e campos onde se morre com tamanha facilidade, onde milhares de adolescentes e jovens são exterminados a cada fim de semana: de cada três, dois são negros gritando "parem de nos matar porque somos negros". O Brasil é o quinto país do mundo a exterminar seus jovens e adolescentes. Como ser jovem pobre, negro, não ter medo e não ver a vida como um presente? Como uma conquista! Como um direito? Essa juventude vive uma rede tecida de múltiplas emoções. Medos. Seu perfil de jovem refletirá contraditórios traços. Essas vivências tão únicas da condição de seu ameaçado viver produzirão representações, valores, autoimagens, simbolismos, estéticas, identidades, enfim, culturas infantojuvenis marcadas pelo medo. Desmistificarão imagens consagradas de juventude-coragem.

Obrigarão o pensamento pedagógico a pesquisar a adolescência, a juventude e até a infância trabalhadora pobre, negra sobre essa ótica. Pesquisar esses traços nos adolescentes, jovens, nas escolas públicas, na EJA. Captar traços de suas músicas, letras, símbolos, estéticas, gestos marcados pelas vivências do medo, da insegurança, tanto ou mais do que pela coragem e ousadia. As experiências do medo podem marcá-los mais como pessoas. Como adolescentes e jovens. Que mecanismos criam em seus sentimentos e representações para não se deixarem levar pelo medo, pela insegurança do amanhã e do hoje, e não deixarem de ser jovens? Viver a juventude, porém, com outros significados daqueles cantados pelos estereótipos sociais sobre a juventude. Coragem.

O direito à vida ameaçado

O direito à vida adquire novos significados políticos e humanos quando a vida é vida sob ameaça e medo. A pedagogia não tem dado a centralidade, a garantia ou a negação do direito à vida nos processos de formação-humanização. As crianças, adolescentes, jovens, adultos que lutam pelo direito à vida ameaçado repõem os significados políticos, humanos do direito à vida e à humanização. Como trabalhar vivências tão radicais dos educandos ameaçados no direito à vida? Como incorporar no pensamento pedagógico a relação entre direito à vida e direito à educação?

Tornou-se frequente nas escolas públicas e na EJA organizar semanas, temas de estudo sobre o extermínio de jovens, adolescentes e até de crianças nas periferias urbanas, inclusive nas penitenciárias. O extermínio principalmente de jovens negros. Estamos em tempos de uma nova segregação social-racial da juventude popular?[33] (ARROYO, 2015c, 2015f). Para aprofundar essas questões que tocam tão de perto os jovens, adolescentes e até as crianças populares, será conveniente trazer para o estudo o que falam os dados estatísticos.

O *Mapa da violência: os jovens no Brasil* (WAISELFISZ, 2014) chama a atenção para o brutal incremento de homicídios a partir dos 15 anos de idade: as taxas pulam de 24,2 homicídios por 100 mil habitantes para adolescentes com 15 anos para 62,1/100 mil habitantes com 17 anos e para 75,0/100 mil habitantes na idade de 21 anos. O autor do *Mapa da violência* observa: "São taxas de homicídios nessa faixa de jovens que nem países em conflito armado conseguem alcançar" (p. 12). De 1980 a 2012, as taxas de homicídios tiveram um aumento de 148,5%. Juventude marcada pelo medo de perder a vida?

O *Mapa da violência* nos chama a atenção para "a cor dos homicídios". Enquanto de 2003 a 2012 há uma queda de 24,8% entre os jovens brancos, entre os negros, as vítimas aumentam em 38,7%. Há uma seletividade social e racial dos adolescentes-jovens assassinados. Dois em cada três jovens que morrem são negros. "A violência homicida se concentra na população negra e, de forma muito específica, nos jovens negros", afirma o *Mapa da violência* (p. 145).

Há motivos para que os estudos da juventude nos falem em juventude medo. Há motivos para que os coletivos de educadores e educandos populares garantam espaços-tempos nas áreas do conhecimento ou em temas de estudo para aprofundar o entendimento desses dados. Há motivos para o medo mais radical: perder a vida por ser jovem, por ser negro, pobre, periférico. É o medo mais radical. A cor do medo é negra. O primeiro direito humano, o direito à vida, está ameaçado. Será conveniente ampliar essa condição de juventude medo. Não só a extermínios, mas a ter de viver o direito à vida ameaçado pelo desemprego, subemprego, pela instabilidade e precarização dos seus trabalhos, pela precarização dos espaços de seu viver: sem teto, sem transporte, sem terra, sem serviços públicos de saúde e educa-

---

33. Trabalho essas interrogações nos textos: "O direito à educação e a nova segregação social e racial – Tempos insatisfatórios?" *Educação em Revista*, v. 31, p. 15-47, 2015. Também no texto "O humano é viável? É educável?" *Revista Pedagógica*, v. 17, p. 21-40, 2015.

ção. Viver uma vida tão precária, sem horizontes, sem prazo é ser obrigado a viver na insegurança. No medo.

No tema de estudo "Juventude medo" será pedagógico que os jovens, os adolescentes e até as crianças narrem essa pluralidade de condições que ameaça seus direitos a uma vida justa, humana, que os obriga a viver no medo de um injusto, inumano viver. Programar como e em que áreas do currículo deve-se aprofundar o estudo do direito a saber-se nessas condições de sobreviver no medo. Onde incorporar esses estudos do *Mapa da violência*? Como aprofundar os significados políticos, éticos, humanos?

Nos dias de estudo sobre a violência contra os adolescentes-jovens populares, merecerá atenção a forma como as elites, o congresso e até a nossa cultura social veem essas violências: 80% a favor do rebaixamento da idade penal, a favor de entregar esses adolescentes-jovens à justiça penal, não ao cuidado-educação das escolas. Condenados a verdadeiros campos de concentração e de extermínio nas penitenciárias. Propondo o próprio secretário nacional da Juventude do governo golpista que "extermínios deveriam acontecer um por semana", porque (na fala do próprio governador do Amazonas) "nenhum dos jovens que morreram era santo". Que identidades positivas poderão construir esses milhões de adolescentes e jovens assim pensados, sentenciados ao extermínio porque pobres, negros? Juventude medo dessa cultura social, política hegemônica que os continua pensando como não humanizáveis, não educáveis. Extermináveis.

Chegam às escolas e à EJA colocando essas perguntas desestruturantes ao pensamento educacional: Nas escolas, na EJA, pensam-nos humanizáveis? Educáveis? Pensam-nos violentos? As escolas têm medo de nós? São o lugar onde profissionais se reconhecem reagindo resistentes a esses medos? As escolas se reconhecem como o lugar-tempo de garantir o direito à vida? Que artes, que pedagogias de afirmação do direito à vida de adolescentes-jovens ameaçados do direito à vida? Funções radicais para as escolas, a EJA, a docência: ser espaços e profissionais da garantia do direito a vidas tão ameaçadas.

A violência contra as mulheres

As mulheres, adultos, jovens e adolescentes têm direito a saber-se nessa história de violências de que também são vítimas de gênero, raça. Deve-se trazer a riqueza desses estudos sobre violência de gênero.

Há uma particularidade no estudo do direito à vida ameaçado: *a violência contra as mulheres*. O *Mapa da violência 2015 – Homicídios de mulheres no Brasil* (WAISELFISZ, 2015) merecerá ser trabalhado com as educandas, com os educandos. Os homicídios contra as mulheres aumentaram em 111% em relação a 1980. As taxas são mais elevadas contra as mulheres pobres das regiões Norte e Nordeste. O mapa destaca A COR das vítimas. Enquanto nos últimos dez anos há uma queda de quase 10% no total de homicídios, no mesmo período os homicídios de mulheres negras aumentam em 54,2% (p. 30). O mapa conclui: o perfil preferencial das mulheres vítimas de homicídio é de meninas e mulheres negras (p. 73). Morrem 66,7% mais negras do que brancas. Houve, nessa década (2003-2013), um aumento de 190,9% na vitimação das meninas e mulheres negras (p. 73). Prevalecem os homicídios dessas mulheres entre 18 e 30 anos. A impunidade é a norma nos casos de homicídio de mulheres.

Juventude feminina coragem? Medo? No dia de estudo de uma questão tão radical como essa, será possível acrescentar não apenas o medo dos homicídios que pesam sobre as mulheres, mas formas de violência doméstica, de estupros – até coletivos – de adolescentes e crianças. Dos estupros, 49% são de meninas menores de 14 anos. É preciso, ainda, trazer dados sobre as violências contra as mulheres no padrão sexista de trabalho, relegadas aos mais precarizados ou recluídas nos trabalhos domésticos, com salários inferiores aos salários dos homens nos mesmos trabalhos. Milhões de mulheres na pobreza extrema no Programa Bolsa Família. As mulheres, adolescentes, jovens e adultas poderão narrar tantas violências de gênero de que são vítimas. A condição de mulheres mães condensa os medos às violências – delas, dos filhos, das filhas e da família[34].

Lembremos de que as crianças, os adolescentes, os jovens e os adultos (mulheres, de maneira especial) que chegam às escolas públicas e à EJA carregam e conhecem, entre as suas histórias de violências, o medo de perder sua vida e a vida dos seus, ou de vivê-la por um fio. Em nossa cultura, a mulher é a guardiã privilegiada do direito à vida – a vida dos filhos, das filhas. Que violências padecem ao ver seus filhos exterminados? Formas extremas de violências de gênero, como mulheres-mães. Algumas indagações são postas à docência, ao pensamento e à prática pedagógica: Que processos

---

34. As reportagens sobre os homicídios recentes nas penitenciárias destacaram mulheres, mães em desespero, em prantos diante dos extermínios de seus filhos presos. Que identidades de mulheres-mães destruídas?

de socialização, de formação humana, de construção de valores e de identidades são possíveis nesse viver-sobreviver, no medo de perder a vida ou de vivê-la por um fio? Questões que provocam muitos docentes-educadores e gestores de escolas a redefinirem a docência, os currículos, as escolas, à procura do direito desses educandos/as ao menos de entenderem-se. Direito de não serem condenados/as. Escola, EJA, *tempo de direito à vida* dos filhos-filhas e das próprias mulheres-mães.

Para reforçar esses dados da violência contra as mulheres pode ser sugerido que os educandos/as pesquisem, nas manchetes e na mídia, notícias da diversidade de violências de gênero. Trazer também fotos de mulheres jovens reagindo a tantos estupros, mortes, violências contra as mulheres, até contra meninas e adolescentes. Avançar para aprofundar sobre que consequências humanas, que identidades de menina-mulher são possíveis nessa persistente ameaça a seu direito à vida. Trazer notícias, fotos de marchas das mulheres pelo direito à vida, ao corpo, à condição de ser mulher. A Lei Maria da Penha. As marchas das margaridas, o movimento de mulheres negras, de trabalhadoras do campo. Trazer estudos, textos sobre a nossa cultura sexista, machista, patriarcalista. Que essa realidade e essas análises sejam reconhecidas e incorporadas nas diversas áreas do currículo escolar, da educação na infância à educação de jovens, adultos. Fazer análises do material didático das diversas áreas para verificar se esse viver ameaçado encontra lugar ou se é silenciado.

Cantam para saberem-se vivos: com direito à vida

Diante de tantas ameaças mapeadas referentes ao seu direito à vida justa e humana, como avançar? Que os próprios adolescentes, jovens e adultos narrem, pesquisem a diversidade de formas de resistência, de libertação dos medos. Os estudos da juventude destacam essa pluralidade de resistências à diversidade de ameaças a seu justo viver. Vêm dando centralidade à diversidade de expressões culturais com que os adolescentes-jovens populares reagem, denunciam, colocam no debate social, político, pedagógico as violências vividas. É compreensível que, nesses estreitamentos que o medo e a insegurança dão a suas vidas, a música, as letras, a dança, o conjunto musical e a ação cultural sejam o refúgio seguro e o fio que os religue com o mundo e com a condição juvenil. Esses adolescentes e jovens com suas músicas, seus grafites, suas expressões culturais tentam reinventar a vida. Porque essa vida, esse medo não lhes basta. Os itinerários para a EJA não serão para reinventar uma vida que não lhes basta? Por segurança no viver sem medo? Pelo direito a uma vida justa? Uma atividade de extrema relevância formadora será pesquisar e analisar os significados dessas manifestações da cultura juvenil. Que significados trabalhar?

A cultura aparecerá como um refúgio para reviver a esperança e convencerem-se de que continuam vivos. Jovens. Não sobrevivem nem das letras nem das músicas, nem da cultura, mas precisam desse universo cultural para se saber vivendo. Mostrando-se, saindo do ocultamento. Conhecendo gente e sendo reconhecidos. Sua relação com as diversas formas e expressões culturais é visceral. Não é um *hobby* ou uma distração de uma adolescência e juventude que vive segura e ocupa seus tempos livres de ócio na cultura. Para a juventude pobre, trabalhadora, negra, o mundo da cultura é uma necessidade para respirar. Saberem-se vivos. Deixar a insegurança e os medos por algumas horas. Tempos sem medos. Saber que suas músicas, letras e seu trabalho cultural serão reconhecidos é a certeza de ser alguém. De estarem vivos ou amarrados, "enganchados" à vida. O tempo de EJA será um tempo de saberem-se sem-medos, seguros, em convívios com outros jovens-adultos e com os mestres.

Daí que suas letras e músicas, suas expressões culturais sejam tão existenciais. Falam da realidade que os rodeia, das vivências que lhes amedrontam: os estupros, as mortes, o desemprego, a fome, a violência, a droga, o presente, o futuro, o viver. O mistério de viver uma vida sem saber sobre o amanhã. Histórias duras, algumas terríveis, cruéis. Sangrentas. Vistas e vividas tão de perto. Uma realidade que os rodeia, amedronta e provoca a escrever, cantar, estar. Anunciar e denunciar. Saberem-se vivos apesar de tudo. Escrevendo letras, músicas, apresentando-se em conjuntos, como se isso fizesse voltar à vida viva. Pequenas ilusões, sonhos com que trazem de volta a possibilidade de viver. Seus itinerários noturnos do trabalho para a EJA e pelo direito a um justo viver fazem parte desse afirmarem-se vivos; dão um sentido político radical à EJA. Sem poesia, música e sonhos seria mais difícil esse regresso à juventude sempre ameaçada. A poesia foi sempre mais necessária quanto maiores as ameaças ao sobreviver. Essa juventude não canta porque passa pela vida como por um mar de rosas, mas porque o humor foi sempre importante para sobreviver. É um traço da cultura popular: rir da própria vida, malvivida, para saber-se vivo. Cantar a tristeza que não tem fim e a felicidade sim.

Como crianças, adolescentes e jovens populares, tiveram de aprender essa cultura popular. Cantar na noite para espantar os medos? Passageiros da noite para espantar seus medos de permanecer nesse injusto sobreviver? Essas vivências do medo conferem a essas passagens escolares e à função da EJA significados políticos que exigem pesquisas, análises, exigem reinventar os significados desse novo tempo de educação, de convívios, sem medo. Ao menos de entender as estruturas, valores, contravalores de segregação que os condenam a esses medos. Que os levam a cantar para saberem-se vivos. Com direito à vida.

Se o medo de perder a vida, se o direito à vida é tão central na cultura popular, impõe-se um tema de estudo: como aprofundar nessa condição juvenil, adolescente de viver a vida por um fio. Ainda aprofundar como educadores: Esse viver ameaçado não condiciona um processo de formação humana ameaçado? Por um fio? As teorias pedagógicas resultam românticas ao afirmarem-se processos humanizadores por excelência. Falta outro olhar pedagógico para esses processos de humanização em vidas ameaçadas. Por um fio. Dessa juventude medo, dessas adolescências que gritam "parem de nos matar porque somos negros", ou dessas adolescentes, crianças meninas violentadas vêm as indagações mais desestruturantes para a paz do pensamento pedagógico. A seus docentes-educadores/as chegam os impactos mais próximos dessas indagações. Com que saberes e artes formá-los?

20
O direito a um conhecimento de libertação

Quando as mães, as crianças, os adolescentes e os jovens-adultos chegam às escolas e à EJA tão ameaçados pelos medos que esperam, os currículos ajudarão a entender seu precarizado, incerto sobreviver? Os seus educadores/as terão sido preparados para entendê-los e para ajudá-los a entenderem-se? A escola pública, a docência são obrigadas a cumprir outras funções políticas, pedagógicas: garantir vidas ameaçadas, garantir seu direito a conhecimentos de libertação. Funções da escola e da docência a exigir estudos de formação.

Coragem para voltar à escola e superar os medos?

A volta à escola como passageiros da noite e do dia em itinerários pelo direito a um justo viver é uma afirmação de coragem. Superar os medos? A volta a estudar à noite, depois de longas jornadas em trabalhos precarizados, é mais um sinal de coragem. Uma esperança de que ao menos na escola continuem vivos. Será pedagógico reconhecer essa relação entre direito à escola e direito à vida. Situar esse gesto de coragem no conjunto dos gestos que suas músicas destacam. Valorizá-los. Juventude coragem, a outra face dessas juventudes. Como trabalhar esses valores de resistência aos medos de um sobreviver tão precário? Nos limites que a sociedade lhes impõe? Destacar os significados políticos, pedagógicos de suas lutas por vida e por escola. Por libertação.

Pode-se começar por valorizar suas lutas pela vida, no trabalho, desde crianças-adolescentes[35]. Os esforços das famílias por migrar à procura de um lugar digno, justo de viver. A participação em lutas pela base do viver: por terra, teto, renda, trabalho. Participação em ocupações de lutas pelo direito a saneamento, transporte, água, luz, posto de saúde, escola nas vilas, no campo, no semiárido... Os significados mais políticos e pedagógicos dessas lutas são por direito à vida digna, justa, humana. Como articulam a luta

---
35. No livro *Trabalho-infância*, op. cit., vários autores trabalham as vidas marcadas pela exploração do trabalho desde a infância, mas também resistentes desde a infância.

pela escola ao direito à vida? Voltar à escola pelo direito à vida ameaçada confere à escola funções políticas, sociais e éticas de extrema radicalidade. As escolas públicas populares e a educação de adolescentes, jovens ameaçados em seu direito mais radical de viver passaram a ter de assumir funções de extrema radicalidade ético-política: proteger vidas ameaçadas. Funções radicais a serem incorporadas nas identidades docentes-educadoras: ser profissionais do direito à vida. Que dimensões aprofundar como temas de estudo e de formação de educadores e educandos?

Abrir espaços para que narrem as lutas específicas de suas mães, sobretudo por direito à educação, à escola, a mais tempo de escola para a proteção de suas vidas ameaçadas pela repressão, pelo extermínio. Escola, lugar de vida segura? Os movimentos sociais conferem um sentido político radical às lutas pela escola ao vincularem o direito à educação aos direitos humanos mais básicos da garantia do direito à vida justa para os filhos e filhas. Que narrem as tensões de seus percursos escolares e de trabalho, de lutas por viver e que lugar dão ao direito à escola. Reconhecer sua coragem de garantir direitos em conflito. O direito à vida, trabalho e renda entrava em conflito com seu direito à educação, à escola? Tensas histórias de coragem inseparáveis de seus percursos escolares e de sobrevivência. Será pedagógico não condenar adolescentes, jovens e adultos por essas tensões que a sociedade e o próprio sistema escolar impõem. Será pedagógico valorizar sua coragem por lutar pelo direito a um justo, humano viver, tentando acompanhar um percurso de garantia de seu direito à educação. Valorizar sua persistência por esse direito como passageiros do dia e da noite, do trabalho à escola, para a EJA, itinerários pelo direito a uma vida justa. Por libertar-se da insegurança de seu viver.

Valorizar os medos vividos e, sobretudo, as resistências, a coragem de superá-los, de se afirmarem sujeitos de direitos será uma forma político-pedagógica de reconstruir identidades humanas positivas a que têm direito. Que ao menos a volta à escola, seja como crianças, adolescentes ou como jovens-adultos, não reproduza os medos de serem reprovados, humilhados, segregados, expulsos das escolas. Que a experiência escolar não reproduza e reforce os medos da opressão, segregação que padecem da sociedade. Valorizar a volta à escola como expressão de coragem por viver. Mas como o tempo de escola poderá ajudá-los a ter coragem de lutar pelo primeiro direito humano à vida? A resistir e emancipar-se de tantas violências? Nas diversas áreas do conhecimento ou em temas de estudo poderão saber mais sobre outros atores e os próprios movimentos juvenis lutando, resistindo a tantas violências. Por exemplo: a Lei Maria da Penha contra a violência às mulheres. A história do movimento negro contra o extermínio da juventude negra (GOMES, 2016). A história do movimento feminista denunciando o extermínio, os estupros contra mulheres. Até as lutas do movimento estudantil, da UNE, da União de Estudantes Secundaristas, do Movimento Operário e Sem Terra contra as mortes de jovens militantes trabalhadores. Podem ser trazidas as políticas públicas, a criação do Ministério dos Direitos Humanos, da Igualdade Racial, da Mulher, da Juventude. As CPIs da Câmara e do Senado sobre o assassinato de jovens. O Plano Juventude Viva da Secretaria da Promoção da Igualdade Racial (Seppir). Conhecimentos de lutas por direito à vida a que tem direito.

Garantir um conhecimento que os liberte

Coletivos de docentes-educadores/as inventam formas de sair da rigidez das disciplinas e trazer esses conhecimentos de resistências para fortalecer os educandos em seu direito à vida e em suas resistências por libertação. A procura da escola, desde crianças, e da EJA, como adolescentes, jovens, adultos em vidas tão violentadas pelos medos, será mais do que uma mostra de coragem para superá-los. Poderá ser o espaço, o tempo de garantir seu direito a conhecimentos que valorizem suas resistências por libertação. Garantir um conhecimento que os liberte. Em coletivos de mestres e educandos podem ser levantados dados sobre a diversidade de formas de resistências e de tentativas de políticas do Estado pelo direito à vida. Entender as causas trazidas para justificar a violência, o extermínio da juventude popular, pobre, negra. A escola, o conhecimento escolar será o lugar onde poderão entender de maneira sistematizada por que são vítimas de tantas violências sociais e raciais, de gênero. Por que condenados a viver no medo.

Às áreas do conhecimento corresponde trazer para estudo análises que mostram essas violências e as causas estruturais que as produzem. Como vítimas, não têm direito a que os conhecimentos escolares ajudem a ter uma análise crítica das causas que tentam justificar as violências da sociedade? Não as ocultar, mas trazê-las para as áreas do conhecimento. Levantar notícias, relatos de violências, de extermínios de adolescentes, jovens, pobres, negros, meninas, mulheres e analisar em coletivo que motivos e causas são trazidos para justificá-los, para explicá-los.

Analisar se a tendência é culpar as vítimas de violências e de extermínios porque são classificadas como violentas, ameaçadoras da ordem, da propriedade privada, da vida. Porque sem valores, filhas de coletivos sem valores, preguiçosas, violentas, infratoras. Logo, são ou exterminadas ou entregues à justiça penal, recluídas. Pode ser analisada a proposta de rebaixar a idade penal, apoiada por 80% da população *ordeira*, entendendo como ela tenta se legitimar nessa visão da infância, adolescência, juventude pobre, negra como violenta, ameaçadora da ordem, logo, exterminável ou entregue à justiça penal[36]. Desmascarar essas análises da mídia e da cultura política que criminaliza esses jovens será uma forma de encontrar conhecimentos de libertação.

Podem ser encontrados outros estudos que destaquem causas sociais, econômicas: esses jovens e adolescentes são vítimas da pobreza, do desemprego, dos espaços violentos, da falta de escolarização e de espaços de lazer, de acesso aos bens culturais... São vítimas da violência policial, da fraqueza do sistema de segurança e de justiça... Deve-se considerar análises mais sociais, políticas mais progressistas em que tentam se legitimar políticas de proteção da infância, da adolescência, políticas de toda criança na escola: Mais Educação, Escola de Tempo Integral. Conhecer essas análises levará a um conhecimento de libertação: deixar de pensarem-se culpados. Saberem-se vitimados. O estudo poderá ir além e mostrar como movimentos sociais, negro, indígena, quilombola, feminista, e movimentos juvenis apontam para outras causas sociais estruturantes: o sexismo, o patriarcalismo, o machismo, o racismo. Formas de segregação estruturantes em nossa história, em nossa sociedade. Estruturantes das relações de classe, dos padrões de trabalho, de apropriação-expropriação da terra, do espaço, da moradia, da renda, da saúde, da educação, da justiça, do poder.

Os conhecimentos dos currículos serão libertadores na medida em que levem a entender o sexismo e o racismo estruturais e estruturantes das relações de poder, de produção capitalista. Racismo, sexismo são de per si violentos. Legitimaram e legitimam violências, mortes, extermínios ao longo de nossa história. É por isso que o *Mapa da violência* destaca a *cor* dos extermínios de jovens, a *cor* e o gênero dos extermínios e do estupro das meninas mulheres. É por isso que as próprias vítimas do medo sabem que o medo tem cor. O medo tem gênero. Mas também mostram que as resistências por libertação têm cor, têm gênero. Que se reconheçam sujeitos dessas resistências seria um tema gerador de estudo nas escolas e na EJA: recontar

---

36. Analiso os significados da defesa do rebaixamento da idade penal nos artigos já citados: *O direito à educação e a nova segregação social e racial – Tempos insatisfatórios?* e *O humano é viável? É educável?*

a nossa história, desvendar a história através desses eixos estruturantes. O racismo e o sexismo que vêm da colônia reproduzem-se na república e são repostos na fraca, violenta democracia. Realismo e sexismo reafirmados nas estruturas de poder, de trabalho. De classe. Mas não se deve parar aí; é preciso avançar para destacar *outra história* de resistências que teve como eixo estruturante libertar-se do racismo, do sexismo. É a história das lutas dos trabalhadores, dos indígenas, dos negros, quilombolas, das mulheres para libertação. Por direitos humanos, sociais, políticos, culturais, identitários. Voltar à escola para superar os medos e para entender os significados políticos de suas resistências libertadoras.

O conhecimento escolar será libertador?

O conhecimento escolar será libertador se, de um lado, revelar, aprofundar e desconstruir as causas estruturantes da história de sua segregação, repressão, extermínio: desvendar o racismo, o sexismo, o machismo, o patriarcalismo. Que entendam seu caráter de classe estruturante da violência e extermínio de adolescentes, jovens, de meninas, mulheres, preferencialmente negros, negras. Como avançar desvendando esses eixos estruturantes dos padrões de trabalho, de expropriação do espaço, da moradia, da terra, dos direitos humanos mais básicos? A função da escola não será tanto educar para a tolerância de gênero, raça, com conselhos impregnados de moralismo. O que esperam do conhecimento escolar é entender o sexismo e o racismo que os violentam como estruturantes dos padrões capitalistas de expropriação dos direitos humanos mais básicos: o direito à vida. Aprofundar temas de estudo como o racismo e o sexismo mostrados nos mapas da violência são por si mesmos temas violentos. In-humanos. Mostrar como se reforçam estruturando nossas instituições: o poder, a justiça-injusta, o trabalho, a expropriação da renda, da terra, da moradia. Da escola, universidade. Faltam esses conhecimentos aprofundados nos currículos da educação básica e superior. As vítimas, sobretudo, têm direito a conhecer quais estruturas que as vitimam. Têm direito a um conhecimento libertador.

O conhecimento mais libertador a que têm direito desde a infância, na adolescência, na juventude e na vida adulta é o direito a saber sua história de resistências por libertação da exploração do trabalho, do racismo, do sexismo, do machismo. Quando essa história é ignorada nos currículos escolares da educação – na infância ou na EJA e na universidade – os coletivos resistentes estão sendo privados desses conhecimentos de libertação. Ao longo dos textos, destacamos que há coletivos de docentes-educadores e de educandos que organizam tempos de estudo para trazer e aprofundar essas histórias de resistência-libertação de que são sujeitos. Não apenas estudar a diversidade de políticas, de programas do Estado que prometem libertação, mas exercer o direito aos conhecimentos que produzem nas resistências por libertação de que são atores ao longo da história. Desde crianças, as mães e as avós, na família ou nos cultos, ou nas músicas, danças, marchas, aprenderam-se sujeitos coletivos de libertação do racismo, sexismo, da opressão. Carregam, aos cultos, aos movimentos, às escolas, as culturas populares, juvenis, saberes de libertação aprendidos, transmitidos em históricas lutas coletivas por libertação no passado e no presente. Os currículos escolares, que se pensam a síntese dos conhecimentos socialmente produzidos, vão se abrindo a reconhecer e incorporar esses saberes socialmente produzidos por esses coletivos sociais em suas resistências por libertação.

Um tema de estudo e de formação em coletivos de educadores/as, educandos/as: perguntar-se se esses saberes de resistência-libertação entram nos currículos, na Base Nacional Comum, nos currículos de formação de pedagogia e de licenciatura, se entram no material didático das áreas ou se estão ausentes. Como incluí-los? Buscar nas diversas ciências se há estudos, teses, análises sobre essa história de resistências, de libertação.

Um tema de pesquisa coletiva possível consiste em buscar nas diversas artes essa história de resistência por libertação: no cinema, músicas, artes, nas culturas juvenis, na cultura, festas populares, na religiosidade, iconografia afro-brasileira, indígena, quilombola. Na cultura e no artesanato popular, que se alimentam de histórias, gestos de resistências. Outro tema de pesquisa: Que acúmulo de saberes de resistências e de libertação são passados aos filhos, às filhas sobre seu orgulho negro, camponês, trabalhador, sobre seu orgulho de serem mulheres rendeiras, camponesas, trabalhadoras, negras...? Mostrar como a cultura popular condensa saberes de libertação. Paulo Freire e o Movimento de Cultura-Libertação Popular nos deixaram esse olhar penetrante: há uma cultura, um saber, uns valores, umas identidades coletivas de libertação que transpassam nossa cultura, nossa história. Volta a pergunta: Esses saberes, esses valores, essa cultura de libertação contra o racismo, o sexismo, o machismo e contra a opressão de classe estão sendo reconhecidos como cultura, como valores e como conhecimento de libertação?

A infância e a adolescência lutam por escola, os jovens-adultos em itinerários do trabalho pela escola – pelo conhecimento que os liberte de tantas formas de opressão. Esperam que ao menos o conhecimento escolar os reconheça sujeitos de experiências de libertação. Sujeitos de conhecimentos de libertação.

Reconhecer a coragem que revelam nas culturas infantojuvenis

A forma mais pedagógica de reconstruir identidades positivas será trabalhar suas linguagens culturais em que se revelam sujeitos de resistências por uma vida justa. Trazer à análise suas músicas, suas letras, coragem. Destacar as lutas por sua libertação e reconhecê-los sujeitos de saberes de libertação. Não vão de volta às escolas e à EJA apenas por aprender conhecimentos de libertação; vão com a esperança de serem reconhecidos sujeitos de saberes de libertação aprendidos nas lutas pessoais e de seus coletivos por libertação. Com esses reconhecimentos, aproximar-se aos significados de suas músicas, letras, gestos, culturas infantojuvenis. O que revelam como sujeitos de saberes de libertação?

Suas letras são crônicas de urgência. Poesia, letras coloquialistas, como se tivessem necessidade de conversar sobre as coisas que passam. Necessidade de conversar de si mesmos, mas, sobretudo, de conversar consigo mesmo. Letras pouco preocupadas em burilar a palavra. O que importa são seus sentimentos. Tristes, de medo, quase sempre de resistir e enfrentar o viver. De coragem. Uma juventude que exige manifestações, música, dança, exatamente porque essa vida não lhes cabe. Lutam por dela se libertar. Expostos desde crianças perante a dura realidade com alguém lhes dizendo: isso é a vida. Tua vida. Como foi a vida dos teus, como será a tua vida no futuro. Não sonhes com se libertar dessa história. Esse enfrentamento demasiado precoce com a dor, a sobrevivência, a morte, com o sombrio deixa inevitavelmente o medo como um dos traços de sua condição infantojuvenil. Não foram crianças ou adolescentes a quem em casa ou na escola contavam histórias felizes distantes de tristezas e medos. Mas também desde crianças aprenderam, nas músicas do ninar, nas histórias da mãe, da avó, histórias de resistências. De libertação. Suas culturas juvenis não trazem essas origens?

Se o medo se instalou em suas vidas muito cedo, também se instalou a coragem de sua classe, de sua raça. Inventam letras e músicas, grupos culturais para não inventar e cultivar ódios ou para fugir das tristezas? Pode ser esse o *mobile* inconsciente de sua aproximação com o mundo da cultura: tentar fugir do medo e enfrentá-lo com coragem. À EJA chegam com essas vivências do medo e da coragem. Com essas artes. Até do medo da escola, de ser de novo reprovados. Por que a escola reforça seus medos? Não seria mais pedagógico inventar como reforçar sua coragem? Sua cultura de libertação? Um tema a aprofundar: Por que falar em libertação com as linguagens da cultura? Reconheçamos que as culturas, as artes em sua diversidade têm sido, na história, mais sensíveis a denunciar a inumanidade do viver e as lutas por libertação do que as ciências. Ir às artes, às culturas juvenis como fontes fecundas de conhecimentos de libertação pode ser um recurso extremamente pedagógico.

Esse refúgio na cultura é uma forma de viver sua condição infantojuvenil. Uma expressão de ousadia. Não será fácil, inclusive, para a pedagogia captar essas motivações ou essa coragem de afirmarem-se vivos no mundo da cultura. Mas como trabalhar as culturas? Temos propostas escolares que veem uma oportunidade para moralizar essa juventude. Distanciá-la ou distraí-la das redes da droga e da violência. A cultura como um refúgio não de seus medos, nem como uma afirmação de suas formas corajosas de ser jovens, de libertar-se, mas como um antídoto moral para uma adolescência e juventude à beira do vício. Deve ser sinistro ver seus esforços por afirmarem-se e manterem-se humanos, confundidos com antídotos moralizantes. "Enquanto estão no conjunto de música esquecem-se da droga e da violência", observava com benevolente orgulho pedagógico a diretora de uma escola popular. Como é persistente a função moralizante da escola diante da infância-adolescência e juventude pobre, negra! Que luta por libertação! Não será mais pedagógico nos perguntar que saberes revelam sobre seu injusto viver e sobre sua libertação?

A cultura escolar e docente nem sempre entende as culturas infantojuvenis. A juventude e a escola, personagens desconhecidos? A juventude e a adolescência pobre e negra não é o personagem que a escola acreditava que fosse seu. Fazer-nos uma imagem de uma infância ou de uma adolescência e juventude em perigo moral para inventar propostas para salvá-la dos perigos é ingenuidade pedagógica. Não é ético. As manifestações culturais para esses educandos são algo mais: saberem-se acordados, vivos. Seguir sonhando até com medo. Resistir, não perder a coragem de viver. Lembro-me do depoimento de uma professora da EJA aconselhando um adolescente a deixar a droga: "Você não tem medo de morrer? Tenho medo, professora. Mas que diferença faz morrer amanhã ou daqui a um mês?". O medo não é uma escolha. Libertar-se do medo de ser morto é sua escolha.

Não é que essa juventude faça alarde de seus medos. Mas como fugir deles? Onde refugiar-se? Os mundos da cultura sempre foram vistos como um dos espaços onde ainda é possível sonhar acordados sem ter de fugir da realidade. Um espaço para revelá-la com toda sua crueza, mas sonhando por libertação com poesia, música, dança, estética. Na cultura, podem revelar seus medos sem ter medo dos medos. Medo parece ser a ousadia, a temeridade inconsequente, traços tidos como protótipos de ser jovem. Esses jovens reinventam outros protótipos de ser jovem-adolescente em que o heroísmo e a temeridade inconsequentes viram superficialidade. Para um protótipo de jovem que não experimentou os medos desde a infância, a superficialidade temerária sempre será uma atração. Para jovens que experimentaram o medo como uma constante, a temeridade vazia seria um traço inconsequente em seu universo cultural. Sua temeridade será por libertar-se. Por revelar em suas culturas que não desistiram e lutam por libertação.

Essa juventude precisa de muita coragem e ousadia para redescobrir-se viva quando volta à escola, ou escreve e canta. São agentes culturais, que têm inquietações, amam e se apegam à vida, ainda que ameaçada. O ocultamento de sentimentos faz parte de suas trajetórias. Revelá-los com as linguagens que dominam é um traço de sua cultura juvenil. O medo é um desses sentimentos silenciados e revelados. Cantam para ver-se livres do silêncio a que foram submetidos em nossa história. Grafitam a cidade para dizer que são cidadãos, que constroem a cidade. Pode nos parecer uma saída indulgente. A possível. Saída que exige coragem. Que, esperam, seja reconhecida, valorizada em seus itinerários escolares como saídas por libertação.

Coletivos de educadores e educandos debatem esses significados. Até debatem filmes que trazem essas inquietações, como aquele sobre o livro *Capitães de areia*, filmado em 2011, ou como no filme *Los chicos del coro*. Um professor de música encontra trabalho como vigia em um centro de reeducação de menores. O sistema de educação do centro é especialmente repressivo. Através da música, esse professor conseguiu que os menores mostrem interesse e que suas vidas mudem. Reconhecer, valorizar suas culturas, suas linguagens para que, ao menos nas escolas e na EJA, seja reconhecida a pluralidade de gestos por libertação que esses adolescentes, jovens e adultos levam e afirmam em suas linguagens culturais com que reconstroem identidades coletivas positivas. Libertadoras.

21
As revelações das culturas, valores, identidades juvenis

Continuemos a aprender com os estudos da juventude como entender os adolescentes e jovens populares que chegam às escolas e à EJA. Vimos que esses estudos destacam sua afirmação como sujeitos de culturas. Que identidades revelam? Nada melhor do que nos aproximar de como se veem, como se mostram em seu viver e em suas culturas. Vê-los como agentes produtores de culturas dará um tema de estudo. Esses jovens estão alheios à realidade que os rodeia? Nos movimentos juvenis não se afirmam sujeitos de culturas, valores, identidades? Haverá espaços nas áreas do conhecimento do currículo de formação para entender e trabalhar suas presenças afirmativas de sujeitos de culturas? Cada um dos temas dos subtítulos é trabalhado como um tema gerador. De estudo coletivo.

Expõem a crueldade que a vida lhes impõe

Achei uma reportagem forte que destaca como são pensados os jovens em suas manifestações culturais. Será assim que eles se pensam como adolescentes, jovens diferentes produzidos como desiguais? A reportagem destaca: "Esses jovens parecem tentar distanciar-se de si, de sua condição juvenil, e se aproximam e submergem no lodo que lhes rodeia. Às vezes suas letras são de uma crueza tal que expõem a crueldade que a vida lhes impõe. Outras vezes tratam essa realidade com ironia distante. Uma ironia que pode ser vista como um exercício da intuição, de sensibilidade rara e de sabedoria. Suas letras 'saboreiam' seu viver. Um sabor demasiado amargo. Sabem disso e assim mesmo 'o saboreiam'. O cantam".

A reportagem os vê submergidos em tudo, no lodo que os rodeia. Conscientes da sociedade que os segrega desde crianças. A reportagem nos convida a um exercício: ver a crueldade de suas músicas, de suas letras que expõem a crueldade de suas vidas. A crueldade de como a sociedade os trata. Que a vida lhes impõe. Seus gestos, seus grafites, suas letras carregam uma crítica irônica, uma intuição, uma *sabedoria* sobre essa crueldade social: suas letras "saboreiam" seu viver. Um sabor demasiado amargo. Sabem disso e assim mesmo o "saboreiam" e cantam. Sabedoria-saber-saborear têm a mesma origem. São sábios? São sujeitos de valores, de saberes? Os adolescentes e jovens na EJA levam essa sabedoria sobre essa crueldade social? Como vê-los? Sujeitos de uma sabedoria, de um saber de cruéis experiências feito. Essa sabedoria e esse saborear o viver terão lugar na sabedoria das áreas do currículo?

A ironia de suas letras reflete um mecanismo de defesa. Reflete como pensam a história social e como se pensam nessa história. Em suas cruas vivências, a ironia e até o humor deve propiciar-lhes força e autodefesas. Porém, há momentos em que não há lugar nem para o humor, e a ironia e as letras revelam a crueldade vivida. Todas as letras cruas ou irônicas refletem uma postura nunca vista como própria da condição juvenil: A tensão entre o asceticismo e a resistência podam todo broto de entusiasmo e de otimismo tido como próprio da juventude? Não há lugar em suas vidas nem para entusiasmos precipitados nem para a desesperação e desilusão. Mas sem niilismos e cinismos. Realismo e ironia, qualidades e sentimentos que não se inscrevem no imaginário social e pedagógico tão comum da condição adolescente-juvenil. Esses jovens fogem desses estereótipos tão repetidos. Mas há uma qualidade própria dessa adolescência e juventude: falar com entusiasmo, paixão, até quando não há motivos para o entusiasmo. Resistir para se libertar.

Uma adolescência-juventude não alienada do presente, resistente

Volta a pergunta: Que sujeitos de culturas, valores, identidades se revelam? Como vê-los? Revelam que, como jovens-adolescentes, formulam-se as mesmas perguntas universais à condição humana. E as respostas? Onde estão? Parecem nos dizer. Não as encontraram nos percursos escolares truncados? E na EJA encontraram respostas? As suas letras nos apontam que, se deles dependesse, encontrariam respostas. Mas quem leva a sério perguntas e respostas de adolescentes-jovens? Talvez seus mestres. Os estudos dessa juventude destacam que suas letras revelam uma juventude não alienada do presente, antes aberta, sensível, resistente, interrogante sobre o presente. Mostram-se na contramão da visão que os pensa apáticos, alienados, apolíticos, e até sem interesse pelas lições dos seus mestres. Não revelam adolescentes-jovens questionando os pais em crise geracional, visão tão comum da juventude e da adolescência. Revelam crise com a sociedade que lhes trata tão cruelmente. Com o tempo, aprenderam que a vida é inverossímil e imprevisível. Que tudo são perguntas. Levam essas perguntas para os currículos? Mas haverá espaços para incorporá-los?

Essa adolescência-juventude aprende tudo isso de maneira condensada em seus curtos mas intensos tempos desde a infância. Ser jovem é visto como tempo de certezas: sabem tudo. Pensam que sabem tudo. Essas suas letras sabem desse estereótipo comum. Reconhecem que não sabem nem os porquês de suas vidas. Não sabem. Podem existir jovens seguríssimos do que sabem. Aos jovens populares, desde crianças não lhes são dadas essas certezas. Suas letras são uma incerta interrogação. Aí reside sua sabedoria. Revelam-nos outra infância, outra adolescência e juventude. De curtos anos; porém, de longas buscas. Com longos itinerários até pela escola. Por um justo viver.

Ao menos apontam o que é tido como senso juvenil, a crença no futuro? Suas letras refletem menos otimismo do que ascetismo. Não parecem acreditar nem que suas letras e músicas transformarão o mundo. Revelam suas vivências, sua sabedoria do presente sem otimismos ingênuos. Parecem querer apenas nos dizer que se sabem vítimas resistentes. Já é muito diante de tantos que os jogam na cara que são réus. Que são delinquentes e os querem entregues à justiça penal. Até exterminados. Suas letras, grafites expondo a crueldade que a vida lhes impõe; apontam que sabem quem são os culpados, os verdadeiros réus. Que sabem ser vítimas de estruturas, relações sociais, raciais segregadoras. Não parecem esperar nem compreensão nem entendimento.

Nem pretendem conscientizar os adultos. Nem a seus mestres. Não parecem esperar a transformação nem do mundo nem das consciências pelas suas poesias, letras e músicas. Além do mais, já aprenderam que os verdadeiros autores dos males que desde crianças padecem não leem suas poesias, nem ouvem suas músicas. Já houve quem acreditou que a poesia e a música poderiam ser armas carregadas para a revolução. Esses jovens não parecem entender essas razões. Apenas nos dizem que a poesia e a música são possíveis após uma infância, adolescência e juventude vividas com tamanha crueldade. Não devem conhecer Adorno. Ele também se perguntava se depois de Auschwitz seria possível a poesia. Esses jovens aprenderam a fazer poesia e músicas sabendo de tantos extermínios que acontecem no seu viver. Ao seu redor. A cada fim de noite e de semana. Nos presídios. Sabem de todos eles e em suas poesias e músicas os revelam. Educam a cidade, educam o conhecimento. Educam a educação. Educam a justiça e os órgãos de repressão e de extermínio para que *parem de nos matar porque somos negros*. Mostram a cor da justiça[37]. Exigem que a Justiça faça justiça. Sujeitos de saberes tão radicais quanto a injusta radicalidade de seu viver. Aumenta o coletivo de educadores que se deixam interrogar por esses saberes tão radicais que os adolescentes e jovens revelam em suas culturas.

Mostram uma radiografia moral da sociedade. E da pedagogia?

Há um traço forte nas linguagens juvenis que interroga a pedagogia e a docência: a afirmação política da ética. Esses adolescentes e jovens aprendem cedo desde crianças que a vida é uma trama entre o bem e o mal. Sua poesia e suas músicas não revelam uma visão feliz de um mundo de sonhos. Não são indiferentes ao que acontece a seu redor. Veem-se imersos numa realidade histórica e a denunciam, mostrando ser mais vítimas do que sujeitos da negação política da ética. Mas conscientes e resistentes, repondo a afirmação política da ética. Um aprendizado ético que revelam em suas letras e músicas. Que conclusões éticas estarão sacando? As mesmas que os saberes escolares sacaram e lhes revelam? Como estão distantes os saberes curriculares dos seus saberes feitos de vivências tão extremas! Distância que interroga os currículos, a docência e sua formação.

As temáticas tratadas nos conteúdos curriculares não coincidem com as temáticas da literatura, da música e da poesia ditas juvenis. Estas falam das grandes questões antiéticas que os vitimam desde crianças: da fome, da violência, da droga, até da morte. Perderam amigos e amigas. A morte pousou a seu lado. Sabem que têm de escrever sobre a morte, exatamente porque estão vivos e querem viver. A vida é o primeiro objetivo. O primeiro direito. Viver é preciso. Exatamente porque a morte passa bem próxima, a seu lado, desde crianças. Denunciando a morte e tantas formas de negar a vida, suas poesias e músicas podem encontrar sentido. Um sentido ético em uma sociedade em que domina a negação política da ética. Sua inspiração vem das múltiplas tentativas de viver, de encontrar saídas para sobreviver. Desde crianças vêm fazendo itinerários do trabalho para a escola, pelo direito a uma vida justa. Por ética na política, nas relações sociais, na justiça.

---

37. Diante de tantas injustiças contra os adolescentes, jovens negros exterminados, será recomendável perguntar-nos pela cor da justiça. Cf. *El color de la justicia...* Op. cit.

Suas duras letras e músicas são um brinde pela vida, na medida em que descrevem com tamanho realismo tantas ameaças de morte. Suas músicas, suas letras poderiam ser comparadas com outras letras e outras músicas de outros jovens reagindo aos extermínios dos tempos de ditadura. Vandré, por exemplo: "Ver a morte sem chorar. A morte destruindo tudo..." Músicas, letras de resistências. Não de derrotados, mas conscientes das lutas travadas. Não de um pessimismo estéril nem de um otimismo ingênuo, mas de um realismo político. Ético. Seria o olhar ético a forma mais pedagógica de trabalhar as culturas infantojuvenis nas escolas, na EJA? Uma pergunta obrigatória nos currículos de formação dos educadores/as desses adolescentes, jovens e crianças: A formação ética tem lugar? Cada área do conhecimento lhes revela os valores, contravalores do progresso, da apropriação-expropriação do espaço, da terra, do poder, das injustiças que vivem?

O valor da vida é uma das dimensões éticas mais proclamadas em suas culturas juvenis. A negação do direito a uma vida justa e o extermínio são um dos contravalores mais denunciados por esses jovens. Afirmações políticas da ética diante de tantas formas de negação política da ética. Há lugar para essa centralidade da ética, de sua negação no pensamento pedagógico? Uma interrogação a merecer um tema de estudo na formação dos seus educadores. Por que esses jovens repõem a centralidade da afirmação política da ética na política e na educação? Por que dão tanto valor à vida?

Aqueles que desde crianças veem a morte tão próxima jamais perderão a paixão pela vida. Pelo direito à vida. Pela escola-espaço do direito a uma vida justa. Aqueles/as que estão permanentemente ameaçados e expostos a serem vítimas das violências sociais serão obrigados a se interrogar sobre as relações sociais, raciais e sua brutalidade, a brutalidade do desemprego, da violência, da sobrevivência, da cidade, do campo, da sociedade. Serão obrigados a perguntar-se sobre eles mesmos, elas mesmas como personagens trágicos e, portanto, imprevisíveis. Heroicos. As letras revelam sua autoimagem de personagens trágicos, imprevisíveis. Em defesa pelos valores humanos mais básicos. Pela ética. Suas letras são uma radiografia moral da sociedade, mais do que deles. Revelam uma reprovação de tantos romantismos sobre a vida comunitária e sobre a sociabilidade. Sobre a paz nas escolas. Suas letras são uma metáfora da vida presente. Da desordem de uma ordem social expressão da negação política da ética. Um apelo ao pensamento pedagógico para dar maior centralidade nas pesquisas, nas análises e nos currículos de formação aos processos de negação-afirmação política da ética. Esses adolescentes-jovens nos dizem que não têm só direito ao conhecimento acumulado, mas têm direito a entender os valores negados, as dimensões antiéticas das relações sociais que os oprimem. Têm direito a saber-se sujeitos de outros valores. De outra ética. Sujeitos do primeiro direito: à vida como o primeiro valor ético.

Quando esses jovens-adolescentes se mostram em tantas manifestações culturais e até éticas e políticas tão interrogativas, parecerão desfocados de tantas práticas educativas que incentivam apenas trabalhar no extraturno algumas manifestações culturais juvenis, apenas para livrá-los da violência, da droga, do crime ou das indisciplinas escolares. Essas práticas pedagógicas nascem desfocadas, moralizantes, antiéticas. A forma enfocada de incorporar essas manifestações culturais e políticas juvenis é encontrada por coletivos docentes e juvenis que captam e revelam as interrogações éticas que essas expressões culturais carregam. Que tentam escutar as perguntas éticas que as vivências desses adolescentes-jovens carregam, confrontando-as às perguntas com que a escola e os currículos trabalham. Um diálogo entre escola, docência, pedagogia e as interrogações ético-políticas que esses adolescentes-jovens levantam em suas letras, músicas e gestos pode ser extremamente fecundo para revitalizar os conhecimentos, as temáticas e os valores da escola, a ética da docência e da pedagogia. Para outro currículo. Para outra EJA. Outra ética.

Paulo Freire nos advertia que qualquer saber que não se alimenta de novas perguntas torna-se algo morto. Perde a seiva que vem da vida. O que há de mais instigante para a escola nas manifestações culturais e políticas infantojuvenis é o cheiro, a seiva de vida que carregam exatamente por virem dos setores mais ameaçados desde crianças, por perder a vida. Mais instigados a se agarrar ao sobreviver. Desses adolescentes-jovens vêm novas perguntas éticas para a escola, para a EJA e seus saberes, exatamente porque a dúvida não deixou de estar presente ao longo de suas vidas incertas. Perguntas, dúvidas que nem sempre encontram lugar preciso na hierarquia dos saberes e valores escolares. Onde colocá-las? Qual das áreas tentará incorporá-las e respondê-las? Se a incorporação das manifestações culturais, políticas, éticas e infantojuvenis não interroga os saberes e valores escolares e suas estruturas, não passará de um enfeite para festas escolares ou para entreter crianças, adolescentes e jovens a fim de não "caírem nas redes do crime, da droga ou da violência".

Esses adolescentes e jovens e suas vivências e interrogações merecem tratos pedagógicos, éticos, políticos mais sérios. Seu uso moralizante não passa de um trato demasiado superficial para manifestações éticas-políticas bem mais inquietantes. Fazer músicas, letras, organizar-se em grupos culturais e mostrar-se em mobilizações políticas até ocupando as escolas nada tem de distração gratuita para esses adolescentes, jovens. Suas perguntas não são ingênuas. São verdadeiramente instigantes para as certezas tão certas que reinam nos saberes e valores escolares. Revelam o assombro que os saberes-valores escolares perderam diante da própria existência dos aprendizes e educandos. Trazem o assombro que nos falta, que se esconde nas suas desconhecidas trajetórias. O assombro ético-político de viverem entre o bem e o mal. Entre a vida ou o extermínio (GOMES, 2016).

Reconhecer a sabedoria de saborear o saber amargo-resistente de seu viver

A maior contribuição que essas manifestações culturais infantojuvenis podem trazer para a docência e para os saberes escolares é que nos voltemos a assombrar como educadores. Um assombro ético-político. Que duvidemos da sabedoria, do saber constituído, selecionado e escolarizado, que não se basta mais a si mesmo. Diante das interrogações vindas dos adolescentes-jovens resulta incômodo continuar apegados às mesmas respostas. Aos mesmos conceitos abstratos – "Vida"? Vida às vezes se tem, mas as letras e músicas desses jovens nos dizem: Alguém tem a vida sem risco? Dia traz dia? "Infância". Quem a vive? E os medos das crianças? E os milhões que morrem crianças? Infância, juventude... Para tantos, uma ilusão, quando o assombro de vivê-la é ameaçador. Que saberes, que sabedoria vêm do viver essas vidas desde crianças? Esses adolescentes, jovens e adultos trocam conceitos abstratos por vivências concretas. Exigem outros conhecimentos.

Um professor me dizia: "Depois de ler as letras e ouvir as músicas desses jovens, percebo quanto minhas lições estão distantes". Para os conteúdos curriculares oficiais, parece ser mais cômodo não ler nem ouvir essas letras e músicas, nem as mensagens de suas manifestações. Deixá-las para um teatro, uma festa, uma banda em tempos periféricos ao fazer escolar. Os saberes curriculares e disciplinados é melhor mantê-los longe ou perto das grandes interrogações que essas letras e músicas carregam? A escola, os currículos e o material didático preferem fugir ou aproximar-se de grandes interrogações vindas das trajetórias dos alunos? Em tempos periféricos, as escolas até aceitam o diálogo das diversas manifestações culturais, éticas e políticas. Os docentes-educadores tentam abrir o diálogo, mas não haverá diálogos enquanto os saberes escolares, os currículos e as hierarquias disciplinares continuarem tão fechados à convivência de contrários e a interrogações que ameacem a previsível linearidade do pensamento. É cada vez maior o número de docentes-educadores/as que se deixam interrogar por essa moçada, com suas manifestações políticas e culturais. Mostra-nos que são mais do que "culturais", no sentido inocente que frequentemente é dado a esse mundo da cultura. Tocam, e fundo, nas concepções, valores e no trato que damos ao conhecimento da condição humana. Não é essa a função da pedagogia? O reconhecimento das culturas juvenis vem ocupando lugar nas ciências sociais, nas artes, na literatura e na diversidade de projetos sobre diálogo de gerações. E nos currículos? Nas disciplinas? Na Base Nacional Comum?

Uma questão a aprofundar em dias de estudo: O saber amargo do viver não aproxima gerações? Há um consenso em que as gerações estão mais próximas nesse saber, sabor amargo do viver. Aproximações até entre mestres e alunos. As máscaras de criança, jovem ou adulto estão caindo, e cada tempo da vida mostra seu rosto humano comum. Diferentes, mas, enquanto humanos, mais próximos. Crianças, adolescentes e jovens populares vivem situações, medos, esperanças muito próximas dos adultos. As gerações estão mais próximas. Sobretudo na educação de adolescentes, jovens e adultos, em que os seus mestres também lutam por um digno, justo viver. Essa aproximação repercute nas relações entre docentes e alunos nas escolas. Também aí cada coletivo mostra seus rostos despidos de máscaras. Cada coletivo de idade lutará por sua identidade. Os adolescentes e jovens tentarão afirmar sua identidade adolescente e juvenil. Mas como? Mostrando e denunciando realidades que afetam crianças, adultos e a eles, adolescentes e jovens. Uma identidade coincidente: serem testemunhas de nosso tempo. O que distanciará a identidade adolescente-juvenil da adulta não será mais a despreocupação com o presente, mas as linguagens com as quais mostrá-lo e denunciá-lo. Nas formas de sofrer o presente cada vez mais próximo entre gerações. Entre mestres e educandos. Todos passageiros do trabalho para a escola, para a EJA, em itinerários por uma vida justa.

Uma aproximação que muda não apenas a relação entre mestres e alunos, mas a relação com o conhecimento e com as interrogações ético-políticas provocadas pela vivência do real e das respostas esperadas. Suas músicas e letras mostram ter consciência de que, desde crianças, participam, são vítimas da mesma crueldade do viver dos adultos. O diálogo nas escolas e na EJA, com maior sentido, terá de ser um diálogo de saberes e valores comuns. Diálogo de saberes-sabedorias com o mesmo sabor amargo. Na escola pública popular, e com maior intensidade na EJA, não há lugar para saberes adocicados de iniciação, elementares, porque desde crianças-adolescentes tiveram de saborear-saber o sabor amargo da pobreza, dos lugares-corpos precarizados, do desemprego, do trabalho. Até do medo de serem exterminados. Medo de perder a vida. Com esses saberes-sabedorias, com essas culturas e valores infantojuvenis, chegam à escola elementar e são obrigados a voltar à EJA porque seus saberes, suas sabedorias, suas culturas e valores não foram reconhecidos nos percursos escolares? Serão reconhecidos ao menos nesses novos itinerários do trabalho para a EJA?

Totalidades humanas corpóreas

Letras/músicas a serem trabalhadas

Hoje
Autor: Taiguara

Hoje
Trago em meu corpo as marcas do meu tempo
Meu desespero, a vida num momento
A fossa, a fome, a flor, o fim do mundo

[...]

Hoje
Homens sem medo aportam no futuro
Eu tenho medo, acordo e te procuro
Meu quarto escuro é inerte como a morte

Hoje
Homens de aço esperam da ciência
Eu desespero e abraço a tua ausência
Que é o que me resta vivo em minha sorte

Ah sorte
Eu não queria a juventude assim perdida
Eu não queria andar morrendo pela vida
Eu não queria amar assim como eu te amei.

Menino
Milton Nascimento e Ronaldo Bastos

Quem cala sobre teu corpo
Consente na tua morte
Talhada a ferro e fogo
Nas profundezas do corte
Que a bala riscou no peito

Quem cala morre contigo
[...]
Quem grita vive contigo

Maria, Maria
Milton Nascimento e Fernando Brant

Maria, Maria
É um dom, uma certa magia
Uma força que nos alerta
Uma mulher que merece viver e amar
Como outra qualquer do planeta

Maria, Maria
É o som, é a cor, é o suor
É a dose mais forte e lenta
De uma gente que ri quando deve chorar
E não vive, apenas aguenta

Mas é preciso ter força
É preciso ter raça
É preciso ter gana sempre
Quem traz no corpo a marca
Maria, Maria
Mistura a dor e a alegria

Mas é preciso ter manha
É preciso ter graça
É preciso ter sonho sempre
Quem traz na pele essa marca
Possui a estranha mania
De ter fé na vida.

A carne
Elza Soares
Compositores: Seu Jorge, Marcelo Yuca e Wilson Capellette

A carne mais barata do mercado é a carne negra
5x

que vai de graça pro presídio
e para debaixo de plástico
que vai de graça pro subemprego
e pros hospitais psiquiátricos

A carne mais barata do mercado é a carne negra
5x

que fez e faz história
segurando esse país no braço
o cabra aqui não se sente revoltado
porque o revólver já está engatilhado
e o vingador é lento
mas muito bem-intencionado
e esse país
vai deixando todo mundo preto
e o cabelo esticado

mas mesmo assim
ainda guardo o direito
de algum antepassado da cor
brigar sutilmente por respeito
brigar bravamente por respeito
brigar por justiça e por respeito
de algum antepassado da cor
brigar, brigar, brigar

A carne mais barata do mercado é a carne negra
5x

Outras músicas/letras a serem trabalhadas
• *São Vicente* – Milton Nascimento e Fernando Brant
• *Fé cega, faca amolada* – Milton Nascimento e Ricardo Bastos
• *Angélica* – Chico Buarque e Miltinho

Filmes a serem trabalhados
• *Os esquecidos* – Luis Buñuel, 1950. Carlos Feixa traz uma rica análise no livro *A juventude vai ao cinema*. Op. cit., 2009.
• *Maria cheia de graça* – *Joshua* Marston, 2004. Cf. "Maria cheia de graça, um corpo 'mula', um corpo prenhe", de Glória Diógenes, no mesmo livro *A juventude vai ao cinema*.

22
Trago no meu corpo as marcas do meu tempo

Os adolescentes, jovens e adultos passageiros da noite para a EJA nos obrigam a nos perguntar de onde vêm. Do trabalho, de trabalhos instáveis. Obrigam-nos a ir mais longe: passageiros em itinerários de corpos humanos do trabalho. Corpos de trabalho que lutam por um justo viver. Os profissionais de sua formação dão atenção especial no entender, no acompanhar de sua formação como totalidades humanas corpóreas. Avançam projetos que trabalham os corpos precarizados de crianças, de adolescentes e de jovens e adultos que chegam. A pedagogia não foi estranha aos corpos. Os educandos eram vistos como totalidade, corpóreos. Mais recentemente, passamos por um processo de descorporalização dos educandos/as e até dos educadores/as. Nas escolas públicas e na EJA não há como ignorar esses corpos de trabalho. Mas como vê-los?

Nos currículos, nos PCNs, na Base Nacional Comum, na pedagogia conteudista, cognitivista, as mentes, ilustradas, críticas ocupavam nossa total atenção. Os corpos eram vistos como um peso a controlar para que as mentes libertas voassem longe atrás do conhecimento. A despreocupação com a dimensão corpórea do ser humano tem correlação com a redução do seu direito à educação a ilustrar suas mentes. Tem correlação com a redução das políticas e diretrizes a ensinar-aprender conteúdos avaliáveis na Política Nacional de Avaliação. É possível avançar para ver itinerários de corpos humanos do trabalho? Uma questão nuclear para os currículos de formação. Em que pontos aprofundar?

Ver o ser humano como totalidade

Reconhecer que chegam crianças, adolescentes, jovens e adultos, totalidades humanas. A pedagogia tem dificuldade em ver o ser humano como totalidade. Ainda vemos nos educandos espírito e corpo como duas realidades tensas, contrapostas. Como vê-los como totalidades? Programas como Mais Educação e Educação Integral, em tempo integral, partem de um reconhecimento dos educandos como totalidades. Abrem tempos-extraturno para trabalhar os corpos: corpos identidades, corpos diversidade, concursos, *performances* corpóreas. Há avanços no ver o ser humano como totalidade. Alguns projetos focalizam os corpos, por exemplo, trabalham os corpos pela beleza. Corpo-beleza como identidade. Uma forma de se aproximar do ser humano como totalidade. Mas aprofundando também na beleza corpórea como segregação. Com que perfil de beleza trabalha nossa cultura? Há padrões construídos na racialidade tão determinante de nossa formação social e cultural. Que corpo é reconhecido como belo? Que cor, que cabelo? O componente sociorracial ou o racismo com que os corpos são enxergados e classificados em nossa cultura passam a ser preocupação legítima desses projetos. Mas ainda são projetos raros, marginais na pedagogia escolar. Haverá lugar nos currículos de formação para superar essas dicotomias e esses preconceitos no olhar, classificar, segregar determinados corpos?

Um olhar a ser trabalhado em projetos de corpo, diversidade, culturas infantojuvenis. Avança-se em uma prática que está nos diversos projetos: estimular a autoestima, através do cultivo da beleza do corpo. Mas com que padrão de beleza? Será necessário aprofundar que estamos em tempos de ditadura da beleza, ao menos de certos padrões mercantilizados e racistas de beleza. É a publicidade confrontando a imagem de cada um, é a imposição de padrões no mercado dos produtos de beleza, no trato e cuidado dos corpos. Somos obrigados, com os educandos, a debater e aprofundar como a beleza e os corpos são submetidos às leis do mercado. A adolescência e juventude que acompanhamos sofrem os impactos dessa ditadura da beleza e são impulsionados/as a pautar sua imagem por esse tipo mercantilizado e racista. A proximidade ou distância desses padrões de beleza passa a ser mais uma classificação até para o mercado de trabalho.

Outro ponto que vem sendo trabalhado: corpos de trabalho. Lembremos que os adolescentes, jovens e adultos vêm de itinerários de trabalho. Que experiências trazem de corpos segregados, explorados de mulheres no padrão classista, sexista de trabalho? E como negros, negras no padrão segregador classista, racista de trabalho? Que ao menos nas escolas e na EJA encontrem saberes que os ajudem a entender-se em experiências sociais humanas tão radicais: corpos segregados no padrão classista, sexista, racista de trabalho. Que outras referências identitárias e totalizantes a escola poderá ajudar a construir? Uma pergunta que tem incentivado dias de estudo, oficinas de coletivos de mestres e alunos/as: Como trabalhar identidades negativas de corpos segregados por esses padrões de beleza e de trabalho?

A escola dificilmente poderá alterar esses padrões mercantis e racistas de beleza e capitalistas de trabalho, mas poderá abrir espaço para o debate e, sobretudo, poderá não classificar a partir de catálogos de beleza, de classe e de raça. Contrapor-se à tendência a desprezar crianças, adolescentes e jovens que não conseguem acompanhar esses padrões de beleza em seus corpos precarizados, deficientes, ou por segregação da diversidade de raça ou condição social. Um dos efeitos da ditadura dos padrões de beleza mercantilizados e racistas, até no trabalho, é humilhar, classificar aqueles que não conseguirem acompanhar esses padrões, criando crises de identidade. Até segregando-os no trabalho. Um efeito desses padrões sexistas, racistas, classistas de trabalho é a exploração. Diante dessa centralidade dos corpos na formação de identidades positivas ou negativas, que papel cabe à escola, à docência e aos currículos? Que lhes seja garantido o direito a estudos, pesquisas, conhecimentos sobre o padrão racista de beleza e de trabalho.

Reconhecer totalidades humanas corpóreas

Diante da visão dicotômica tão presente nas pedagogias escolares, reconhecer os educandos como totalidades humanas corpóreas pode ser uma forma mais integral de vê-los e de acompanhar seus processos educativos, formadores. Que dimensões trabalhar com esses corpos-do-trabalho? Aquele "conhece-te a ti mesmo" tão inspirador da pedagogia pode vir pelo conhecimento do corpo. Nele podemos encontrar surpresas radicais. Surpreender-nos com nós mesmos. "Os adolescentes e as adolescentes se interessam nas oficinas porque passam por um momento de estranhezas radicais com seus corpos" – comentava uma professora. "Quando trabalhamos essas questões, identificam-se". Os sinais dos corpos são os primeiros a avisar que são outros. Estão em outro tempo humano. Desde crianças, conviviam com seus corpos como uma unidade. A adolescência lhes surpreende, essa unidade corpórea se divide, o corpo é outro, e são levados a se ver outros. A escola pode ajudar a descobrir essas experiências e a aprender a lidar com essa riqueza mutável e surpreendente dos corpos. Pode ser uma lição para toda a vida. Um exercício pedagógico de conhecer-se a si mesmo e conhecer os outros. Conhecer-nos como humanos. Como totalidades corpóreas.

Com o corpo podemos aprender que somos susceptíveis de mudar, de nos ver e de ver os outros em múltiplas imagens. Esse processo se acentua na medida em que sempre haverá alguém a nos dizer: "como mudou", "nem te conhecia". O olhar dos outros nos convidando a ver-nos de outro modo. Os adolescentes e as adolescentes mostram, nas oficinas, como lhes resultam incômodas ou prazerosas essas frases, nos olhares surpresos dos outros. Aos poucos vão descobrindo que, durante toda a vida, o olhar dos outros nos incitará a ver-nos de outra maneira. A estranheza do corpo funciona na formação da subjetividade e da alteridade. Mas também na sua destruição, quando é uma estranheza preconceituosa. Aprender a lidar com o corpo é aprender a lidar com as diferenças de gênero, raça, idade. Sucumbir ou libertar-nos do racismo, sexismo, machismo tão persistentes em nossa sociedade. Até nas escolas. E aprender a lidar com a vida e com a gente como algo mutável. A vida é algo efêmero ou em constante mutação. As mudanças do corpo podem ser bruscas ou imperceptíveis, mas inevitáveis na permanência e estabilidade da representação que possamos fazer de nós mesmos e dos outros. Sobretudo, imutável para tantas crianças, tantos adolescentes, jovens-adultos vítimas de persistentes olhares e estruturas sexistas, racistas, classistas que os segregam pelos corpos.

Alguns projetos escolares, principalmente no extraturno, e até na EJA, exploram as diversas *performances* dos corpos na dança, na capoeira, na moda, no teatro, nos conjuntos de *rap, funk, rock*. Os corpos aparecem em múltiplas faces, revelam o quanto somos capazes de fazer e dizer. Resistindo à segregação cultivam o autorreconhecimento positivo. Sobretudo as múltiplas *performances* dos corpos se revelam como expressões da cultura, como expressões simbólicas de nossa riqueza cultural. Como processos de formação cultural. Humana. Um aspecto importante a trabalhar nas oficinas é como através das *performances* do corpo nos revelamos aos outros e nos revelamos e surpreendemos a nós mesmos. Essa dimensão é forte nas culturas juvenis que tanto exploram as múltiplas *performances* dos corpos nas danças, nas músicas dançadas, no grafite. Essa afirmação positiva de identidades através dos corpos pode ser vista nas marchas dos movimentos sociais: corpos juvenis, negros, femininos, corpos de trabalho afirmativos de identidades resistentes. Coletivos segregados que se afirmam, que se mostram aos outros e, sobretudo, mostram a si próprios com imagens, linguagens positivas, de resistência a tantas imagens-linguagens-tratos negativos com que a sociedade os segrega. Haverá lugar nos currículos para trabalhar, reafirmar essas resistências e afirmações positivas de sua condição corpórea?

Como trabalhar corpos segregados por preconceitos e por estruturas segregadoras?

Na maioria dos projetos, educadores e educandos/as se defrontam com o trato pedagógico do corpo e seus preconceitos. Defrontam-se com as estruturas segregadoras sociais e até escolares. Os corpos, seu gênero e sua cor, raça, etnia, idade são geradores de conceitos e de preconceitos. Representamos nossos corpos ora com orgulho, ora com rejeição, em função dos preconceitos que as estruturas sociais e a nossa cultura atribuem à classe, ao gênero, à cor e à idade dos corpos. Existe uma tensão entre nossas imagens do corpo como trabalhadores/as, homens, mulheres, negros, brancos, indígenas, jovens ou velhos e as imagens segregadoras que a sociedade joga sobre esses corpos com sua classe, seu gênero, raça, etnia ou idade. Há corpos tratados como estranhos. Até rejeitados. Exterminados. Quando o estranho é o trabalhador, a mulher, o negro, o velho ou o deficiente, qual será a relação desses sujeitos com seu corpo e consigo mesmos? A experiência de si mesmo e da alteridade nesse jogo de preconceitos se altera. Uma experiência cindida. O olhar preconceituoso dos outros na sociedade incitará a enxergar de outra maneira a forma como você se vê. A duvidar de suas identidades positivas. Uma longa história de preconceitos que persiste na sociedade, no trabalho, nas mídias e nas escolas. Os/as adolescentes e adultos pobres, tão marcados por essa história desde crianças, têm direito a conhecê-la. Há estudos nas diversas ciências que aprofundam o conhecimento dessa história de preconceitos, de estruturas e de padrões segregadores. Como incorporar esses estudos nos currículos de formação de profissionais da educação e dos educandos/as?[38]

Este brutal processo de estranheza é experimentado cedo por uma criança negra, por exemplo, na moradia, no trabalho da família, na pobreza. Sou pobre, na vila, na favela... Por que sou negra? Estranheza que a escola pode reforçar ou pode ressignificar se a diversidade de cor, de classe, de gênero ou de idade for apresentada como uma riqueza. As danças, as *performances*, os adesivos, os cabelos de crianças, adolescentes ou jovens negros e negras podem ser uma forma de arte de dar significados positivos a essa estranheza[39]. Podem ser tratados como formas de reverter tratos segregadores,

---

[38]. Trabalhamos essas questões no livro *Corpo-infância...* Op. cit. Os textos mostram as formas diversas de trabalhar as identidades corpóreas.
[39]. Nilma Lino Gomes trabalha essa estranheza-afirmação no livro *Sem perder a raiz*: corpo e cabelo como símbolos da identidade negra. Belo Horizonte: Autêntica, 2006.

imagens estereotipadas e preconceituosas. Podem superar a imagem social e até autoimagens de corpos estranhos porque femininos, negros, indígenas ou idosos ou deficientes. As escolas públicas e a EJA são o lócus onde esses corpos tão segregados por preconceitos sociais de idade e de trabalho se fazem presentes.

Cada vez há mais projetos nas escolas trabalhando a pluralidade de *performances*, de rituais, gestos, danças com que os corpos tão diversos se expressam. Espaços pedagógicos, de outras pedagogias dos corpos que podem revelar-nos a necessidade que temos de exibir as aventuras e desventuras do corpo. Todas essas linguagens corpóreas vêm se tornando ou sempre foram narrativas e linguagens públicas em espaços e tempos públicos. Revelar o corpo, revelar-se em público, corpos mantidos reclusos nos espaços privados do trabalho doméstico de mulheres que buscam a EJA. Essas linguagens se tornam mais públicas quando vêm de grupos segregados ou marcados por preconceitos nos corpos de cor, de gênero, de idade, de trabalho. Como se esses grupos – pensemos na juventude popular, negra – precisassem abrir espaços públicos através das linguagens públicas de seus corpos. Pensemos nos trabalhadores sem terra, em suas marchas afirmando seus corpos de trabalho camponês. Pressões políticas por reconhecimentos dos coletivos segregados, ocultados e inferiorizados na diversidade de sua corporeidade. Negados ao direito a espaços públicos. Trabalhar os corpos na escola, na EJA, em espaços públicos e em projetos pedagógicos pode ter esse significado político de reconhecimento de sua condição de cidadãos. Nas escolas e espaços públicos haverá lugar para reconhecimentos dos outros corpos que chegam? Questões novas que desafiam as Diretrizes Curriculares, a formação docente-educadora, o material didático. Outros corpos estão chegando. Corpos dos diversos feitos tão desiguais a exigir reconhecimento.

Os corpos ausentes vão chegando

Nem todos os corpos chegaram às escolas. Os corpos das crianças de rua, dos adolescentes e jovens no trabalho, dos pobres, negros, deficientes, dos campos, dos territórios, das periferias urbanas, corpos idosos, de mulheres não chegavam. Aos poucos foram chegando os corpos do trabalho nos campos, na agricultura camponesa, nas florestas, nos territórios indígenas e quilombolas. Ainda que tarde vão chegando. Como são vistos, pensados, tratados? Como estranhos fora do ninho? Com sua chegada, repetência, reprovação, defasagem idade-série aumentaram. Os destinados à EJA aumentaram. São eles os corpos ausentes que foram chegando às escolas públicas, mas reprovados, segregados, são obrigados a voltar. Voltam como jovens-adultos com seus itinerários truncados. Com seus corpos de trabalho. Marcados pelos padrões classistas, racistas, sexistas de trabalho. Poderá ser feito um exercício pedagógico com os adolescentes, jovens, adultos: Que lembranças têm de como seus corpos vindos da sobrevivência e do trabalho foram pensados, tratados nas escolas? Talvez se lembrem de um traço marcante: seus corpos classificados como indisciplinados, irrequietos, até violentos. A sociedade e a cidade esperam das escolas públicas não tanto que ilustrem suas mentes, mas que disciplinem seus corpos. Nunca se falou tanto em violência nas escolas públicas como agora com a chegada desses outros corpos pobres, negros, das periferias e dos campos. Segregados na sociedade e nas escolas.

Os corpos ausentes volta à escola. São reconhecidos, ignorados? Como tratá-los? Celebrar o esplendor dos corpos infantis e juvenis, sua plástica harmoniosa? Mostrar corpos torturados, anêmicos, desfigurados? Podemos buscar o esplendor, a harmonia e a plástica nas estátuas juvenis da Antiguidade clássica e do Renascimento ou nos corpos de toda olimpíada. Buscar e celebrar o corpo ideal. Lançar um olhar amoroso sobre corpos juvenis exaltados como semideuses e como sínteses da beleza. Podemos levar os educandos a conviver com essa tradição cultural, com esse endeusamento da perfeição corpórea que foi simbolizada pelos corpos juvenis e que está de volta com o culto ao esporte, à malhação, à intervenção da medicina estética etc. Nesses corpos perfeitos, exaltados, nesses corpos que chegam não se reconhecerão. Como trabalhar os novos corpos que chegam? Podemos trazer à sensibilidade dos educandos os corpos dos excluídos e destruídos desde crianças. Na pintura encontramos quadros de mestres destacando corpos de anões, obesos, feridos e mutilados, famintos e esqueléticos, mas com beleza moral. São corpos humanos, demasiado humanos, que podem provocar sentimentos humanos. Podem provocar vergonha de nossa sociedade que destrói corpos e não vê a beleza moral que neles habita. Corpos precarizados que interrogam as teorias pedagógicas. Interrogam nossa ética profissional.

As artes podem ajudar a destacar a beleza moral de corpos precarizados. Trazer os corpos de retirantes de nosso Portinari ou de Sebastião Salgado, corpos de trabalhadores, de gente comum, e corpos de crianças e adolescentes trabalhadores nas imagens da infância no *Exodus*. Imagens não mais naturais, mas produzidas por pincéis e câmeras. Construções que recortam, enquadram, destacam traços dos corpos. Com quais dessas imagens corpóreas se parecem os corpos ausentes que vão chegando às escolas no diurno e noturno? Questões que os docentes se colocam e respondem com trabalhos pedagógicos.

Volta a pergunta: Como trabalhar totalidades humanas corpóreas?

A chegada dos corpos ausentes interroga os seus educadores. "Preparo bem minhas aulas, mas esses alunos abrindo a boca, famintos, adormecidos, distantes, seus olhares fixos, perdidos, interrogativos me desestruturam". Depoimentos cada vez mais frequentes de educadores/as. Como trabalhar esses outros corpos que se fazem presentes? Como trabalhar corpos de retirantes (Portinari), de trabalhadores sem terra ou de crianças no *Exodus* (Salgado)? Outras pedagogias dos corpos.

Com os educandos chocados com essas fotos e quadros, podemos lhes dizer que são seres humanos. Reconhecer que, na condição social a que milhões são submetidos, o primeiro castigado são seus corpos. Mutilados. Mutilar os corpos é submeter crianças, adolescentes e jovens à maior desumanização. A exploração sexual de milhões de crianças e adolescentes é desumanização (VIELLA, 2012). Uma desumanização que lhes acompanha por toda a vida. Deixar-nos chocar com esses corpos pode ser algo educativo das escolas e dos cursos de formação da EJA onde os corpos ausentes chegam. Pode ser educativo para os currículos que os ignoram, e até educativo para os mestres, que os recebem. Pode ser educativo das teorias pedagógicas e das didáticas tão estranhas a esses corpos ausentes que chegam interrogantes.

Um tema de estudo, pesquisa e ensino para os currículos de formação inicial e continuada: O que aprender, rever dos corpos ausentes de crianças, adolescentes, jovens e adultos idosos populares que vão chegando? Como os vemos? Como esses outros corpos nos olham? Incomodam as miradas de seus corpos precarizados? Interrogam nossa ética profissional e a antiética social? Não estão a exigir outras pedagogias dos corpos? Uma professora comentava: "Tento olhar e entender seus corpos, mas não resisto seu olhar, me interroga como me olham". O que nos perguntam, como seus educadores/as? O que seus corpos segregados perguntam à sociedade? Dos pobres vêm as indagações mais desestruturantes para as ciências do progresso. O que corpos infantojuvenis na pobreza, na violência, ameaçados de extermínio porque pobres e negros perguntam às forças da "ordem", à justiça quando gritam "parem de nos matar porque somos negros"? (GOMES, 2006b). O que corpos reprovados nos percursos escolares perguntam à cultura segregadora escolar quando voltam à EJA? Entender essas linguagens, interrogações dos corpos exige aprender a ler os corpos, suas linguagens. Seus olhares tão faltantes. Interrogantes[40].

Se não há como ignorar esses corpos agora presentes, com que tratos, com que pedagogias tratá-los? Há uma nova sensibilidade docente e gestora para esses outros corpos. O corpo está aberto para o olhar pedagógico. Como os corpos dos educandos olham os educadores, a escola, olham o olhar pedagógico com que são olhados? Como os projetos vêm tratando esses outros corpos? As formas variam: o corpo como objeto das artes; o corpo e seus preconceitos; o corpo e suas indisciplinas; o corpo e seus trabalhos; os corpos famintos. Violentados. Exterminados. Que corpos? Que crianças, adolescentes, jovens-adultos? Reconhecê-los totalidades corpóreas levará a pedagogias totalizantes. Levará a projetos de formação humana plena. Mas trabalhar também corpos-infância resistentes. Formamos, humanizamos e afirmamos nossas identidades até inferiorizadas e negadas desde a infância pelas vivências dos corpos inferiorizados. Como afirmamos identidades positivas com as vivências de corpos resistentes.

Há lugar para corpos com deficiências?

Os catalogados como deficientes estão entre os últimos a chegar, a ser reconhecidos com direito à escola, à educação, ao trabalho, à formação humana plena. Reconhecidos humanos. Em nossa tradição até faz poucos anos essas corporeidades humanas tidas como deficientes humanos porque com limitações corpóreas foram mantidas fora, na esfera privada, distantes do público, estranhas ao dever do Estado, entregues aos cuidados da família, das mulheres mães-avós, alguns cuidados por instituições assistencialistas educativas. São os últimos a ser reconhecidos com direito a espaços públicos, à escola pública, a políticas públicas. Seus corpos infantis-adolescentes, vistos como deficientes, vão chegando às escolas. Chegam jovens-adultos "deficientes" na EJA? Há lugar para esses corpos humanos? No final da sala? Há condições de trabalho docente para acolher e trabalhar essas corpo-

---

[40]. Podem ser sugestivos e interrogativos estudos sobre como ler, pensar as imagens, os corpos, os quadros de figuras humanas. In: ALLOA, E. (org.). *Pensar a imagem*. Belo Horizonte: Autêntica, 2015.

reidades humanas, pensadas com deficiências? Dessas corporeidades totais vêm as indagações mais desestruturantes às pedagogias do conhecimento, da mente, das aprendizagens escolares. Se às pedagogias escolares até os corpos não deficientes lhes foram estranhos, seu estranhamento com "corpos deficientes" vem sendo total.

Como vê-los? Aprendendo suas lições? As pessoas catalogadas com deficiências, sujeitos humanos, cidadãos de direitos se afirmando na sociedade, nas políticas públicas, nas escolas as reeducam, reeducam a docência e os currículos. Reeducam o Estado. Sua presença exige novas sensibilidades, novos valores sociais, políticos e pedagógicos. Novas políticas públicas. Como trabalhar esses corpos "estranhos"? As artes sempre trabalharam esses corpos tentando reeducar nossa estranheza mostrando na aparência estética o que a sociedade rejeita. As artes e a literatura nos ajudam a perceber a diversidade em que nossa condição corpórea se revela. As artes descobrem estéticas corpóreas até nos corpos deformados pelas guerras e extermínios (Picasso – Guernica). As políticas públicas põem a ênfase na inclusão dos corpos tidos como deficientes. É um avanço diante de sua exclusão, marginalização histórica, porém, poderá ficar em uma inclusão ainda marginal – no fundo da sala, em trabalhos precarizados. O ideal de inclusão nos remete à existência de grupos à margem. Se partimos desta visão excludente inclusiva dos grupos tidos à margem, os projetos inclusivos ficarão limitados e facilmente derrapam para ações assistenciais e compassivas que os "deficientes" pulem da margem para a sociedade, a cidade, a escola, o trabalho, os postos de saúde. As escolas. Cotas inclusivas e até cotas para deficientes nas universidades? Em realidade não estão à margem. É urgente superar o olhar deficiência-exclusão-inclusão. Um olhar que em nossa cultura social, política e pedagógica iguala todos os mantidos nas margens: negros, pobres, camponeses, deficientes físicos, mentais. Todos na mesma categoria de excluídos e lhes promete a inclusão marginal através de políticas inclusivas.

Está na moda o ideal de inclusão não apenas dos pensados, tratados à margem porque corpos deficientes, mas inclusão de todos os grupos sociais, raciais, étnicos, de orientação sexual, pensados e mantidos em nossa história excluídos, à margem: políticas de inclusão-excludente dos coletivos à margem da cidade, da sociedade, dos territórios dos incluídos do poder, da justiça, do trabalho. Vê-los como excluídos ignora que sempre estiveram incluídos nas margens em uma inclusão-excludente-marginal (MARTINS, 1997; GON-

ÇALVES, 2006). Inclusiva nas escolas. Os jovens-adultos na EJA são expressão dessa inclusão marginal, excludente desde a infância. Carregam as marcas de injustas segregações. Também excluídos como deficientes?

Não é por acaso que nas políticas inclusivas dos diversos: indígenas, negros, camponeses, pobres, alunos das escolas públicas como cotas, na Secadi sejam igualados e incluídos também os "deficientes". Em nossa cultura política e até pedagógica foram pensados na mesma margem. O que revela essa cultura política-pedagógica nesse identificar essas imagens? Revela as coincidências nas formas de discriminá-los, vitimá-los por imagens e tratos, identificá-los por imagens inferiorizantes coincidentes: todos "deficientes" sociais, culturais, mentais, políticos. Todos coincidentes em nossa cultura política na inferiorização social, intelectual, cultural. Humana. Todos carregando a imagem de subalternos porque com alguma deficiência física, racial, étnica, sexual?

Sobre todos esses "deficientes" pesa uma pergunta: Merece ser incluído no trabalho, no poder, na cidadania, na humanidade, nas políticas públicas, nos espaços públicos de direito, de justiça, trabalho, escolas? Podem os subalternos falar? Merecem ser ouvidos, ser percebidos, ser incluídos? As tímidas tentativas de incluir os "deficientes" politizam todas as tentativas tão iguais de incluir os *outros* pensados em nossa história como "deficientes humanos", por etnia, raça, gênero, classe. Todos subalternizados. Os incluíveis porque decretados "excluídos à margem", mas explorados nos trabalhos, mais precarizados: incluídos.

A chegada dos "deficientes" ausentes às escolas nos obrigam a tomar consciência desses processos brutais, sociais, políticos, persistentes de subalternização em que todos os outros são segregados como deficientes físicos. Nos ajuda a entender o legado da escola pública, da EJA, lugares dos subalternos. Lugares subalternizados. Nos ajuda a entender melhor os adolescentes, jovens, adultos que resistem a tantas formas de subalternização exigindo reconhecimentos como humanos sem deficiências. Plenos.

23
Por outras pedagogias dos corpos

Há avanços no reconhecimento de que somos profissionais da formação de totalidades humanas corporais. Com a chegada de outros corpos precarizados às escolas públicas e especificamente na EJA com a chegada de corpos do trabalho, podemos esperar que estamos avançando para outras pedagogias dos corpos?

Mentes incorpóreas

Para avançar para outras pedagogias dos corpos se impõe desconstruir concepções pedagógicas que continuam vendo as crianças e os adolescentes nas escolas e até os jovens e adultos na EJA como mentes incorpóreas. Uma questão é trazida diante das tentativas de tantos coletivos de reconhecer os educandos e os próprios mestres como totalidades humanas corpóreas desde a educação na infância e das pessoas jovens-adultas: Estamos em tempos propícios para incorporar e trabalhar com o destaque que merecem os corpos? Há uma cultura de culto aos corpos, mas e a cultura escolar, curricular, docente? Que pedagogias dos corpos vêm trabalhando? Os currículos de formação preparam os educadores/as para dominar outras pedagogias dos corpos?

A maioria dos projetos das escolas focaliza temáticas como cultura, paz, aprendizagens, convívios, artes. Como profissionais da educação e do conhecimento temos uma sensibilidade especial para as dimensões imateriais que imaginamos separadas ou além das condições materiais. Falamos que estamos em uma sociedade da informação, do conhecimento, águas onde nos sentimos como em nosso habitat. O velho paradigma industrial de exploração dos corpos-trabalho estaria sendo substituído por paradigmas da informática, da comunicação, da linguagem simbólica, da mídia, da realidade virtual e pelo trabalho imaterial. Nas temáticas abordadas nos congressos de educação se privilegiam essas dimensões que nos são familiares como instituições e profissionais da informação, da comunicação, do conhecimento, do trato com essas realidades imateriais. Um olhar que bloqueia o pensamento pedagógico e docente a dar a devida centralidade às bases materiais em que nos reproduzimos como totalidades corpóreas.

As sensibilidades que cultivamos vinculando educação a trabalho, a sobrevivência, a pobreza, a opressão, a classe trabalhadora ou as relações que nos preocupavam entre processos de aprendizagem e processos e condições de produção material da existência dos educandos populares que chegam às escolas, toda essa sensibilidade para com a base material de nossa condição humana ou com as totalidades humanas corpóreas passou a ser vista como questões à parte. Até nossa condição de trabalhadores que lutam por condições de trabalho e igualdade e que sentem o peso de tantas doenças que carregam nossos corpos docentes é ignorada. Agora nos descobrimos ou tentam convencer-nos de que não passamos de trabalhadores do imaterial, que nosso trabalho é imaterial. Nas décadas de 1970 e de 1980 aprendemos que o trabalho nos setores do conhecimento, da educação é trabalho humano, de gente que come, mora, se locomove, vive e se reproduz em relações sociais e condições materiais frequentemente precárias que precarizam, adoecem seus corpos. Às escolas vamos, ficamos e voltamos com os corpos do trabalho, como mestres e alunos. O movimento docente vem pressionando pelo reconhecimento dos seus corpos de trabalho e pelas condições materiais de trabalho.

A secundarização das condições materiais da produção da existência dos educandos e dos docentes-educadores tem levado a que as escolas, os currículos tenham dificuldade de dar a centralidade devida a esses processos não apenas na produção da vida humana, da história, do espaço e da própria produção do conhecimento. Tem levado a que até na compreensão dos processos de socialização, de aprendizagem dos educandos tratem de maneira secundarizada, até ignoradas as condições materiais de seu viver. Quando essas lutas pelas condições materiais do viver, do trabalho se esquecem, os corpos de trabalho se ignoram. Nos cursos de formação sabemos mais sobre os processos mentais de seu aprender-não aprender (se lentos, desacelerados, defasados) do que sobre onde vivem, malvivem, se comem, dormem, se trabalham, se caminham quilômetros para chegar às escolas. Se chegam com corpos de trabalho. Ainda domina nas políticas uma visão imaterial dos alunos, de suas mentes e processos de aprender. Uma consequência dessa visão imaterial é ignorar sua corporeidade. Alunos e mestres tratados como mentes incorpóreas. Ainda nos falta uma pedagogia dos corpos (corpo-infância) (ARROYO & SILVA, 2012a).

O convívio nas escolas públicas e na EJA com totalidades humanas corpóreas, atolados no trabalho e nas condições materiais do sobreviver desde a infância e como jovens-adultos, nos obriga a nos colocar como profissionais de seu direito à formação humana: Esses processos são humanizantes? Que valores, saberes, culturas, que identidades humanas são possíveis nessas vivências tão radicais de sobrevivência nesses limites da produção material da existência? Somos obrigados a aprofundar nesses limites de desenvolvimento humano. Obrigados a aprender com que artes acompanhar a construção de outros processos formadores.

Trazer os corpos para o debate pedagógico

Se a ausência de uma pedagogia dos corpos é gravíssima desde a educação na infância, é mais grave na educação de jovens-adultos corpos de trabalho ou que levam corpos cansados, explorados, marcados por indignas e inumanas condições de produção de suas existências. O tempo de sua educação deverá permitir que aprofundem nessas vivências corpóreas. Como? Trazendo os corpos para o debate pedagógico. Os corpos ficaram por muito tempo apenas na formação, no olhar e nos tratos dos profissionais da Educação Física. Recentemente sua presença marcante, até incômoda em todas as salas de aula, tem levado essa preocupação aos diversos coletivos da gestão e da docência. Projetos pedagógicos sobre os corpos vão crescendo inclusive na EJA. Lembrávamos que se avança em ver os educandos como totalidades humanas corpóreas, na especificidade de cada tempo humano. Pode nos levar a entender a especificidade do tempo vivido como pessoas jovens e adultas como sujeitos de seu direito à educação, específico de seu tempo humano.

A maior sensibilidade com os corpos nos leva para a passagem do tempo humano, a especificidade de cada tempo da vida: a infância, o crescimento, o envelhecimento. Os corpos mutáveis nos obrigam a inventar pedagogias específicas para cada tempo de formação humana. O convívio que até as crianças têm com corpos, vidas precarizadas, doentes e até exterminadas nos leva a ter de inventar artes pedagógicas de trabalhar essas vivências. Uma diretora de escola comentava: "Antes, o tema da morte nem era cogitado como tema de estudo, debates. Mexemos com gente na flor da vida! Agora que a morte virou rotina entre adolescentes e jovens, até alunos, discutir a morte é inevitável". Corpos, vidas ceifadas prematuramente nos obrigam a olhar os corpos, trazê-los para nossa pauta pedagógica. Uma professora de teatro coincidia com a diretora. Estimula as crianças e adolescentes a escreverem e montarem peças de teatro sobre suas vidas. A professora ficou surpresa da persistência com que aparece no imaginário dos educandos a morte, os corpos feridos e mutilados de vizinhos, parentes, amigos. Como trazer essas vivências para o debate pedagógico com os/as educandos/as e, sobretudo, nos currículos de formação de seus profissionais? Vivências cotidianas nos jovens-adultos. Que pedagogias especiais inventar?

Os grupos sociorraciais à margem sentem com maior peso as marcas dos corpos na doença, na desnutrição, na sobrevivência, no cansaço, nas mutilações, na velhice e na morte. Milhares de adolescentes e jovens exterminados a cada fim de semana, em sua maioria pobres e negros (ARROYO, 2015a). Onde encontrarão espaço e sensibilidade essas vivências corpóreas em currículos apenas sensíveis ao espírito, à mente? Essa cruel realidade não merece espaço nos conhecimentos dos currículos? Marginalizar os corpos é uma das formas de manter à margem de nosso pensar e fazer pedagógico aqueles grupos que a sociedade condena à sobrevivência nos limites e até os segrega e extermina. Condenados a corpos precarizados, logo condenados a olhares distantes da pedagogia, dos currículos, das didáticas? Ou ao contrário: Corpos precarizados que interrogam nossa ética profissional? (ARROYO, 2012a).

Os projetos sobre os corpos trazem algo novo nas escolas: o corpo passar a estar aberto para o debate. São frequentes debates com os educandos/as sobre o corpo e seus estereótipos, preconceitos até o corpo como objeto das artes, o corpo representado, o corpo como gerador de conhecimentos, valores, linguagens, *performances*, estéticas, imaginários, fantasias. Gerador de culturas corpóreas, sociais, políticas e identitárias. Poderemos trabalhar as autoimagens e identidades e a representação que fazemos de nossos corpos e dos corpos dos outros. Representações que ora carregam prazer, orgulho, estima, ora inquietação, rejeição por preconceitos. Representações que não são permanentes, mas instáveis, mutáveis, dependendo das idades da vida, de doenças, do imprevisível. O corpo, as aparências corporais são o palco de mudanças difíceis de ocultar e que não podemos prever e controlar. Questões que já são objeto de debates e da invenção de outras pedagogias dos corpos.

Interpretar as linguagens dos corpos

As didáticas de ensino exigem silenciar a voz dos educandos, porém não conseguem silenciar as linguagens de seus corpos. Há docentes-educadores que tentam entender essas linguagens. Falar com os corpos, narrar com os corpos sempre fez parte das culturas: dança, teatro, esculturas, marchas, desfiles, jogos, certames, tornam-se narrativas e linguagens para fora, públicas, que nos fascinam. Mas como entender, reconhecer as falas de corpos deficientes? Um entendimento de outras linguagens pouco familiares à pedagogia e às didáticas escolares tão fechadas nas linguagens das letras.

Toda celebração pública dessas linguagens está carregada de *performances* corpóreas, de culturas, identidades corpóreas. Como pensar uma celebração da pátria, da colheita, da festa, de um culto afro-brasileiro, do Dia da Consciência Negra, do carnaval, de uma procissão, de uma competição, de uma greve por direitos, de uma marcha pró-terra, pró-teto, pró-transporte, pró-escola sem *performances* corpóreas? Como afirmar identidades adolescentes, juvenis sem exibir o corpo? Pelos corpos revelamos as lutas, a alegria, a esperança, o medo, o sofrimento, a culpa, o trabalho recompensado, as súplicas, o agradecimento, a proteção dos deuses e orixás ou das forças da natureza. Nos revelamos como humanos, cidadãos sujeitos de direitos pelos corpos. A escola não é também um palco onde os corpos exigem se expressar? Mas onde? Na educação física apenas? Nos pátios, recreios? No cotidiano escolar ainda os corpos são reprimidos. As aulas não são é tempo de falar suas linguagens corpóreas.

Haverá tempo nos cursos de formação dos/as docentes-educadores/as para decifrar essas linguagens e essas culturas, identidades corpóreas? Para aprender a ouvi-las, interpretar seus ricos significados? Os cursos de didáticas não deveriam privilegiar ensinar com que didáticas e com que pedagogias interpretar e tratar essas linguagens dos corpos? Nas Diretrizes Curriculares, na Base Nacional Comum haverá lugar para corpos resistentes produtores de culturas corpóreas? Há tentativas de trabalhar nos currículos essas múltiplas linguagens, culturas e identidades corpóreas. Podem ser vistos e comentados vídeos dessas marchas e celebrações ou de festas juvenis fazendo ênfase nas *performances* dos corpos. Destacar os significados culturais dessas *performances* corpóreas. Sua força como linguagens, como com-memorações de sentimentos, emoções, como reveladoras de identidades e de culturas, também como interrogações sobre o porquê da persistência com que expressamos nossas crenças e hábitos culturais através dos corpos. Como não entender sua centralidade nos processos de formação-humanização se tem tanta centralidade na cultura, sobretudo popular?

Vistas as *performances* corpóreas nessa perspectiva, não resulta difícil que jovens, adolescentes e até crianças entendam as linguagens dos corpos. Que se entendam a si mesmos através da pluralidade de usos que fazem do corpo, nas relações escolares, festivas, de amor, de amizade, de alegria, de jogo. Que entendam sua cultura popular, suas identidades coletivas. Como através desses rituais corpóreos revelamos tudo o que ocultamos de nossos corpos. Nos recreios os corpos explodem, até no contraturno os corpos encontram reconhecimento. Mas ainda no turno, silenciamento. Quando os corpos, suas linguagens são silenciadas, suas identidades, culturas são ignoradas. Avança a invenção de outras pedagogias dos corpos. Para auxiliar-nos no trabalho sobre os corpos, poderemos familiarizar-nos com os diversos estudos recentes que tem os corpos como foco. Encontramos visões a partir de múltiplos ângulos: artísticos, religiosos, sociais, políticos, médicos. Encontraremos o corpo exaltado de Cristo, do Rei, de Iemanjá, ou o corpo simbólico do Estado, da Igreja. Como encontraremos estudos sobre os corpos desprezados, estranhados: corpos disformes, desmembrados, monstruosos, adoentados, portadores de deficiências, corpos que não são exaltados, mas que produzem estranheza e até segregação. Corpos marcados por preconceitos de raça, etnia, cor, idade. Desses corpos vêm as indagações mais radicais a nossa ética profissional (ARROYO, 2012a).

Essa diversidade de estudos, representações artísticas dos corpos poderão ser confrontadas com a diversidade de vivências que os adolescentes, jovens, adultos e os mestres têm dos seus corpos e de seus coletivos, de gênero, idade, raça... Há pesquisas sobre como as diversas ciências pesquisam, estudam os corpos; a sociologia, antropologia, psicologia, as diversas artes e como as escolas, seus educadores/as tratam, estudam os corpos com os educandos/as. Encontrei um tema de estudo sobre o patrimônio dando destaque às figuras dos presidentes, dos fundadores do município, da República... O olhar e a análise para como seus corpos são representados: linguagens do poder, homens, brancos. Quantas lições a aprender sobre nossa história não contada através das linguagens desses corpos? Encontrei outro tema de estudo sobre arte popular: os corpos no artesanato popular. Corpos de retirantes, de trabalhadores transportando os mortos, celebrando a colheita, as festas na capoeira, no trabalho. Outros corpos que revelam a história não contada.

O estudo dos corpos se presta à descoberta de uma rica pluralidade de dimensões: corpos como teatro onde se desenrola a vida, território da existência, máquina de energia e movimento. Corpos de trabalho. Corpo mediador dos intercâmbios com o mundo, com os outros. Corpo fonte de informação, através dos sentidos, fonte de sensações pela vista, olfato, tato. Corpo onde se processa a mente, o pensamento, a consciência, as aprendizagens, as emoções, a memória, o amor e a sexualidade. Corpos de sofrimento, de repressão, de extermínios. Corpo caixa de ressonância de afetos, prazeres e dores, de desejos e repulsas. Corpo espaço da natureza perecível, do efêmero, do envelhecimento. Corpo cultuado, simbolizado, ritualizado por múltiplas linguagens, máscaras, códigos, símbolos, objeto de uma "cultura somática". Novas sensibilidades, educadoras a inventar com que pedagogias trabalhar essa riqueza corpórea em temas de estudo e na diversidade de áreas dos currículos.

As artes nos aproximam do ser humano como totalidade

Coletivos docentes escolhem trazer os corpos nas artes como uma forma de aproximar-nos do ser humano como totalidade. Um caminho fecundo para trabalhar as artes é através dos corpos. A arte helênica (grega) foi marcada por uma representação do ser humano por meio da estética do corpo humano. Uma arte à semelhança do corpo, da escultura à arquitetura. As artes têm dado centralidade aos corpos. Quando a pedagogia se esquece das artes, esquece-se dos corpos. Como vê-los? As artes destacam o corpo material ou o corpo como síntese do reencontro de nossa condição material-natureza-espírito-cultura se contrapondo ao culturalismo que dissolve a materialidade em significados.

As artes propõem como fundamento o corpo material – aquilo que compartilhamos de forma mais radical e decisiva com o resto da espécie. Elo entre o material e o humano, o material e o significativo, o "corpo material" permitiria pensar a moralidade segundo critérios mais radicais. Trata-se de retirar a moralidade do âmbito privado a que fora confinada e, à maneira do movimento feminista, resgatar o vínculo entre o pessoal, o moral e o político. Uma marca também dos movimentos populares juvenis. Mostram-nos com sua estética corpórea que essa tem sido uma das marcas dos movimentos juvenis e do movimento feminista: mulher, corporeidade, moral, política. O corpo, quanto mais nos limites, faz-nos sentir mais humanos ou nos descobrimos mais humanos quando tentamos superar os limites do corpo. As artes, as culturas negra, feminina, operária e juvenil politizam os corpos.

Elas os destacam em suas lutas, marchas, danças, músicas, grafites. Em suas artes afirmativas. Essa diversidade de manifestações, expressões artísticas, dando centralidade positiva aos corpos em sua diversidade, tem sido educadora do ser humano como totalidade corpórea. Sobretudo, tem educado as culturas para a riqueza da diversidade humana através da diversidade dos corpos como expressão da diversidade racial, de gênero, cultural, artística. Tem educado para a centralidade dos corpos, dos direitos do trabalho, da vida, da terra, do teto.

Dado esse papel cultural, educador das pedagogias dos corpos, compreender o corpo não é uma competência apenas dos profissionais de educação física, é de todo educador, de todo profissional que assuma como ofício acompanhar o desenvolvimento pleno de um ser humano como totalidade humana. É uma competência exigida de todo docente que assuma como ofício acompanhar os processos mentais de aprendizagem, de mentes – humanas corpóreas. Um dos problemas mais instigantes para as ciências do século XXI é como funciona o cérebro humano. Entender o corpo se defronta com tantos problemas éticos, mentais, culturais. Pelo corpo humano chegamos a todas as dimensões da condição humana com que mexemos por ofício. É do corpo que nos chegam muitas das perguntas sem resposta com que as ciências se defrontam e que nos tocam de perto: Como se formam os pensamentos? Que faculdades entram na aprendizagem? O que é consciência. Velhas questões que atualmente nos levam à necessidade de melhor compreensão dos corpos. A necessidade de ver os educandos como totalidades humanas corpóreas.

Corporeidade e identidade

O olhar pedagógico sempre teve como função acompanhar a lenta e tensa construção-destruição de identidades. Logo será necessário articular esses processos de construção de identidades positivas ou negativas, individuais e coletivas aos tratos, às representações sociais dos corpos. Os corpos, sua cor, seu gênero, sua orientação sexual, suas deficiências alimentam preconceitos. Destroem identidades. Segregações corpóreas tão frequentes no cotidiano escolar e social que estão a exigir tratos mais pedagógicos sobre a estreita relação entre corporeidade, identidades, formação, humanização. A aparência corporal que nos é familiar pode se tornar estranha e nos surpreender. Não apenas os corpos dos outros podem produzir-nos estranheza.

O nosso corpo também pode ser estranho a nós mesmos. Quando as identidades de gênero, raça, etnia, lugar são destruídas por preconceitos. Quando trabalhamos essas questões com crianças, adolescentes ou jovens podemos encontrar essas estranhezas com seus próprios corpos e os corpos dos outros, das outras. Estranhezas com suas identidades. Adolescentes, jovens ou crianças que são vistos e se veem como não são ou que não veem seus corpos, sua cor, seu cabelo como os outros os veem poderão entrar em crise de identidade, individual e de seus coletivos. O olhar dos outros lhes incita a mudar ou duvidar de seu olhar a se ver de maneira diferente. Corpos-identidades tão próximos e tão tensos.

Que tensões de identidade, autoestima provocará nas escolas, na EJA esse desencontro de imagens corpóreas? Que tensões poderá criar na sociabilidade, nas relações afetivas, no trabalho e convívio escolar esses corpos marcados pela idade, vivendo tensões especiais do crescimento, da maturidade, do envelhecimento? Como trabalhar essas vivências? Essas tensões são inerentes ao caráter efêmero das aparências corpóreas se o corpo está em permanentes mudanças, às vezes imperceptíveis. Como controlar essa estranheza? Provocará estranhezas de identidades? Como trabalhá-la com crianças, adolescentes e jovens que chegam com as marcas de perversos preconceitos sociais, raciais, sexuais? Com familiaridade. Não vendo sinais de decadência, mas de vida, de crescimento, de formação. Vendo sinais de afirmações positivas das diferenças. Vendo na idade o caráter efêmero que faz parte da condição natural do corpo. De nossa condição biológica. Um professor de Biologia que fazia parte do grupo contava que uma de suas orientações era que os alunos se entendessem e aceitassem com orgulho de nossa condição biológica. Foco extremamente formador – "conhece-te a ti mesmo" o que nem sempre aparece nos livros de biologia. O efêmero, o mutável faz parte de tudo o que é vivo. O corpo é o palco iluminado de nossa condição efêmera. Viva. Mutável. Exige uma permanente reconstrução de identidades. Como trabalhá-la na EJA e desde a Educação Infantil?

Tratar questões sobre o efêmero, o "diferente", o deformado nos corpos não é fácil em uma cultura que cultua o permanente, o perfeito, o belo, as *performances*, as aventuras, o exibicionismo dos corpos. Como tratar estes cultos e esses estereótipos corpóreos que se impõem como padrões, sobretudo para adolescentes e jovens? Sem preconceitos. A exibição dos corpos vem de longe, as aventuras corpóreas parecem ser uma necessidade nas culturas juvenis. Mas os corpos de trabalho que chegam às escolas até na infância-adolescência e chegam como passageiros da noite são outros marcados pelas condições sociais. Esses tratos tão diferentes impostos aos corpos exigem pedagogias especiais para trabalhar suas identidades.

Reconhecer a estreita relação entre corporeidade-identidade exige inventar outras artes pedagógicas no trato de suas identidades sociais, raciais, sexuais, etárias. Reconhecer os corpos como caminho de reconhecimento da identidade e da alteridade. O encontro entre o sujeito e ele mesmo pode vir pelo corpo. A identidade, a aceitação ou rejeição podem estar ligadas ao corpo. Também a autoestima em culturas carregadas de preconceitos de cor, de orientação sexual, de idade, está condicionada às representações sociais dos corpos. Avançar para outras pedagogias dos corpos vítimas de preconceitos e de culturas e estruturas tão segregadoras exigirá uma formação específica dos seus educadores e dos currículos. Será necessário trazer conhecimentos que garantam aos educandos entender-se nessas segregações de suas identidades corpóreas. Mas será necessário ir além.

Lembremos que em nossa história desde a colonização persistem imagens quebradas, segregadas dos corpos indígenas, negros, camponeses, trabalhadores. Imagens negativas dos seus corpos tão determinantes de identidades negativas de etnia, raça, gênero, trabalho. Com que pedagogias dos corpos trabalhar essas identidades quebradas nas crianças, nos jovens-adultos? Como qualificar os profissionais na compreensão dessa estreita relação entre corporeidade e identidades? Entre corporeidade e humanização? Aprendendo nos cursos de formação outras pedagogias dos corpos a serem trabalhadas com os corpos do trabalho que chegam à EJA e às escolas públicas. A função da pedagogia e da docência é acompanhar os tensos processos de formação de totalidades humanas corpóreas, nos corpos do trabalho. De trabalhadores desde a infância.

Dos passageiros da noite e do dia em itinerários pelo direito a uma vida justa vêm indagações radicais para o pensamento pedagógico e para as identidades educadoras. Respostas dos profissionais das escolas e da EJA já acontecem e exigem reconhecimento nas políticas e nas diretrizes. Exigem reconhecimento especial nos currículos de formação inicial e continuada. Exigem condições mais justas de trabalho docente. Condições para que o tempo de educação das crianças, adolescentes e dos jovens e adultos seja um tempo-itinerário pelo direito a uma vida justa.

Referências

ALEXANDER, M. *El color de la justicia*: la nueva segregación racial en Estados Unidos. Madri: Capitán Swing, 2014.

ALLOA, E. (org.). *Pensar a imagem*. Belo Horizonte: Autêntica, 2015.

ARAÚJO, M.N.R. Educação de Jovens e Adultos (EJA). In: CALDART, R.S. et al. (orgs.). *Dicionário da Educação do Campo*. Rio de Janeiro/São Paulo: Escola Politécnica de Saúde Joaquim Venâncio/Expressão Popular, 2012.

ARROYO, Michele. *A diversidade cultural na cidade contemporânea*: o reconhecimento da Pedreira Prado Lopes como patrimônio cultural. Belo Horizonte: PUC Minas, 2010 [Tese de doutorado em Ciências Sociais].

ARROYO, M. Novos passos na Educação de Jovens e Adultos? In: SILVA, A.M.M.; COSTA, G.S. & LIMA, I.M.S.O. (orgs.). *Diálogos sobre educação em direitos humanos e a formação de jovens e adultos*. Salvador: Edufba, 2016, p. 23-38.

ARROYO, M.; VIELLA, M.A.L. & SILVA, M.R. (orgs.). *Trabalho-infância*: *exercícios tensos de ser criança* – Haverá espaço na agenda pedagógica? Petrópolis: Vozes, 2015a.

ARROYO, M. Para uma releitura do PNE a partir da diversidade: questões pendentes. In: SILVA, P.V.B.; DIAS, L.R. & TRIGO, R.A.E. (orgs.). *Educação e diversidade*: justiça social, inclusão e direitos humanos. Curitiba: Editora e Livraria Appris, 2015b, p. 15-64.

_____. O direito à educação e a nova segregação social e racial – tempos insatisfatórios? *Educação em Revista*, v. 31, n. 3, p. 15-47, jul./set., 2015c.

_____. A infância repõe o trabalho na agenda pedagógica. In: ARROYO, M.; VIELLA, M.A.L. & SILVA, M.R. (orgs.). *Trabalho-infância: exercícios tensos de ser criança* – Haverá espaço na agenda pedagógica? Petrópolis: Vozes, 2015d, p. 21-53.

_____. Tensões na condição e no trabalho docente – Tensões na formação. *Movimento* – Revista de Educação (FEUFF-PPGEUFF), v. 2, 2015e.

_____. O humano é viável? É educável? *Revista Pedagógica*, v. 17, p. 21-40, 2015f.

ARROYO, M. & SILVA, M.R. (orgs.). *Corpo-infância*: exercícios tensos de ser crianças; por outras pedagogias dos corpos. Petrópolis: Vozes, 2012a.

ARROYO, M. O direito a tempos-espaços de um justo e digno viver. In: MOLL, J. (org.). *Caminhos da educação integral no Brasil*: direito a outros tempos e espaços educativos. Porto Alegre: Artmed, 2012b.

_____. *Outros sujeitos, outras pedagogias*. Petrópolis: Vozes, 2012c.

_____. *Currículo, território em disputa*. Petrópolis: Vozes, 2011.

_____. Reinventando a EJA. Projeto de Educação de Trabalhadores-PET. In: NUNES, A.M.M. & CUNHA, C.M. (orgs.). *Projeto de Educação de Trabalhadores*: pontos, vírgulas e reticências – Um olhar de alguns elementos da EJA através do ensimesmo do PET. Belo Horizonte: PET, 2009.

_____. *Imagens quebradas*: trajetórias e tempos de alunos e mestres. Petrópolis: Vozes, 2004.

_____. Pedagogias em movimento: o que temos a aprender dos movimentos sociais? *Currículo sem Fronteiras*, v. 3, p. 28-49, 2003.

_____. *Ofício de mestre*: imagens e autoimagens. Petrópolis: Vozes, 2000.

BENJAMIN, W. *Magia e técnica, arte e política*: ensaios sobre literatura e história da cultura. São Paulo: Brasiliense, 1994.

BRUNER, J. *Realidade mental, mundos possíveis*. Porto Alegre: Artes Médicas, 1997.

CALDART, R.S. Educação do Campo. In: CALDART, R.S. et al. (orgs.). *Dicionário da Educação do Campo*. Rio de Janeiro, São Paulo: Escola Politécnica de Saúde Joaquim Venâncio, Expressão Popular, 2012.

CALDART, R.S. et al. (orgs.). *Dicionário da Educação do Campo*. Rio de Janeiro, São Paulo: Escola Politécnica de Saúde Joaquim Venâncio, Expressão Popular, 2012.

DALCASTAGNÈ, R. & AZEVEDO, L. (orgs.). *Espaços possíveis na literatura brasileira contemporânea*. Porto Alegre: Zouk, 2015.

DAYRELL, J. Juventude, produção cultural e educação de jovens e adultos. In: SOARES, L.; GIOVANETTI, M.A. & GOMES, N.L. (orgs.). *Diálogos na educação de jovens e adultos*. Belo Horizonte: Autêntica, 2006.

DAYRELL, J.; CARRANO, P. & MAIA, C.L. (orgs.). *Juventude e Ensino Médio*: sujeitos e currículos em diálogo. Belo Horizonte: Editora UFMG, 2014.

DUSSEL, E. *Filosofía de la cultura y la liberación*. Ciudad de México: UACM, 2006.

FREIRE, P. *Pedagogia do oprimido*. 17. ed. Rio de Janeiro: Paz e Terra, 1987.

FRIGOTTO, G. (org.). *Educação e crise do trabalho*: perspectivas de final de século. 7. ed. Petrópolis: Vozes, 2005.

GOMES, N.L. *Extermínio da juventude negra*: questão de classe ou de Estado? São Paulo, 2016 (mimeo.).

_____. Educação de jovens e adultos e a questão racial. In: SOARES, L.; GIOVANETTI, M.A. & GOMES, N.L. (orgs.). *Diálogos na educação de jovens e adultos*. Belo Horizonte: Autêntica, 2006a.

_____. *Sem perder a raiz*: corpo e cabelo como símbolos da identidade negra. Belo Horizonte: Autêntica, 2006b.

GONÇALVES, L.A.O. Juventude, lazer e vulnerabilidade social. In: SOARES, L.; GIOVANETTI, M.A. & GOMES, N.L. (orgs.). *Diálogos na educação de jovens e adultos*. Belo Horizonte: Autêntica, 2006.

KOLLING, E.J.; VARGAS, M.C. & CALDART, R.S. MST e educação. In: CALDART, R.S. et al. (orgs.). *Dicionário da Educação do Campo*. São Paulo/Rio de Janeiro: Escola Politécnica de Saúde Joaquim Venâncio/Expressão Popular, 2012, p. 502-509.

MARTINS, F. *Quem foi que inventou o Brasil* – A música popular conta a história da República. Rio de Janeiro: Nova Fronteira, 2015.

MARTINS, J.S. *Exclusão social e a nova desigualdade*. São Paulo: Paulus, 1997.

QUIJANO, A. *El "movimiento indígena" y las cuestiones pendientes en América Latina*. Buenos Aires: Clacso, 2014.

_____. Colonialidade do poder e classificação social. In: SANTOS, B.S. & MENEZES, M.P. (orgs.). *Epistemologias do Sul*. São Paulo: Cortez, 2010.

SANTOS, B.S. *A gramática do tempo*: por uma nova cultura política. São Paulo: Cortez, 2006.

SANTOS, B.S. & CHAUÍ, M. *Direitos humanos, democracia e desenvolvimento*. São Paulo: Cortez, 2013.

SILVA, M.R. As "empregadinhas" domésticas: Elas "não brincam em serviço" e "quando descansam carregam pedra"! In: ARROYO, M.; VIELLA, M.A.L. & SILVA, M.R. (orgs.). *Trabalho-infância: exercícios tensos de ser criança* – Haverá espaço na agenda pedagógica? Petrópolis: Vozes, 2015, p. 165-193.

VIELLA, M.A.L. & VENDRAMINI, C. Consumindo corpos infantis e juvenis: o intrincado fenômeno da exploração sexual e comercial de crianças e jovens. In: ARROYO, M. & SILVA, M.R. (orgs.). *Corpo-infância: exercícios tensos de ser criança* – Por outras pedagogias dos corpos. Petrópolis: Vozes, 2012, p. 81-102.

WAISELFISZ, J.J. *Mapa da violência 2015*: Homicídios de mulheres no Brasil. Rio de Janeiro: Flacso-Brasil, 2015.

_____. *Mapa da violência 2014*: Os jovens no Brasil. Rio de Janeiro: Flacso-Brasil, 2014.

WELLER, W. Jovens no ensino médio: projetos de vida e perspectivas de futuro. In: DAYRELL, J.; CARRANO, P. & MAIA, C.L. (orgs.). *Juventude e Ensino Médio*: sujeitos e currículos em diálogo. Belo Horizonte: Editora UFMG, 2014, p. 135-154.

Índice

Sumário, 5
Identidades educadoras reinventadas – Apresentação, 7
   Passageiros, em que itinerários humanos?, 7
   O problema de sua humanização radicaliza a pedagogia e a docência, 8
   Com que artes recuperar sua humanidade roubada?, 10
   Reconhecer identidades educadoras reinventadas, 11
   O direito aos saberes de seu sobreviver, 12
   O direito a entender-se no outro lado da história, 14
   Que direito a saber-se privilegiar?, 16

Passageiros – Em que passagens humanas?, 19

1 Passageiros da noite – De onde, para onde?, 21
   Buscar os significados de suas passagens, 21
   Buscar os significados formadores, 23
   Itinerários coletivos na esperança de mudar de lugar social?, 24
   Passageiros para a última viagem escolar?, 26
   A EJA, promessa de outras passagens? De outros percursos humanos?, 27
   Passageiros de velhos itinerários coletivos que persistem no presente, 29

2 Que significados humanos revelam em seus itinerários?, 32
   Passageiros periféricos, 32
   Vítimas do *apartheid* social-espacial, 34
   Exercícios de autorreconhecimento, 36
   Exercícios de construção de identidades coletivas, 37
   Os outros, os periféricos sujeitos da cidade e dos campos, 39

Do trabalho para a EJA – De que trabalhos?, 41

3 Passageiros do trabalho para a EJA, 43
   Reinventando a EJA: reconhecer os jovens-adultos como trabalhadores, 43
   Trabalhar seus itinerários de trabalho como formadores, 46

As lutas pelo direito à escola, à EJA inseparáveis das lutas pelo trabalho, 47
O trabalho como aprendizado da cidadania, 49

4 Do trabalho para a EJA – Mas de que trabalhos?, 52
Do desemprego e do trabalho informal precarizado para a EJA, 52
Meu tempo é hoje – Sobreviver sem prazo certo, 55
Currículos tão flexíveis quanto seu incerto sobreviver?, 57
Direito a conhecimentos tão radicais quanto a radicalidade do seu sobreviver, 59
Como articular o tempo de trabalho informal e o tempo de EJA?, 61

5 Trazer o trabalho para a agenda pedagógica, 64
O trabalho como princípio educativo-formador, 64
Processos desumanizantes de um viver provisório, 65
Reconhecer as lutas pelos direitos do trabalho como formadoras, 67
Herdeiros dos valores da classe, das famílias trabalhadoras, 69
Herdeiros das resistências do movimento operário e docente, 70
Negados em seu direito ao trabalho porque segregados pela escola, 71

Do trabalho e das lutas do campo, 75

6 Do trabalho e das lutas do campo para a EJA – Que radicalidades afirmam?, 77
A educação dos trabalhadores/as do campo radicaliza a educação, 77
Os trabalhadores/as do campo reeducam o pensamento pedagógico, 79
Pondo em ação as matrizes formadoras do ser humano, 82
Os trabalhadores do campo afirmam outro paradigma pedagógico e de EJA, 83
Outro paradigma de formação de educadores/as, 86

Direito a uma vida justa, 91

7 Itinerários por direito a uma vida humana justa, 93
Itinerários por justiça e dignidade humana, 93
Os movimentos sociais repõem as relações entre direitos humanos e justiça, 95
A tensa articulação entre direito à educação e justiça, 96

Articular resistências, justiça, ética e educação, 98

O direito a saberem-se sujeitos de lutas por um vida justa, 99

Sujeitos coletivos de direitos, 103

8 Jovens e adultos sujeitos de direitos, 105

Direitos humanos, a nova linguagem da dignidade humana, 106

Direitos humanos, a nova linguagem da EJA?, 108

Itinerários pelo direito a um humano viver, 110

O direito a saberem-se sujeitos de direitos humanos, 111

9 Sujeitos coletivos de direitos, 114

Superar olhares individualizados de direitos, 114

A tensão histórica entre direitos humanos individuais e coletivos, 115

Os movimentos sociais se afirmam sujeitos coletivos de direitos, 117

As trajetórias por direitos coletivos marcam as trajetórias da EJA, 118

O direito a saberem-se sujeitos de direitos coletivos, 120

Sujeitos do direito ao conhecimento, 123

10 Jovens e adultos produtores de conhecimentos, 125

A tensa construção do direito ao conhecimento, 125

A tensa articulação entre conhecimento-cidadania, 127

Cidadãos ainda não plenos porque sem valores de ordem e progresso?, 128

O tempo de EJA, um tempo de afirmação do direito à cidadania e ao conhecimento, 130

11 O direito a conhecer os processos de produção dos conhecimentos, 133

O direito ao conhecimento exige o direito a conhecer sua produção-apropriação-expropriação, 133

Disputar autorias de conhecimentos é preciso, 135

Os saberes de resistências coletivas disputam os currículos, 137

Como garantir o direito a saberem-se produtores de conhecimentos, 139

12 Direito a um novo saber social que altere sua vida cotidiana, 142

O direito a um saber que altere sua vida cotidiana, 142

O direito aos saberes do justo e digno viver cotidiano, 145

Superar critérios hierárquicos de validade de conhecimentos, 147

O direito a entender os significados da vida cotidiana, 149

Abrindo espaços para o saber social que altere a vida cotidiana, 151

Sujeitos do direito à cultura; direito à diversidade, 155

13 Sujeitos produtores de culturas, valores, identidades, 157

O direito à educação que incorpore o direito à cultura, 157

O direito a saberem-se vítimas de padrões culturais segregadores, 160

Há lugar nos currículos para o direito à cultura?, 162

Que temas aprofundar na formação dos docentes-educadores?, 164

14 Direito à cultura como direito à formação humana, 166

Direito à cultura: direito básico de todo ser humano, 166

Como trabalhar o direito à cultura como formação humana?, 169

A tensa história de imposição-segregação de culturas, 170

Os diálogos interculturais superarão a segregação cultural?, 172

A segregação cultural nos padrões culturais escolares, 175

Os coletivos populares repolitizam o direito à cultura, 176

15 O direito à diversidade resistente, 179

Um diálogo intercultural?, 179

Exaltar os vultos das culturas diversas?, 181

São culturas de povos vitimados, 183

Buscar explicações aceitáveis do inaceitável?, 184

Como trabalhar as vítimas de monstruosidades históricas?, 186

Uma diversidade cultural resistente, 188

Sujeitos do direito à memória; humanas memórias, 191

16 O direito à memória proibida, 193

Repondo a centralidade da memória na formação humana, 193

Recuperar a memória proibida, 195

Com que artes recuperar a memória proibida?, 197

O direito à memória coletiva, 198

Educar através da memória de exemplos do passado?, 200

Oficinas de memórias, 201

Tensões entre a memória e o permanente, 203

17 Humanas memórias, 206

   Memórias de coletivos que se perguntam por suas origens, 206

   Memórias dos valores humanos, 207

   Os lugares da memória, 210

   Sujeitos da memória, 212

   Humanas memórias, 213

   As lições das humanas memórias, 217

   Memórias de tantas lutas não esquecidas jamais, 219

Aprender com os estudos da juventude, 221

18 Como os estudos da juventude veem os jovens, 223

   Nova condição juvenil?, 223

   Juventude, transição, passagem?, 225

   Adolescentes-jovens sujeitos de valores, saberes, identidades, 227

   Adolescentes e jovens produtores de culturas, 229

   Adolescentes e jovens produtores de outras identidades, 230

   Que temas de estudo aprofundar?, 232

19 Juventude coragem, juventude medo?, 234

   Juventude medo?, 234

   O direito à vida ameaçado, 235

   A violência contra as mulheres, 237

   Cantam para saberem-se vivos: com direito à vida, 239

20 O direito a um conhecimento de libertação, 242

   Coragem para voltar à escola e superar os medos?, 242

   Garantir um conhecimento que os liberte, 244

   O conhecimento escolar será libertador?, 246

   Reconhecer a coragem que revelam nas culturas infantojuvenis, 248

21 As revelações das culturas, valores, identidades juvenis, 251

   Expõem a crueldade que a vida lhes impõe, 251

   Uma adolescência-juventude não alienada do presente, resistente, 252

Mostram uma radiografia moral da sociedade. E da pedagogia?, 254

Reconhecer a sabedoria de saborear o saber amargo-resistente de seu viver, 257

Totalidades humanas corpóreas, 261

22 Trago no meu corpo as marcas do tempo, 263

Ver o ser humano como totalidade, 263

Reconhecer totalidades humanas corpóreas, 265

Como trabalhar corpos segregados por preconceitos e por estruturas segregadoras?, 267

Os corpos ausentes vão chegando, 268

Volta a pergunta: Como trabalhar totalidades humanas corpóreas?, 270

Há lugar para corpos com deficiências?, 271

23 Por outras pedagogias dos corpos, 274

Mentes incorpóreas, 274

Trazer os corpos para o debate pedagógico, 276

Interpretar as linguagens dos corpos, 277

As artes nos aproximam do ser humano como totalidade, 280

Corporeidade e identidade, 281

Referências, 285

Conecte-se conosco:

f facebook.com/editoravozes

◯ @editoravozes

X @editora_vozes

▶ youtube.com/editoravozes

◯ +55 24 2233-9033

www.vozes.com.br

Conheça nossas lojas:
www.livrariavozes.com.br

Belo Horizonte – Brasília – Campinas – Cuiabá – Curitiba
Fortaleza – Juiz de Fora – Petrópolis – Recife – São Paulo

EDITORA VOZES — VOZES NOBILIS — Vozes de Bolso — Vozes Acadêmica

EDITORA VOZES LTDA.
Rua Frei Luís, 100 – Centro – Cep 25689-900 – Petrópolis, RJ
Tel.: (24) 2233-9000 – E-mail: vendas@vozes.com.br